江汉大学研究生教材建设项目

# 网络文化与思想政治教育

主　编　李腊生
副主编　陈　菲　刘源泉

WANGLUO WENHUA
YU SIXIANG ZHENGZHI JIAOYU

WUHAN UNIVERSITY PRESS
武汉大学出版社

**图书在版编目(CIP)数据**

网络文化与思想政治教育/李腊生主编.—武汉：武汉大学出版社，2023.3(2025.8 重印)

ISBN 978-7-307-23531-1

Ⅰ.网…　Ⅱ.李…　Ⅲ.网络文化—关系—高等学校—思想政治教育—研究—中国　Ⅳ.①G122　②G641

中国版本图书馆 CIP 数据核字(2022)第 257740 号

责任编辑:田红恩　　　责任校对:李孟潇　　　版式设计:韩闻锦

出版发行：**武汉大学出版社**　(430072　武昌　珞珈山)

(电子邮箱：cbs22@ whu.edu.cn　网址：www.wdp. com.cn)

印刷:湖北云景数字印刷有限公司

开本:720×1000　1/16　印张:14.75　字数:249 千字　插页:4

版次:2023 年 3 月第 1 版　　2025 年 8 月第 2 次印刷

ISBN 978-7-307-23531-1　　定价:58.00 元

# 目　录

# 第一章　网络文化概论

1994年我国接入国际互联网以来，网络获得迅猛发展。网络以集报纸、广播、电视、电影、期刊、书籍、交流等诸多功能于一身的超强能力和优势，成为具有广泛受众的新兴媒体，形成了一种崭新的文化表达形态——网络文化，其广泛而深刻地影响着我国社会。

## 第一节　网络文化的内涵和特征

### 一、网络文化的内涵

**1. 网络文化内涵辨析**

随着计算机技术、通信技术和网络技术的发展及其在社会生活中的广泛应用，形成了网络时代特有的文化现象，即网络文化。在学术界比较广泛地研究网络文化，以1950年维纳所著《人有人的用处——控制论和社会》一书为肇始。该书对信息、语言、文化等均有深刻阐述。中国较早研究网络文化的学者是吴伯凡。他在1996年出版的《孤独的狂欢》一书中引入英文单词Cyberculture。Cyberculture由cyber-和culture组成。cyber-来源于科技术语cybernetics(控制论)。cy bernetics是美国科学家诺伯特·韦纳(Norbert Weiner)在1984年创造的。控制论是用电子系统比拟人类神经系统的学科。1962年，美国自动控制专家唐纳德·迈克尔(Donald H. Michael)在cybernetics基础上创造了新词cybernation(自动控制、电脑化)。到20世纪80年代，电脑被广泛地应用于社会各个领域。科幻小说家威廉·吉布森(William Gibson)1984年在他的小说《神经巫师》中创造了cyberspace(赛博空间)一词，意指电子媒介的无边无际的虚拟空间。这一词为从业者、作家和学者所广泛接受和使用。由此衍生出词根cyber-，其意思是泛指计算机，进而衍生了cybernaut(网络用户)、

cyberculture（网络文化）等新词。如果按照字面直译 cyberculture 的意思是“计算机文化”，或者是“计算机化的文化”“计算机影响下的文化”。不把 cyberculture 直译为计算机文化，是因为它指的是基于计算机网络的文化，区别于 Computer Literacy（计算机文化）。同时，也由于英文词典中尚未有 net-作字根的词，所以就直接把 cyberculture 译为“网络文化”。因此，从 cyberculture 一词的发展渊源来看，网络文化强调的主要是以计算机技术和网络技术为物质基础，以现实的人在电子空间中进行网上生活为基本内涵的新的社会文化形态。20 世纪 90 年代后半期，我国学术界掀起网络文化研究热潮。最有代表性的成果，是中国社会科学院郭良主编的《网络文化丛书》①。丛书共八本，以中国人的视角，用网络的方式讨论文化，从文化的视角思考网络，努力沿着理性的轨迹，解读因特网——这一联系中国与世界、今天与未来的硬件和软件相结合的纽带。

那么，究竟什么是网络文化呢？学术界对此见仁见智。有学者认为，网络文化是一种新型文化。有学者则认为，网络文化是科学和文艺之外的第三种文化。也有学者认为，网络文化不是一种完整意义上的文化。还有人认为，网络文化只是传统文化的延续。认为网络文化是一种新型文化的人，给网络文化下的定义有：其一，网络文化是一种蕴含特殊内容和表现手段的文化形式，是人们在社会活动中依赖于信息、网络技术及网络资源为支点的网络活动而创造的物质财富和精神财富的总和；其二，网络文化是指以计算机技术和通信技术融合为物质基础、以发送和接受信息为核心的一种崭新文化；其三，网络文化是人们在互联网这个世界中，进行工作、交流、学习、沟通、休闲、娱乐等形成的活动方式，及其所反映的价值观念和社会心态等方面的总称；其四，网络文化是以互联网和手机为载体，依托发达而迅速的信息传输系统，运用一定语言符号、声响符号和视觉符号，传播思想、文化、风俗民情，表达看法观点，宣泄情绪意识等，以此进行相互之间的交流、沟通、联系和友谊，共同构筑起一种崭新的思想与文化的表达方式，形成的一种崭新的文化风景。

网络文化的概念最早在中央文件中使用，见于 2002 年 3 月中共中央办公厅、国务院办公厅联合下发的《关于进一步加强互联网新闻宣传和信息内容安全工作的意见》。该意见第一次提出了加强互联网文化建设的概念。虽然这时

① 《网络文化丛书》由中国人民大学出版社于 1997—2001 年间陆续出版。

官方文件还未正式使用网络文化的概念，但已现雏形。网络文化的概念最早在中央领导人的讲话中使用，见于2007年1月23日胡锦涛同志在中央政治局第38次集体学习时发表的重要讲话中。他强调要加强网络文化建设和管理，充分发挥互联网在我国社会主义文化建设中的重要作用，有利于提高全民族的思想道德素质和科学文化素质，有利于扩大宣传思想工作的阵地，有利于扩大社会主义精神文明的辐射力和感染力，有利于增强我国的软实力。2007年4月23日中共中央政治局召开会议，专题研究了加强网络文化建设工作。同年6月初，中共中央召开全国网络文化建设和管理工作会议，制定下发了《关于加强网络文化建设和管理的意见》，强调积极推进中国特色网络文化建设确保网络文化健康发展。2007年10月，网络文化写进中国共产党第十七次全国代表大会政治报告。自此，网络文化的概念在我国被广泛接受和使用。不过，对于什么是网络文化，中央文件没有给出定义，但在文件中对互联网的认识已经从1999年的革命性信息传播工具、2002年的新兴现代媒体，提升到将其作为思想文化信息的创作、生产、传播、消费平台，集技术、媒体、产业、文化、社会和意识形态等多重属性于一身的综合性、复杂性、开放性的信息系统来理解和把握。这反映了我们党对互联网及其孕育的网络文化的认识在不断深化。2008年2月，中央外宣办负责人在全国加强网络文化建设和管理研讨班的讲话中，给网络文化和中国特色网络文化下了定义，即网络文化是伴随互联网络的产生和普及而兴起的新兴事物，主要是指网络中以文字、声音、图像、视频等形态表现出来的精神文化成果；强调中国特色网络文化是中国特色社会主义文化的重要组成部分，是基于我国网络空间，源于我国网络实践，传承中华民族传统文化、吸收世界网络文化优秀成果，面向大众、服务人民，具有中国气派、体现时代精神的网络文化。

网络文化内容广泛、样式丰富、载体先进、风格多样，是近十多年来发展最为迅速、影响越来越大的文化新形态。文化的创造和活动离不开人，网络文化的载体是互联网。这是我们认识网络文化，给网络文化下定义的两个关键点。也就是说，我们给网络文化下定义时，既要见人，又要见物。因为没有人，就没有文化，没有互联网也就不会有网络文化。因此，可以说，网络文化是以互联网为主要载体的文化形态，是人们通过计算机等在网络上生产、传播、储存、交流、获取、消费各种信息产品和服务的活动。网民接触网络，网络作用于网民，才会产生和形成网络文化。首先，网络文化要有主体和客体。

在静态条件下，网民是主体，网络是客体。在动态条件下，创造信息的网民是主体，接受和使用信息的网民是客体。其次，网络文化要有载体。网络是网络文化的载体，网络构建和产生了信息的发送、传递、接受系统。具体到物质形态就是计算机、手机、数字电视机、服务器、数字宽带线路网等。最后，网络文化要有表现形式、内容和功能。表现形式有文字、图片、数字、音频、视频等，集各类现代传媒于一身。内容有政治、经济、文化、军事、卫生、教育、科技、哲学、历史、民族、宗教等，覆盖和内含人类文明成果的方方面面。功能有新闻传播、沟通交往、思想教育、娱乐消遣、知识传承、购物交易、民意表达汇聚、社会动员等，在网上营造出一个与真实社会相对应的虚拟社会。这是人类凭借高于其他动物智慧创造的一个亘古未有的奇迹！

**2. 网络文化的概念界定**

网络文化并不是“网络”与“文化”的简单相加，而是基于网络空间里的文化现象。因此，对文化的内涵界定就显得尤为重要。文化的内涵一直没有统一的界定。比较一致的观点是，认为文化是人们在物质、精神和制度影响下产生的共同的价值观体系、思维方法和行为模式。所以，我们认为，网络文化也要从物质、精神和结构三个维度进行解读和界定。

物质维度是对网络文化最表层、最浅显但却是最基础的认识。英国社会人类学大师马凌诺斯基认为：“从木杖到巨舰或飞艇，所有的意义都是依它在人类活动的体系中所处的地位，它所关联的思想，及所有价值而定。”①所以，对于网络文化所依托的小到“比特”，大至计算机硬件的配备，都是网络文化发挥作用的前提。从互联网在中国的规模化发展状况来看，随着计算机技术的进步，网络服务费用的降低和宽带接入量的增加，网民的规模越来越大，网络上一系列虚拟社区、专业论坛和 SNS 网站技术的成熟，使得网络上形成特殊的话语权分配方式、交流模式、生存方式、思想交流方式，在网络平台虚拟性，交互性，平等性等特质的影响下，在网民中形成不同于现实生活的价值观和道德观。这些都是以网络技术的发展为前提。而网络文化的不断发展，又使得基于网民网络生存的需要，开发出更多人性化、便利化的网络传播新技术。

精神维度是网络文化的核心所在。在所有的文化界定中，有一个共通的地方，那就是强调了精神层面的价值。同样的，网络文化以迅猛发展的网络传播

① 马凌诺斯基：《文化论》，华夏出版社 2002 年版，第 16 页。

技术为依托，以广大网民为对象，形成自己独特的文化魅力。在网络中，意识流的碰撞充满了智慧的火花，多元的价值理念在互联网中迅速进行汇总，网民处在空前平等的地位上进行几乎无所禁忌的信息交流。人们在网络中建立联盟，对不满进行随意的批判。学校纷纷在网上建立远程教育课堂。这些都使得自古以来信息不对称的情况得到根本改善。强大的搜索引擎，可以在一输一点之后找到任何自己想要的信息，“民主”得到根本实现成为可能。没有现实中政治意识的强大控制，网民自由地抒发自己的政治言论。当然网络中的道德规范缺失，使得道德底线变得模糊，人们现实生活中建立起来的世界观、价值观、政治观在网络中受到挑战并进行重组，进而又在现实的行为中得到体现。

结构维度是网络文化的作用机制。在网络文化的影响下，人和人的关系、人和社会的关系、社会与社会的关系，甚至是国家和国家的关系，都在网络中发生着变化。社会的整体结构也在网络文化的作用下发生变革，网络空间里的技术规范、网络运行和使用过程中的各种规则、政策、法规和道德规范等都随之产生连锁反应。所以，网络文化的结构维度，就在物质维度和精神维度中起着中介的作用。

从学界对网络文化概念的研究可以看出，对网络文化的界定主要有两种切入方法：从网络的角度看文化和从文化的角度看网络。前者主要从网络的技术性特点切入，强调由技术变革所形成的文化传播方式上对传统文化的革命，认为网络文化的特征主要在于技术实现的多媒体性、传播速度的即时性、传播空间的全球性和传播的交互性等方面。后者主要从文化的特性切入，注重网络的思想性特点，强调网络内容构成的文化属性，认为网络文化的特征主要在于存在方式的虚拟性、主体关系的平等性、内容的丰富性和多元性、占有的共享性和组织的无中心性等方面。应该说，网络文化是文化外在形式(网络技术)、文化内在形式(平等性、无中心性等)和文化内容(政治、经济、宗教、哲学、法律等)的综合统一体。单纯强调其中的某个方面都是不妥当的。

我们认为，网络文化无论是广义还是狭义，都是以网络技术为支撑的基于信息传递所衍生的所有文化活动，及其内涵的价值观念和文化活动形式的综合体。广义的网络文化，是指借助计算机网络或其他信息产品进行信息沟通、传递等活动而产生形成的经济、政治和社会现象，也就是信息文化。狭义的网络文化，是指基于互联网络、通讯网络以及由此派生出来的衍生工具、手段，并以信息传递、资源共享、沟通交流为基本特征的行为方式、思维方式、生活方式及价值观念等。

## 二、网络文化的特征

网络文化的特征与对网络文化的界定一样，众说纷纭。有学者认为，网络文化的基本特征是网络文化的开放性、虚拟性、互动性、渗透性、共享性。也有学者认为，网络文化具有虚拟性、开放性、集群性、共享性、多元性、平等性和交互性等特征。这些说法都是从各自侧面探索网络文化特征。我们认为，可以从基本特征和多维特征两个视角来加深对网络文化的深入理解。

**1. 网络文化的基本特征**

网络文化的基本特征是主要基于网络文化的主体，其呈现出的普遍、鲜明的特征。

一是补偿性。互联网是有着巨大吸引力的虚拟空间。在这里，人们可以大胆发表自己的意见，贡献自己的聪明才智，充分展现自己的闪光点，并相互交流、相互帮助，获得尊重、友情和自我价值的实现。对于很多人来说，现实生活中难有这样的机会。因此，网络文化具有“补偿性”特征。

既然是补偿性文化，就必然夹带着很多牢骚和不满。网络上出现的很多问题，其根源在现实生活中。人们通过在网上发泄，以补偿难以实现的愿望，或获得心理上的慰藉。正是由于这种原因，网络成为一种社会安全阀，为社会各阶层的利益诉求和情绪宣泄提供了一个很好的渠道，客观上起到化解情绪、缓和矛盾的作用。社会上的不公平、工作中的重压、怀才不遇的感慨，都可以通过网络进行发泄，并得到一定的呼应，从而获得心理上的平衡和满足感。

由于人们乐于在网上反映自己的喜怒哀乐，倾泻积累的不平和怨气，对社会、文化、经济等方面的话题发表自己的看法，网络成了反映民情的最好渠道，成了社会的晴雨表。政府部门不但可以从网上看到民众的基本心态和社会的主要问题之所在，还可以有意识地利用网络，对关系到国计民生的重大事件，广泛征求民众的意见，使决策更具针对性和科学性，有着更广泛的群众基础。

二是极端性。社会心理学家认为，通过群体讨论，无论最初的意见是哪一种倾向，其观点都会被强化，称之为群体极化效应。人们普遍有着从众倾向，并希望自己表现得更加突出，于不知不觉中把原有的观点推向极端化。网络具有实时性、互动性和开放性，使得在极短时间内，数量巨大的人群卷入讨论之中。人们相互攀比，逐步强化，产生了极其强大的群体极化效应。

互联网放大了个体行为影响，聚合了个体行为能量。原本一些分散在各处、被社会忽略的少数人聚集起来，形成了小的群体，并形成不断增大的趋势。善的力量是如此，恶的力量也是如此。在现实生活中分散的、不受人注意的丑恶现象，往往能通过网络集中地反映出来。这是有的人对网络文化大加抨击的主要原因之一。实际上，在网络文化中，这些丑恶现象及其散布者只占有很小的比重。

网络文化的极端性特征，可以迅速把“善”放到最大，有利于促进社会公德，推动制度完善。现实生活中的一切丑恶和不公平现象，都会在网上被曝光，迅速被正义的洪流所淹没。2005 年，湖北佘祥林“杀妻”冤案曝光，网络舆论大哗，促使死刑核准权收归最高人民法院。2007 年，山西黑砖窑事件在网上披露后，迅速引起媒体关注，带来整治非法用工专项行动。网络形成的“群体极化”现象，有助于树立社会主义核心价值观、传播科学精神。2007 年，网上关于华南虎照片真伪的热议，反映了人们对真理的追求，对社会浮躁现象的反思，对地方政府公信力的质疑，有利于促进社会公信力的提升。

三是大众性。网络文化充分彰显的是“草根文化”，有着很强的大众性。从互联网上可以及时搜集到大量信息，使得少数人对信息和知识的垄断难以为继。人们不再仰视专家和学者，而是将他们的观点与自己掌握的知识进行比较、分析和提炼，从新的角度提出自己的看法。在传统媒介上，普通民众缺少话语权。只有在网络上，他们才能畅叙胸怀，指点江山，表现出对传统的颠覆和对权威的挑战。

网络文化的大众性很容易被误解。曾经一批受到广大群众喜爱的网络歌手及其成名歌曲，成为很多著名音乐家的批评对象。甚至有人称，“网络歌曲的泛滥成灾让内地流行音乐倒退 15 年”。可以看出，专家的评价和普通大众的评价有着很大分歧。网络歌曲《老鼠爱大米》《两只蝴蝶》等没有经过任何宣传，迅速唱遍大江南北，达到家喻户晓的地步。它们曲调欢快，语言诙谐，比喻奇妙，符合当前普通大众的审美标准和情感表达方式。不可否认，大众文化中确实存在着一些低级趣味的东西。但是，它们只占很小比例，而且经受不住时间的考验，很快会被淘汰。

对于网络文化的另一个指责是“娱乐化”。有人说，“2020 年的网络被严重地娱乐化、游戏化、低俗化，网络从高科技的工具退化为使人们玩物丧志并进而危害社会的玩具”。这句话很让人费解。人的天性之一就是追求快乐。在这样一个竞争激烈、压力巨大的社会中，人们通过网络去寻找快乐、缓解紧张的情绪，又何错之有呢？数学大师陈省身认为数学是快乐的，对数学有着浓厚而执着的兴趣，把数学看成生活的一部分。被人们视为从事“严肃事业”的科学家，如果在研究中没有感受到快乐，是无法支撑下去的，更何况普通的民众呢？在紧张的工作之余，来一点忙里偷闲、忙中取乐，又有何不可？

网络文化的大众性，使之成为提升人类智慧的重要途径。通过网络构筑整个社会的神经系统，将低智商转化为高智商，将相互分离的个别人的智慧，转化为更高层次的组织智慧、国家智慧和人类智慧。基于网络的维基百科就是一个很好的例子。它让每个人都成为百科全书的编撰者，贡献出自己在某一领域、某一个方面的专门知识，所以又称“人民的百科全书”。维基百科收录的词条数，是大英百科全书的 15 倍。与后者相比，维基百科容量更大，更具时效性，而且在许多主题上更加深刻。

**2. 网络文化的多维特征**

网络文化是多元立体的。可以基于技术、精神和主体组成的三维空间，来梳理、概括网络文化的主要特征。网络文化是以网络技术为支撑的基于信息传递所衍生的所有文化活动及其内涵的价值观念和文化活动形式的综合体。网络文化的主体是参与网络中的人。网络文化是建立在互联网及其衍生工具基础上的社会活动和行为方式、思维方式、生活方式及价值观念等。网络文化的形成与发展和互联网的形成与发展是密不可分的。从技术、精神、主体三个维度审视网络文化，其呈现出一系列多种多样的特征。

(1)技术特征

网络文化首先是一种技术文化，是信息技术和网络技术进步催生出的文化。每一次技术的革命性突破，都会推动网络文化新方式新内涵的产生、扩展。可以说技术特征是网络文化最基本的属性，其他特征都是建立在这一基础之上的。从技术特征层面观察，网络文化的特性体现的是互联网的特性，最主要的是虚拟性、交互性、共享性和时效性。

一是虚拟性。它产生并依赖于虚拟的“赛博空间”而存在。在网络产生以前，人们一直生活在实体空间。网络产生以后，人们的生存空间发生了变化，出现虚拟空间。“赛博空间”是一个由无数符号组成的虚拟空间，在虚拟空间中每个人都可以尽情表现，许多在物理空间中难以寄托的梦想、行为，可以在虚拟空间中得以实现。在物理空间里人们所建立起来的一整套的准则和习惯被打破，取而代之的是一个全新的网络虚拟世界。人的角色意识在两种不同的空间里进行转换，现实世界表现的有限性与内心世界倾泻的无限性冲突，都会在网络行为中体现出来。

二是交互性。交互性是指人们在网络活动中发送、传播和接收各种信息时，表现为互动的操作方式。互联网作为一种崭新的传播媒体，区别于其他传统传播媒体的最本质特征，就是交互性。在互联网出现以前，传播媒体的传播交流方式基本上是单向的。互联网改变了这一切。互联网的交互式操作方式，表现出多方向、大范围、深层次的特征，使人们的沟通交流方式面临深刻变革。在网络中，每一个网民都不仅是信息资源的消费者，同时又是信息资源的生产者和提供者。人们的信息获取方式由传统的被动式接受，变为主动参与，在沟通碰撞中相互引导，提高了信息的传播效果。

三是共享性。信息和资源的高度共享性，是网络文化的又一重要特征。互联网的并行能力很强，它允许在同一时间内对同一信息源进行同主题的多用户访问，基本实现了资源供给与需求的一致性原则，避免了信息资源的浪费，减少了重复建库的时间和经费浪费等问题。共享性使得网络文化在存在特点和表现形式上都具有极大的趋同性，将本属于个别文化区域的资源转变成了所有文化的共同资源。

四是时效性。互联网的传播不受时间、地点和空间的限制，信息的收集、资料的查询变得更加快捷和有效。通过网络，人们可以与面对面几乎同步的速度传输文字、声音、图像、视频，而且不受印刷、运输、发行等因素的限制，可以在瞬间将信息发送给千家万户，而且用户也可以随时方便、快捷地获取所需信息。

(2)精神特征

文化的精神属性体现了文化的价值取向和追求，标志着文化赖以生存发展的本质特征。从网络文化的精神属性审视，网络文化具有开放性、平等性、多元性、自由性。

一是开放性。用户可以自由地访问网络上的各种资源，也可以发表各种言论，上传各种信息。在网络文化中，开放性得到了最深刻而具体的体现。互联网上的不同主题的网站、新闻栏、论坛、聊天室、博客等，基本上是开放的，任何人都可以根据自己的意愿和需要，获取自己想得到的信息，任意地与世界各地网民进行联络、交流，自由地访问各种信息资源。各种观点、思想、民族文化在这里都可以找到自己的位置，任何人在任何地点、任何时间都可以自由表达其观点，突破了以往任何形态的文化都是区域性的局限。

二是平等性。信息时代的网络文化，在参与上是垂直的，在交流上是平行的，在关系上是平等的，在选择上是自主的。因为网上交流可以是匿名的，甚至可随时更改或虚拟身份，所以它是一个没有上下级关系，没有等级障碍的平台和自由空间。人们在走过“法律面前人人平等”“金钱面前人人平等”的艰难历程后，将随着网络的日益普及，步入一个“网络面前人人平等”的新天地。

三是多元性。信息来源的开放性带来了信息内容的多元化。网络上的文化产品没有数量限制，并且兼容各色各类文化产品和价值理念。形形色色的文化样式、价值观念通过网络的高速传递呈现在大众面前，满足不同品位、不同心理需求的人们需要。多元性也反映在包容性上，网络文化使人群与人群之间的差异性、独立性、创新性、宽容性得到认同；同时，网络文化使不同文化完全冲破了地域限制和时间限制，不同文化之间得以相互了解和沟通。

四是自由性。网络文化的自由特性体现在人们可以自由参与，自由发表言论，自由表达观点，自由选择行为方式，自由决定价值取向等方面。网络文化求同存异，具有很强的包容性和宽容度。由于网络突破了传统文化的各种限制，它为每一个上网的用户提供了一个广阔的自由对话的领域。网络文化不仅增强了不同地域文化和传统文化之间的接触与交流，而且扩大了不同文化背景下的个体之间的接触，为个体的异地远程联系提供了方便。人们在网上可以进行任意主题的、长时间的、多媒体形态的联络。这种文化联系的自由度是前所未有的。

(3) 主体特征

文化的主体是参与其中的人，网络文化也不例外。从主体特征的角度看，网络文化具有个性化、大众化、平民化和集群化。

一是个性化。文化主体个性化的特征，在网络空间里得到淋漓尽致的体现。由于网络里是虚拟、匿名的，就给人们提供了充分展现自己个性的舞台。在网络空间，没有既定的价值标准，不存在统一的是非观念，没有强制的规范约束，只要不危及社会，不有意伤害他人，人们可以尽情展现自我。人们比以往任何时候更加容易接纳众多与众不同的观点，不论有些观点是多么奇异。客文化流行就是网络文化个性化特征酣畅淋漓的体现。几乎所有的门户网站、新闻网站和部分专业网站，都为适应网民需要，纷纷搭建了博客、播客、掘客等平台，形成了千姿百态的客文化。诸如博客、播客、威客、炫客、闪客、维客、印客、拼客、黑客等。

二是大众化。网络文化的大众化体现在覆盖范围的广泛性和参与受众的广泛性上。网络使用者不分阶层、民族、贫富、老幼、男女等，都可以上网访问。它是一种几乎没有门槛、没有限制的文化交流与沟通载体。每个网民既是文化的生产者、创造者，又是文化的传播者、消费者。对一种观点、一种说法，网民往往会从新的角度提出自己的看法。互联网的匿名性和互动性，淡化、模糊甚至消除了作家与读者、记者编辑与受众的区别和界限，使人人参与、人人是主角成为可能。比如《两只蝴蝶》等网络歌曲，没有经过任何电视台的宣传包装，而在一夜之间迅速唱遍大江南北，为群众所喜闻乐见，就足以说明网络文化在大众中的影响力。

三是平民化。网络文化是“草根文化”，有着很强的平民特征。在传统媒介上，普通民众缺少话语权。但在网络上，任何人都可以畅叙胸怀、指点江山，自由发表观点，表现出对传统的颠覆和对权威的挑战。人们不再仰视专家和学者，而是将他们的观点与自己掌握的知识进行比较分析，从新的角度提出自己的看法。对于社会热门话题，大到强国富民，小到菜篮民生，普通百姓都可以说三道四，评头论足。网络孕育了无数的“草根”名人。

四是集群化。网络文化呈现出多群体化的文化结构，尤其是在互联网发展到 Web3.0 阶段，通过即时通讯工具、博客圈、论坛等，在网络空间中建立群组极为方便。即使是某个人自己创建的个性栏目，都有可能会成为喜欢它的网民的一个群体文化的栖所与代表。网络文化的集群性还体现在多样和自由选择上，一个人自己可以建群营造部落，同时也可能参加其他栏目、群组的讨论，这时他也就成为那个栏目上那些情趣相投的人群中的一员，即其他群体文化的一部分。

## 第二节　网络文化的功能和价值

### 一、网络文化的功能

网络文化的诸多特征，决定了其具有独特的功能。从人、信息、文化的角度把握这些功能，能使我们更进一步理解网络文化。

**1. 导向性功能**

网络文化是一种开放、自由的互动文化。网络思想教育是伴随着网络技术日益提高和网络文化的深入发展而产生的一种新生事物，是一种新的认识工具与教育手段。它对于加强教育者与广大受众的互动教育具有引导性。网络文化传播的途径主要是通过潜移默化的暗示、因势适时的引导和规章制度的规范。在网络环境中，教育者和广大受众可知可感网络文化中散发的政治、经济、科技、文化等方面的气息，对人们的思想道德、价值观念、行为方式的形成与发展具有一定的导向作用。

网络文化导向功能，一是具有指向性。它反映在广大受众的理想信念、价值观念、奋斗目标、行为规范等领域，价值指向内容是明确、具体的。包括理想价值指向的标准、思想价值指向的标准、政治价值指向的标准、利益价值指向的标准，从而使受众以此标准认同价值的取向、规范自己的行为。二是具有目的性。美国著名物理学家托夫勒曾说："谁掌握了信息，控制了网络，谁就将拥有整个世界。"网络文化渗透的是一种文化价值观，冲击着另一种文化价值观。它告诉受众理想信念，价值观的目标和标准并要求受众按照这些内容和标准去实践，从而使自我在实践中接受这些政治观和价值观。三是具有稳定性。稳定性是导向功能指向性与目的性，合乎逻辑的发展。一旦出现政治、经济、文化的理想、格局、思潮。便会成为人们理想的追求。一旦形成比较完善的价值形态，便会成为人们固守、推广或完善的理念。

**2. 承传性功能**

文化产生于人的社会生产和社会生活，又构成人类社会生产和社会生活的基础。网络对于文化的传播起着承上启下的作用。

一是网络具有保存、传递文化价值的功能。在人类历史上，生产工具的发展对社会起着重要的作用。它一直改变着人类的文明，推动文化的发展。印刷术的发明，导致了人类文明史上第一次信息技术革命。文字使人类信息的交流发生了质的飞跃。正如英国学者赫·乔·韦尔斯所说："随着文字的创造，人类的传统能够变得更加丰富、更加准确。……相隔千百英里的人们这时能相互沟通思想了。越来越多的人开始分享共同的书面知识和对过去及未来的共同之感。人类的思想变得能在广大的范围内发生作用。千百个头脑在不同的地点和不同的时代能相互引起反应。它成了一个更加持续不断、更加持久的过程。"

文字使文化传递和保存功能更加系统、连贯，影响更为深远。这种飞跃对人类传统的一切方面产生了巨大的冲击力，改变了社会改变了文化，改变了人类的历史进程，使人类社会从农业社会进入工业社会，进入了文明时代。20 世纪计算机与通信的结合，信息高速公路与多媒体技术的发展，导致了第二次信息技术革命。计算机实现了信息数字化的突破，所有信息都可以用 0 和 1 这两个数字来表示，从而使信息的载体和传输介质发生了质的飞跃。电子信息交流的出现，网络化数字化信息环境的加速形成。使人类社会从工业社会跃进到信息社会。“书面文字不仅不再是储存和传递信息的唯一方式，而且也不是最好的方式。目前这一代计算机已经能够在较小的空间蓄存大量资料，能够比任何时代形式的印刷品更迅速、更可靠地传递资料。下一代计算机将更为迅速、更为轻便、成本更加低廉、可靠性更好。”这种前景和现状强化了文化的传递、保存功能。文化中的思想、道德、习俗、信仰等等在人类社会的进步过程中日益丰富，完整地将其保存和传递下来，仅仅依靠人的大脑和行为已经不够，必须运用先进科技手段。应运而生的网络文化以其自身鲜明的特征，对传统的文化传播方式、语言表达方式、知识存储方式都产生了极大的冲击。

二是网络具有选择文化价值的功能。文化诞生伊始，就呈多元分布。文化多元不仅表现在区域上，而且还表现在每一区域每一集团文化内部的主文化与亚文化之别上。各种文化在思想意识、道德观念和行为习惯上都有自己的特征。网络文化的形成和交流与其他文化一样，必须从其他文化中吸取一些成分，丰富和壮大自己。文化是随着人类物质资料生产的进步和文化保存手段的改进而发展和日益丰富的。文化中既有与时代要求一致并能推进时代进步的成分，也有由于时代的进步而变得陈腐的内容。即使是符合时代要求的文化成分，也是十分浩大和复杂的，是任何一个具体的个人都无法全部吸收和再现的。文化本身的性质和人类保存、传递文化的有限性，决定了人类保存和传递文化必然具有选择性。人们在网络文化中总是从自己的需要出发，保存和传递文化、选择文化。选择的观点是以人的需要为基础的。网络文化的选择也意味着文化排斥，即排除陈旧的过时的、或与时代要求相悖的、有害的文化要素，淘汰一切无用的内容，批判有害的文化要素，理清文化方向。因而，文化的选择功能具有优化文化保存、传递的功用。

三是网络具有创造新文化价值的功能。网络文化创造价值在于随着时代的发展，科技的进步所提出一定的新的思想观点和道德要求，丰富、完善一定的价值取向、信仰、民族风俗和行为习惯。网络文化是通过自己的活动表现文化的创造价值。网络文化的创造性和自主性密切相连。网络文化的自主性，使用户的个性得到尽情的发挥和他人的肯定，从而推动创造性的发展。网络文化培育了一批创造文化的人才。在网络文化发展的过程中不是简单的复制，必然包含着一种文化的创新，促进文化的创造。

**3. 渗透性功能**

传统思想的教育由于是内塑型模式，因而强调的是直接的“灌输”，就是教育目的的明确性和方式的直接性。明确而直接地将相关信息传播的教育目的传达给受教育者，明确地通过文字或语言告知受教育者应做什么、怎么做、不能做什么。网络文化对用户思想的影响是潜移默化的。网络文化的价值体系，是多元一体的。它可以包容世界各国、各民族、各地区乃至任何团体与个人的价值观、道德观。网络文化的价值观、人生观、道德观的渗透，在客观上是没有任何等级和类别标记的。在网络环境里，用户可以在不知不觉中接受多方面的信息，甚至自觉地按照其要求加深自己的道德认识，放纵或约束自己的道德行为，认同或净化自己的道德情感。一方面，网络信息一般并不明确、直接地表明其思想教育目的和该做什么、不该做什么，而常常以客观、公正，甚至科学、时尚、前卫的面目出现。另一方面，网络平台为人与人的交流提供技术平台，人们在网上交往隐蔽了性别、年龄、身份，隐瞒了交往真实主体，为随意使用网络提供了方便。网络文化对用户的影响是隐蔽的，不公开的。网络文化中的价值观念、道德观念在不知不觉中渗透到用户的脑海中。

网络技术具有交互性和渗透性的特点，因而网络文化也就具有交互渗透的技术特征。具体表现在：一是交互渗透技术使网络文化的信息资源的共享性，可以即时实现。交互渗透技术可以使网络文化的内容大量扩充。用户可以完全根据自己的兴趣和要求，主动选择获取信息，反馈信息。同时，网络的隐匿性、平等性，用户可以放纵情感、平等讨论，使各种信息资源大量增加，从而扩充丰富了网络文化的内容。二是交互渗透技术使网络文化受众的趋同性得到显现。网络的开放性，带来受众的趋异性。但在交互渗透技术的作用下，使受众的趋异性变成了它的对立物，变成了趋同性。受众一旦认同对方时，趋异性就会逐渐减弱，趋同性就会得到强化。三是交互渗透技术使网络文化的影响力大大增强。网络文化可以借助于网络空间的开放体系，使其资源迅速扩容。同时凭借网络技术的平台，用比特速度，实现时空的穿越，传播到世界各地。

**4. 教育性功能**

从社会学的观点看，教育也是一种文化，它是社会赋予其成员以文化特质的过程，是主文化实现文化控制的一个有力的自组织系统。这个系统实现对文化的控制，是通过文化无意识地对社会成员灌输一定的文化思想和行为，而更主要的是通过文化无意识地对社会成员进行文化渗透。

网络文化与教育的关系从整体上看是双向互动的关系。一方面，教育具有传递、传播、选择和促进文化变迁的重要功能，网络文化知识只有通过教育才能得到承继与发扬。另一方面，教育本身也是一种文化存在的要求。教育必然集中体现网络文化的存在要求，教育的每一个环节都打上了深深的网络文化的烙印。在网络文化背景下的教育，具有广泛性与平等性、科学性和人文性、个性化和创新性、终身性和全息性、国际性和民族性。网络为受众提供了更大范围的群体环境，有助于受众广泛参与社会文化。网络文化全方位、自由、开放、多层次的信息传播，为受众提供了更方便且范围更大的社会交往机会，扩展了受众生活的社会环境。网络的方便快捷加快了受众对现代科学知识和生活经验的了解，极大地丰富了教育的内容，拓宽了教育的渠道。受众通过网络文化的传播了解世界各地的文化传统，最先进的科学文化知识，丰富多彩的文学艺术，接受到多元文化所组成的多元世界，潜移默化中接受新的价值观和文化模式。美国实用主义文化社会学家杜威在谈到教育的时候说："一切教育都是通过个人参与人类社会意识而进行的。这个过程几乎是在出生时在无意识中开始了。它不断地发展个人的能力熏陶他的意识形成他的习惯，锻炼他的思想，并激发他的感情和情绪。由于这种不知不觉的教育，个人便逐渐分享人类曾经积累下来的智慧和道德财富。他就成为了一个固有文化资本的继承者。"这种无意识的文化影响，比明显地有意识教育作用更大。

## 二、网络文化的价值

作为时代的产物，网络文化及其折射出来的范式、风格、本质、功能、特征等属性，赋予其无法比拟的当代价值。

一是促进了经济转型和创新驱动。传统业态需要借助电子商务转型升级。基于互联网技术，衍生出越来越多的新生事物，如云计算、物流网、网购、电子运营商、电子银行、网络远程教育、网络图书馆、电子出版、网络理财、网络炒股、网上医疗等，旅游电子商务不容小觑。例如，在线旅游业的龙头企业——苏州同程网络科技有限公司(www.17u.com)，力推基于微电脑控制的门票自助售取票机系统，并成功进驻全国1000多家景区，从而将中国景区门票市场70%的份额收入囊中。2014年5月份新增6.2.1版客户端的火车票预订服务，其升级版6.4版客户端又嵌入了打车和租车服务，分别由快的打车和易到用车提供。同样，基于"同程旅游"客户端，"1元玩景点，百元游世界"的特价旅游度假产品，顺时应势并受到网友抢购。2014年2月获腾讯、博裕、元禾三家机构的5亿元投资，4月28日再获携程网(www.ctrip.com)现金投资2亿美元，2012年和2013年连续两年入围"中国旅游集团20强"。互联网同样在助推实体经济创新驱动，颠覆了传统的经营模式。科技公司中，微软、苹果、谷歌、三星等的市值跃居1600亿美元以上。腾讯、百度和万达等，联手新建电商企业。据统计，2021年我国电子商务市场规模42.13万亿元，直接从业人员680万人，间接从业人员5850万人，投融资事件数707起，投融资金额2387.4亿元。①

二是助推了我国的廉政和廉政文化建设。党的十八大以来，中央先后出台了《中共中央关于在全党深入开展党的群众路线教育实践活动的意见》《党政机关厉行节约反对浪费条例》《中共中央关于改进工作作风密切联系群众的"八项规定"、"六项禁令"》等，坚持党要管党、从严治党、从严管党。网络和网络舆情，发挥了不可替代的独特作用，既促使打虎拍蝇、海外猎狐成为可能，又促进了"新常态"下廉政文化建设。国内打虎拍蝇的力度前所未有。

晒出的反腐成绩单提振了民心党心，廉政和廉政文化建设再谱新篇。其中的许多案件是通过网络举报提供线索，网络的宣传、评介和引导，传递了正能量，发出了最强音。

三是促进了我国民主法制建设的进程。网络的自由性特征赋予网民以发表言论的自由，这极大地推进了民主建设的进程。"发展论坛"(新华网)、"强国论坛"(人民网)、"新浪论坛"(新浪网)等，一直都以开放的胸襟在问政于民、问需于民、问计于民，为科学决策、民主决策搭建积极的信息咨询平台。自2009年2月28日首开中国式"网络问政"先河以来，全国网络问政蔚然成风。截至2013年9月30日，开通网络问政的政府机构已有90多家。借力于网络

① 《这十年：2012—2022中国电子商务发展数据报告》，http：//www.100ec.cn/zt/2012-22dzswfcbg/。

及其互动功能区，政府在不同层面和不同部门都更好地整合资源来集民智、重民生、破难题、促发展，网络问政成为中国民主政治发展的新途径。当我们借助于互联网络思维和工作时，折射出的是方法论，而不仅仅是工具性。网络文化的发展，创新了意识形态的方式方法，促进了意识形态方式方法的不断完善，也加快了民主建设的步伐。

在中国农村城镇化的进程中，由于个别拆迁户对拆迁费不满，变成了钉子户，出现了很多强拆强推的现象，有的地方甚至出了人命。这些信息经网络曝光后，中央出台了相关文件，不允许强拆强推，地方政府也制定了相关办法，改进工作作风，一切以人为本。由此，强拆强推的现象基本得到遏制。在文艺界，明星涉毒的网评，最终也导致了国家广电总局封杀劣迹艺人的禁令的出台。近些年来，影视圈发生多起导演、编剧、演员因吸毒、嫖娼等违法行为被公安机关查处的事件。网民对此热议纷纷。2014 年 9 月 29 日，广电总局正式下发“封杀劣迹艺人”的通知文件《国家新闻出版广电总局办公厅关于加强有关广播电视节目、影视剧和网络视听节目制作传播管理的通知》。10 月 8 日，广电总局“封杀劣迹艺人”的文件正式曝光，各大媒体纷纷报道。

四是网络文化为现代社会注文明、鲜活与时尚的内容。信息技术的突破性发展除了使人类社会获得巨大的物质收益外，也会给人类的精神层面以直接的提升和影响，对传统文化中的优秀成分在继承的基础上予以放大和喧染，对那些不合理的、迂腐的、陈旧的理念则进行嘲弄、批判与消解。无可否认的是，网络文化对人类文明中的一些普适价值观念的推广起到了独特的作用。

首先，扶助弱者，放大弱者的声音。一个社会对弱势群体的总体姿态，反映了这个社会的进步与文明程度。传统的社会渠道很难扩大弱者的声音，而互联网的“互联互通”的特性很容易使“微弱的声音”在发散性传播中产生“增益”效果。正如巴兰(Baran)和戴维斯(Davis)所说：“媒介技术本身没有力量来启动有益的变化，但技术会增加和放大个体和群体的行为，并通过这样，在一定规模上有助于社会变化进行迅速和广泛的传播。”①多起网上成功救助的例子可以说明这一点。近年来，互联网上随处可见的关心艾滋病人的报道与故事，也温暖了无数在精神与肉体双重痛苦中挣扎者的心，“红丝带”已经成为网络搜

① 转引自[美]沃纳·塞佛林、小詹姆斯·坦卡德，郭镇之等译：《传播理论：起源、方法与应用》，华夏出版社 1999 年版，第 228 页。

索一个“高频”词汇。癌症病人、不育人群与无性婚姻等人群，纷纷建立起自己的“网上家园”，借此同“病”相怜，互爱互助，那通过一根根网线与一页页WEB页面所传达的温暖，是以前庞大的社会机构难以提供的。

其次，尊重隐私，尊重人的个性及其展示。网络虚拟社会的特性，在一定程度上消解了人们原来因为惧于“身份认同”的从众心理，而释放出多姿多彩的生命活力与个性光芒。相形之下，报纸、电视、广播等大众传播媒介就难以起到这种作用。由于大众传播媒介的非个人化特征，也有人指控媒介造成了社会中个性的丧失(这成为一种功能性障碍)。大众媒介横亘于人与人之间，阻碍了传播中人际交往的机会。

最后，开阔视野，包容多元文化。比尔·盖茨曾说：“信息高速公路将打破国界，并有可能推动一种世界文化的发展，或至少推动一种文化活动、文化价值观的共享。”①它是一个天然适合民主意识培养与民主机制操作的环境。从电脑技术的发展历史来看，由中央控制式的大型主机转变为一家一户的个人电脑，本身就是一个从“集中”不断趋向于“分散”的过程。互联网的出现则进一步强化了“分权”观念，打破信息垄断与分隔。

同时，网络在每个用户家中都设置了一个传声器，人们可以随时发布各种信息，传播各种观念，用户可以参加网上的新闻组或论坛，其言论也鱼龙混杂，泥沙俱下。而网上投票、市长信箱等手段也使普通民众有了前所未有的“选举”权与接近官员的机会。博客与播客的兴起，不仅真正把这个“传声器”发到了每一个人的手中，而且让它传出了“声音”——传声器变得名副其实。从全球范围来看，博客文化意味着知识阶层与专业人士成为网络信息源，这将使互联网上不同的价值观之间的碰撞更加剧烈，并提高其层次与信息交流质量。国与国之间的信息疆界将进一步被打破，某个国家的重要新闻信息，会随时成为全球公民关注的焦点。一国内部的事务将越来越多地引发世界范围的讨论，它虽然还不具备说服政府的能力，但意见的全球化，已经提高了政权忽视多元舆论的代价。另一方面，正由于人人都能在网上发言，各种各样的思想和观点才有可能表达与展示，百花齐放、百家争鸣的景象才有可能真正出现。

五是拓宽了传统文化的传播途径。传统的传播意识形态的方式，是听广播、听报告、看影片、读报纸、开会等。网络拓宽了传播的途径，极大地提高

① 转引自鲍宗豪：《网络与当代社会文化》，三联书店2001年版，第317页。

了传播效率，无纸化办公已成为大家的共识。目前，各大主流媒体也早已纷纷触网，中国数字图书馆网站、人民日报、光明日报、中国教育报、扬子晚报等主流媒体的触网，扩大了意识形态的宣传阵地，在经济、法制、廉政、文化教育等方面做出了积极的贡献。人大孔子研究院的“孔子在线”网站，汇集了全国的孔子研究精英，文史哲合力，为研究并传播孔子的思想开辟了专业通道。特别是进入大数据时代，网络让我们的生活更便捷、更科学、更精细、更精彩。2006年，Gregory Crane指出，当前人文社科研究工作者面临“百万图书的挑战”。尤其在文学、语言学、历史学、艺术学、民族学等人文学科领域取得了令人瞩目的成就，并且组建了专门的研究机构，形成了国际数字人文机构联盟、数字人文中心网络两大数字人文研究联盟。

六是拓宽了教育的模式和途径。网络远程教育促进了教育的普及和提高，促进了教育的公平，促进了教育的可持续发展，使终身学习的理念深入人心。网络对教育的颠覆性贡献就在于，既提供了海量的学习信息，又变革了育人模式。尤其是后者，把学习从课堂延伸到了课外，特别是基于网络的翻转课堂（Flipped Classroom Model）和慕课（MOOC），打破了课堂单一的教学方式，变革了以教师为中心的课堂组织形式，更新了年轻学子的学习方式。在大数据时代背景下，智能机器人将逐步走进校园，成为中小学生们未来的学习伙伴。3D打印将抽象的空间转变为真实的、立体的彩色模型，开辟了崭新的学习空间，增强了趣味性和生动性，颠覆了学生的实践范式。开源硬件（创客运动）使普通学生的技术课程“做中学”，体感技术让学生获得“数字土著”新体验。教育游戏在中小学幼儿教育中广泛采用。目前，我国正大力推进“网络学习空间人人通”，搭建在线学习平台和互动平台，创新学习和交流、沟通的方式，搭建多元化的网络交流共享平台，教师、家长等合力为学生的快乐学习、健康成长助力。

## 第三节　网络文化发展趋势

### 一、我国网络文化发展现状

近些年来，我国的网络文化持续快速发展。2015年，网络文化产业的规模达1500亿元人民币，同比增长200%；网络原创文学作品超过当代文学纸质媒体发表作品50年的总和。① 但与发达国家相比，仍有较大差距，具体体现在：

一是技术水平仍有差距。技术是互联网时代的核心和命门，也是网络文化发展的关键。我国数字网络建设虽取得了巨大进步，但互联网的底层技术如根服务器等一直掌握在美国等发达国家手中，我国处于后发劣势。在各大互联网技术组织中，以我国技术人员开发的互联网标准仍通过较少。另外我国网络技术的运用在全球排名仍落后于许多国家，与我国庞大的网民数量不相匹配。设于瑞士日内瓦的世界经济论坛(World Economic Forum)发布的《2016年全球信息技术报告》(*The Global Information Technology Report* 2016)显示，我国在通过网络就绪指数(Networked Readiness Index)对全球143个国家和经济体进行利用资讯与通信技术(ICTs)以促进经济增长和改善民生方面的成效的评估中，位列第59位，比2015年提升了3位。该报告是至今为止国际上评估资讯与通信技术领域各国竞争力和社会生活影响力最全面和最具有权威的参考报告之一。位列前十位的分别是新加坡、芬兰，瑞典、挪威、美国、荷兰、瑞士、英国、卢森堡、日本。② 在世界经济论坛发布的《全球竞争力报告2018》中，我国ICT运用(adoption)率排在全球第26位，创新能力(innovation capability)排在第24位。③ 由此可见，我国在网络技术开发和网络技术应用上离世界先进水平仍有较大差距，与我国的网民规模和市场规模不相称。

二是网络文化产业虽体量巨大，但主要依赖的是国内市场，在国际网络空间中的影响力远远不够。从绝对值来说，我国文化市场规模和需求总量排名世界前列。但从全球文化市场看，我国的生产能力和影响力并非位处前列。从网络文化传播中的全球语言分布来看，中文小于西班牙语、日文、俄语，与波兰语的应用比例相近，且占比近年呈下降状态。另外，以网络社交媒体为例，Facebook和QQ同是世界著名的社交媒体，但实际影响力却远非同一级别。Facebook用户达15亿多，其中美国与加拿大人只占17.2%，欧洲人占24.1%，

---

① http://news.Youth.cn/gn/201512/t20151217_7431891.htm.

② 2016年全球信息技术报告[EB/OL]. http://reports.Weforum.org/global-information-technology-report-2016/networked-readiness-index/, 2019-03-04.

③ The Global Competitiveness Report 2018[EB/OL]. http://www.weforum.org/docs/GCR2018/05Full Report/The GlobalCompetitiveness Report2018.pdf, 2019-03-05.

亚太地区用户占到了28.8%，其他地区占29.9%，可见其国际化水平之高。[①]另外，在全球信息化水平排名中，我国名列第25位，虽然在全球国家中位居前列，但仍与排名第一的美国有较大差距，且与亚洲的日本(位列第三)和韩国(位列第五)相比，也存在较大差距。正如习近平总书记所指出的，我国是网络大国，但还不是网络强国。

三是我国网络文化传播效率仍存在发展不平衡、主旋律宣传不力等问题。截至2021年12月，我国网民规模达10.32亿，较2020年12月增长4296万，互联网普及率达73.0%。农村网民规模已达2.84亿，农村地区互联网普及率为57.6%。[②]农村人口基数大，互联网普及率提升较慢。城乡之间的"数据鸿沟"、互联网基础设施的差异也决定了城乡网络文化生产和传播力的差距。另外，低俗甚至淫秽的网络视频盛行、网络欺凌现象充斥、网络语言暴力流行和网络戾气气氛浓厚，社会主义核心价值观的宣传仍有待加强，正确舆论的引领作用发挥有待改善等现象没有得到根本性改观。而因文化生产力偏弱而导致的文化对外传播力不足的现状在短期内难以解决，在利用网络新型工具打造国家新形象、宣传国家文化等方面仍任重道远。因此，提升网络文化发展能力仍存在必要性和紧迫性。

## 二、影响国家网络文化发展的主要因素

影响网络文化发展的因素与网络资源的占有有关，也与网络文化的生产力与传播力有关，三者互为影响。关键互联网资源占有率是一国网络文化发展的支撑，网络文化生产力是基础，网络文化传播力是动力，三位一体，共同促进网络文化发展，提升国家文化软实力。

**1. 关键互联网资源的占有率**

这是影响全球网络文化发展格局的基础性因素。关键互联网资源(critical internet resources)是指域名系统(DNS)、互联协议(IP地址)及根服务器的管理和分配、基础标准、对等连接、互联和电信基础设施(包括创新和融合技术)以及多语种化。不同国家在关键互联网资源占有上存在着巨大的差异。在技术

① Facebook Users in the World [EB/OL]. http://www.internetworldstats.com/facebook.htm，2016-10-09.

② http://news.youth.cn/gn/202108/t20210830_13193659.htm.

发展上占有先天优势的国家，关键互联网资源更丰富，占比也较大。而计算机和互联网技术发展落后的国家对关键互联网资源的占有非常少，甚至大多数国家几乎没有。如支撑互联网运转的域名根服务器共有13台，除主根服务器在美国外，另有9台辅根服务器也在美国。美国掌管了这些域名根服务器，一定程度上就掌握了全球互联网的主动脉。因此，习近平总书记曾指出："互联网核心技术是我们最大的'命门'，核心技术受制于人是我们最大的隐患。"①语言是文化的载体，但各国语言在网络空间中的占比存在不平衡现象。英语不仅是互联网空间中使用最广泛的交流语言，也是网络空间中通用的工作语言。操作系统、编程语言、浏览器和键盘等都在使用英文。几乎所有的编程语言都以英文为基础，会英文是对编程员的基本要求。另外，Windows 和 UNIX 操作系统统治了全球操作系统的市场。虽然这些操作系统在传入各个国家后进行了语言本土化的处理，但传递的观念仍是西方世界的。而且英语也是全球最主要的互联网内容生产语言。占有关键互联网资源越多的国家在文化竞争中优势越明显。

**2. 网络文化生产力**

网络文化生产力是影响国家网络文化发展格局的软性条件。有学者将文化生产分为在地文化生产（装备制造、印刷包装等）、在场文化生产（表演、放映、会展等）和在线文化生产（数字内容等）等不同门类。如果仅将在线文化生产等同于网络文化生产，是完全错误的。网络文化产业实际上是集以上门类于一身的，它既可以是在线文化生产，也可以是在场文化生产，甚至可以是在地文化生产，且三者能同时存在，并行不悖。网络运用声、光、图、像等形式，实时直播、可以营造文化生产的"在场感"，使消费者身临其境，实现在场文化生产。同时网络将在地文化生产与消费者实时、便捷地联系起来，实现个性化生产，可提升在地文化生产的效率。互联网与文化创意产业的深度融合，正在改变内容创作、传播和消费的模式，包括网络文学、网络游戏、数字音乐、网络动漫、网络视频在内的网络文化产业在国民经济中的重要性逐步凸显。美国、欧洲、日本等发达国家更是将发展数字内容产业作为一项重要战略。另外，网络文化生产者是多元的，其不仅包括经营性文化企业，也包括个人、团

① 习近平在网络安全和信息化工作座谈会上重要讲话，《人民日报》2016年4月26日第1版。

体等，甚至后两者在文化生产中更为普遍和重要。如许多畅销网络小说由个人所创作，当小说畅销后，其衍生产品电视剧、游戏等可创造巨大的经济效益和社会效益。因此，在网络空间中，一些论坛版主、微博中的大V、微信中的个人公众号产生了比某些集体更大的能量，是网络文化生产的重要力量。

**3. 网络文化传播力**

网络文化传播力是网络文化得以蔓延、扩张的能力。网络文化生产能力与一国的人口基数、国土面积、经济总量、市场容量等有较大关系。网络文化传播能力包括对内的文化传播能力以及对外的文化传播能力。对内文化传播能力主要是指维护社会核心价值观的主导性地位的能力，捍卫传统文化的能力，以及处理精英文化与大众文化之间张力的能力。随着文化软实力的地位日益提升，国家越来越重视国家文化形象的塑造和传播，重视保障国家网络文化安全。网络在对外文化传播能力上机遇与挑战叠加。如前所述，网络可成为国家扩张其隐形疆土的工具，但另一方面，在文化竞争中国家又可能面临他国文化的侵蚀，导致本国文化疆土产生压缩效应的风险。如有些国家会通过网络空间的文化输出，使他国网民对其文化感同身受，产生认同，或者对“他者”的核心价值、政治制度、意识形态、历史传统和历史人物等进行构陷和污名化，影响他国的网络文化安全。

## 三、提升我国网络文化发展水平的路径选择

一是提高网络技术开发水平，占领网络技术“命门”。网络技术是网络文化发展的重要支撑。网络技术的历史发展表明，网络技术的开发，伴随而来的是网络经济、文化的垄断性优势，技术既是专利，会带来经济效益，同时它也是标准和规则，进而也附带着文化内涵。技术在网络文化竞争中起基础性和支撑性的作用。网络技术并非已开发完毕，而是处于不断完善和发展中，有很大的进步空间。如对手机通信的开发，从过去的2G、3G到4G、5G技术，短短二三十年的时间里手机通信技术突飞猛进。我国的手机通信技术已从原来受制于人的落后国家逐步变为技术居先进地位的强国。因此，技术后发国家仍有赶超的机会和条件。我国应高度重视网络技术的发展，既要重视网络软件的开发技术，更要重视对底层网络技术的进一步完善和发展，积极参与下一代网络技术的研制和标准制定。只有底层技术的创新才能使我国打破西方的技术壁垒，实现技术自主，避免受制于人。网络技术的开发需要人才，网络技术开发主体

多以年青人为主。应打破传统论资排辈、层级严格的人才管理体制，为年青人提供自由生长的空间和时间，激发其创造性思维，培育网络技术的核心人才。另外，应鼓励企学联合，调动各方面的积极性，进行产品研发，支持那些真正投入研发的高科技网络公司。鼓励创新性互联网公司的成长，为他们的生长提供税收、财力、物力等政策支持等。

二是应积极参与全球互联网治理，提升网络话语权。网络技术是跨越国界的，一国网络的发展水平与该国在全球网络发展中的地位息息相关。而要提高我国在全球网络发展格局中的地位，就须参与到全球互联网治理体系中，通过制定互联网技术标准、分配规则等治理行为，增强我国的话语权，转变我国在关键互联网资源占有上的劣势，提高我国的网络文化发展水平。目前，我国在参与全球互联网治理过程中，已实现了从早期排斥参与向接纳参与，从消极被动参与向积极主动参与的转变。我国应利用西方国家倡导的“多利益攸关方互联网治理模式”，促进政府、网络公司及个人参与全球网络治理体系建设；应推动提高联合国在互联网治理中的地位，促进以国家为基础的互联网治理体系的建设；应积极主动开拓互联网治理的新平台，发出互联网治理的中国声音。

三是应加强互联网内容管制，提高网络治理能力和水平。互联网内容管制经历了从无到有的过程。早期，互联网由互联网技术人员自治管理，但随着互联网技术和经济的蓬勃发展以及自媒体技术的广泛运用，网民欺凌、网上诈骗、信息滥用、网络色情等现象层出不穷，对网络的管制已迫在眉睫。美国学者 Ronald Deibert 等调查了全球 100 多个国家，发现几乎所有国家都存在程度不一的网络管制(internet control)行为。我国的互联网内容管制也经历了从无到有的过程，作为发展中国家和社会主义国家，网络文化安全的形势更严峻，任务更复杂。网络不同于传统媒体，网络文化管制应该创新和变革。而我国在旧有体制的惯性影响下，对互联网的管制仍沿用旧的管理方式：以党的宣传部门为体制保障，以命令式和行政化管理为主要方式，以实现舆情的整齐划一为管制的主要目标。这一旧机制显然不适合新媒体的传播和控制要求。命令式的管理无法让思维活跃和自由开放的网民信服，甚至可能造成舆情次生灾害。旧有的千篇一律的舆论局面也很难复制，每个网民都是传播者和新闻发布者，任何隐瞒、歪曲和否定真相的行为都将在透明的网络中暴露无遗。因此，我国应推进互联网治理的法治化，创新互联网治理机制，提高互联网治理能力，提升治理的有效性。

四是涵养适宜网络文化成长的土壤，培育网络文化的内生力量。文化生长不同于其他事物，需要时间和空间。时间上看，网络文化发展非一蹴而就，它有一个自然生长的过程，因此，其培育不能急功近利和拔苗助长。从空间来说，网络文化发展应给予自由宽容的空间，网络文化发展主体更年轻(与网民结构有关)，更个性化(与网络特点有关)，需要更宽松的环境。我国应做到网络管制的宽严有度，网络文化政策适度向年轻人和个人倾斜，鼓励大众创新等。

五是坚持网络文化内容为王。网络文化内容是网络文化的灵魂，改革创新网络文化供给要坚持内容为王，增强网络文化内容供给创新能力，扩大内容供给增量，优化内容供给结构，提高网络文化内容供给质量。首先，优化网络文化内容供给结构。从网络文化内容生成角度看，网络文化内容包括次生型网络文化和原生型网络文化。次生型网络文化内容主要是传统文化和现实文化的上线及网上延伸，是网络文化的"移入民"；原生型网络文化主要是生于网络空间的文化，是网络文化的"土著民"。这就要求从转化与生产的角度丰富网络文化内容总供给，优化网络文化供给结构。一方面，建设中国文化资源数据库和大数据产业平台，促进文化资源数字化发展，推进传统文化在互联网上上线并延伸，带动具备条件的优秀传统文化进行科技创新和技术化改造，加快优秀传统文化在网络空间中的创造性转化和创新性发展，推动中国特色社会主义理论创新成果和各种优秀精神文化产品进行网上传播。另一方面，立足社会实践，扎根人民生活，深耕网络空间，丰富网络文化内涵，把现实和虚拟有机结合起来，注重运用网络的虚拟空间和新媒体、多媒体、全媒体，充分反映丰富多彩的现实生活，创作和提供充满生命力、感染力和吸引力的优秀网络文化原创作品，传播和发展积极向上的网络文化，满足人民群众特别是广大网民日益增长的美好网络文化生活的需要。其次，提高网络文化内容供给质量。当下我国网络文化内容供给存在跟风盛行、精品匮乏、结构失衡等问题，这就需要在扩大网络文化内容供给增量的基础上，重拳治理网络文化乱象，加强网络文化供给内容创新，破解网络文化内容供给困境，提高网络文化内容供给质量，"升级"网络文化供给。具体而言，一方面，要打造网络文化"精品"。网络文化精品具有思想性、艺术性、审美性的高度统一，三者缺一不可。"要繁荣文艺创作，坚持思想精深、艺术精湛、制作精良相统一，加强现实题材创作，不断推出讴歌党、讴歌祖国、讴歌人民、讴歌英雄的精品力作。"①唱响网络文化

① 《习近平谈治国理政》第三卷，外文出版社2020年版，第34页。

主旋律，弘扬网络文化正能量。“思想精深、艺术精湛、制作精良”的网络文化精品，来自于时代发展，来自于实践深化，来自于社会生活，来自于人民群众，来自于网络文化创作实践。只有立足时代前沿，深入社会实践，反映社会生活本质，反映人民群众的文化需求，反映思想、艺术和技术融合的网络文化发展趋势，才能创作出无愧于时代、社会和人民的深受广大网民尤其是青少年网民喜爱和欢迎的网络文化“精品”，满足人民群众特别是广大网民日益增长的更加美好的网络文化生活需求。另一方面，要治理网络文化“次品”和“废品”，消除网络文化“危险品”和“毒品”。“次品”和“废品”中有部分是可以回收再利用、改造升级转型的；有一部分是网络空间中有害且不可回收、不可传播的“垃圾”，挤占网络空间，抢占网络资源，必须要减少、遏制和清除。尤其要消除网络文化“危险品”和“毒品”，主要是清除网络文化帝国主义、网络历史虚无主义、网络民粹主义、生活颓废主义、技术恐怖主义等网络文化作品，使网络文化空间更加清朗，“不让廉价的笑声、无底线的娱乐、无节操的垃圾淹没我们的生活。”①更不能让“黄赌毒、黑拐骗”的有害网络文化毒害广大网民尤其是青少年。

① 习近平：《在中国文联十大、中国作协九大开幕式上的讲话》，人民出版社 2016 年版，第 17 页。

# 第二章　网络文化对社会生活的影响

新一轮信息技术革命和产业革命在近年来得到了纵深推进，大数据、人工智能、云计算等新一代信息技术实现了蓬勃发展、全面集成、快速转化和广泛应用，这些新技术以迅雷不及掩耳之势对人类社会的方方面面产生了重大的影响。尤其是在全球疫情叠加的“百年未有之大变局”之下，以互联网技术为基础形成和发展起来的网络文化更是对人类的工作、生活和学习带来了深远的影响，以至于网络文化似乎无处不在、无时不有、无人不用、无所不及。随着网络文化的发展，网络文化逐渐渗透人们社会生活的各个方面，对传统的生活方式产生了非常深刻的影响，由于网络文化的融入，社会生活以一种全新的生活方式呈现在人们的面前。

## 第一节　网络文化对社会交往方式的影响

### 一、社会交往方式的演化

社会交往方式不是抽象的、超历史的，而是具体的、历史的；社会交往方式也不是静止不变的，而是处于不断地运动、变化和发展过程中的。社会交往的演化是一个自然历史的过程。① 随着科学技术的不断进步，整个人类社会历史发生了巨大的变化，社会交往正是适应了社会的发展和人的需要。按历史时期可分为农业社会的交往、工业社会交往和当代信息社会的交往。这三个阶段不仅是技术社会形态有差别，更由于社会分工的不同，对社会交往方式的影响也有重大差别。交往方式的历史变迁，是从低级向高级、从单一到多样化、从

---

① 李素霞，李延江：交往手段革命与交往方式变迁[J]. 河北师范大学学报(哲学社会科学版)，2006(01)：53-58.

简单到复杂演化的历程。这是人类不断由不成熟走向成熟的发展，是不断实现从必然王国向自由王国的飞跃。在人类的史前阶段，技术还没有成为改进人与自然、人与人之间关系的中介因素。人同自然的狭隘关系限定了人同人彼此之间的关系。这时的社会生活本身带有同样动物性质，人类此时还没真正具有自觉交往的条件和能力。只有当人类由于农业革命而进入“文明社会”，当人类开始生产自己的交往资料时，人类才真正走出自然界的“母体”而进入自己的社会世界。而只有在这种社会世界中，人类才谈得上生产技术和交往技术问题。

**1. 农业社会的交往方式**

一般来说，前现代社会就是第一次工业革命发生之前的农业文明社会。在前现代社会，由于科学技术发展相对落后，人类社会交往手段也相应比较单调、落后和不足，加之社会交往手段主要由共同体和国家进行控制，因而必然产生以血缘、地域为媒介的，以人的依赖关系为特征的交往方式。当个人生活在血缘、地域联系起来的群体(“自然共同体”)中，个人与群体的关系表现为“共同体是实体，而个人则只不过是实体的附属物，或者是实体的天然的组成部分”，既然个人只是共同体的器官、肢体、部件，离开了这种共同体，个人就会失去其作为一个人而存在的一切名分。前现代社会交往手段条件下，社会发展速度缓慢，人的发展水平相对落后。

农业社会是以农业文明为本质特征的社会系统，其将自然经济作为前提与基础。很长时间以来，处于分散状态的小农经济在社会经济里占据主导位置。人类开展农业生产活动旨在达到个人需求，并非用来进行置换。① 凭借的只是简单的手工工具。自然条件对农业生产的限制条件较多。另一方面用以表达思想、传递经验、交流情感的基本手段，以及语言的相对贫乏，这就极大地限制了人类交往活动的时空范畴，各类交往主体仅仅可以利用当面交流的方式，人类彼此的交往形成了相互依附的交往关系。在农业社会时期，交往基础条件较为滞后，造成语言变成了人类最早也是最为重要的交往工具。语言由实质而言，是将物质生产活动作为基础的交往活动，这是由于语言符号系统是物质生产劳动的产物，是人与外部世界关系的产物。正如马克思所说，“语言是从劳

---

① 李晶华：当代社会交往方式的变革与人的全面发展[D]. 北京交通大学，2018.

动中并和劳动一起产生出来的"①。

**2. 工业社会的交往方式**

现代社会是由于第一次工业革命而形成的工业文明社会。在现代社会，伴随以交通和通信为主要标志的交往手段革命，人们的社会交往突破了狭隘血缘和地域的限制，开始向世界性普遍交往转变，交往的空间和范围得到巨大扩展。同时，社会分工使每个人成为专门化的、有限的个人，并使得个人要追求和实现自己的利益，就必须兼顾他人和社会的利益。② 这样，分工和交换把人们联结在一起，形成了一个以物的依赖关系为中介的、有序的市民社会体系。在市民社会这个"利益共同体"中，人们的经济交往关系表现出抽象性和物性化的特点，政治交往民主化进程得到拓展，精神交往日益丰富化和多元化。

但是，现代社会物化关系的普遍发展制约着人的个性发展。正如马克思所指出的："在现代，物的关系对个人的统治、偶然性对个性的压抑，已具有最尖锐最普遍的形式。"③也可以说，人们在技术上赢得了世界，却在精神上失去了确定性；人们在物质和交往生活上具有了独立性，却在精神生活上失去了超越性。因此，在交往方式现代化问题上，现代社会仍然有其历史局限性，需要在当代社会的进一步发展中去改进和完善。

在社会发展的历史进程里，新型技术手段层出不穷，人们劳动能力获得了显著提升，加快了技术革命的演化和推进，产生了和社会发展潮流相统一的交往革命。18 世纪后期，蒸汽机的出现代表着第一次工业革命拉开了序幕，机器逐渐代替了传统的劳动力，机器工业代替了传统的手工业，工业生产力代替了自然力变成主要的生产力，商品经济代替自然经济变成了社会发展主流。④

工业革命的兴起与发展是社会进步最为突出的标注。伴随着当代交往方式、交往工具、交往手段获得了创新与进步，各种信息产业也得到突飞猛进的发展，这都极大地推进了物质与精神交往的进程。在此阶段，物化交往是社会交往最为明显的表现形式，一方面可以使人类依附于直接交往增进关系，稳定社会秩序，另一方面可以使人类采用各种各样的技术手段进行间接交往，使得

---

① 《马克思恩格斯全集》第 20 卷，人民出版社 1971 年版，第 512 页。

② 李素霞，李延江：交往手段革命与交往方式变迁．河北师范大学学报(哲学社会科学版)，2006(01)：53-58.

③ 《马克思恩格斯全集》第 3 卷，人民出版社 1960 年版，第 515 页。

④ 李晶华：当代社会交往方式的变革与人的全面发展[D]．北京交通大学，2018.

世界真正进入了密集型社会交往时代。

**3. 当代信息社会的交往方式**

伴随电子计算机和互联网络的不断发展，人类进入信息时代和信息社会。当代社会的信息化使社会交往手段发生了又一次巨大的革命性变革。当代信息化交往手段使人类社会交往的空间范围进一步扩大，全球一体化和赛博交往空间的出现成为一个不容忽视的社会现实；人们的社会交往表现出虚拟化、多元化、便捷化以及以知识和信息为缘的“信息共同体”等一系列新的特征和趋势，人们的社会交往关系日趋丰富和完善；当代社会交往手段革命大大促进了社会经济的进步和社会政治及文化的发展，并使人的全面发展成为可能。①

进入信息社会之后，人类社会的交往方式发生了巨大的改变。由于计算机和网络技术等现代信息技术的发明和广泛的运用，人类社会的交往方式逐渐趋于信息化。信息化交往方式变成了信息社会占据主要位置的交往形式。通常来说，20 世纪 50 年代兴起的信息革命、20 世纪 70 年代掀起的微机革命与 20 世纪 90 年代兴起的网络革命，意味着人类社会逐渐从工业社会转变为信息社会。

当代交往方式的信息化，最根本、最突出的是交往手段的信息化。由于人类交往方式逐渐趋于信息化，导致社会里的交往主体得到了和传统相比更多的交往工具，并且因为交往方式更为领先，交往内容和范畴获得了丰富与完善，再加上交往活动里交往手段的改变，人类社会存在的交往关系出现了缓和，潜移默化地影响到了人的生存和发展，并有可能最终实现马克思所说的“世界历史”的形成。

## 二、网络时代社会交往方式的特征

当代社会新型技术手段层出不穷，信息革命步伐明显加快，推动了人类生产方式与生活方式产生了根本性的转变。与此同时社会交往关系也产生了变化，当代社会的交往不但具备社会历史一些共同特征，而且彰显出了新时期的形态。表现在它不仅突破了交往的时空限制，极大地拓展了人们社会交往的范围，赋予人类交往新的内容，而且很大程度上改变了人与人、人与社会的各种交往关系。特征是交往主体逐渐趋于虚拟化、交往地区逐渐趋于全球化、交往

① 李素霞，李延江：交往手段革命与交往方式变迁．河北师范大学学报(哲学社会科学版)，2006(01)：53-58.

内容逐渐趋于多样化。①

纵观人类社会发展的历程，最初，人们的交往是面对面的交往，交往活动被限制在非常狭小的范围内，无法超越时空的限制，没有除却身体以外的任何其他的沟通方式，如若身体不能同时在场，则无法进行沟通和交往行为。但是随着社会生产力的迅猛发展，科技进步带来种种便利，交流的工具和媒介从语言到文字，到印刷制品，到广播电视，到无处不在的互联网络，人们的交往手段得到长足的发展。网络技术为人们提供了十分方便且范围更广的交往场景，使人的社会性得到空前的延伸和发展，创新了人际关系②，人们的交往方式从面对面的交往转变为通过某些媒介的背靠背的交往。

背靠背的交往方式在现代生活中随处可见，轻松点击鼠标就可以获取全球范围的重要新闻时事，通过贴吧、论坛可以广泛结识有着相同兴趣爱好的朋友，使用QQ、微信、电子邮件可以实现随时随地与他人联系，通过朋友圈、博客和微博等个人主页可以全面地进行自我展示……总而言之，网络可以方便地实现人际交流沟通、学习教育、游戏娱乐等一系列活动，网络交往超越了时空的限制，真正实现了古人“天涯若比邻”的梦想，扩大了人们的交往领域、改变了传统的交往方式、丰富了人们的交往内容，网络既是陌生人开辟交往的场所，也拓宽了现实生活中人们交往的渠道：陌生人通过网络实现了相互联系的可能性，进而进一步深入交往或是关系终止；熟识的人通过网络加强现实生活中的联系，丰富交往的渠道。③ 同时，网络空间的人际交往也给现实社会的人际交往带来了一系列的负面影响，如造成过度沉迷于网络而疏离了现实社会的人际关系，诱发违背诚信等网络失范行为等，是广受争议的话题。

**1. 交往主体的虚拟化**

现代社会将互联网技术作为依托，开展了交往方式的变革，拓宽了人类社会的发展空间。信息社会最为明显的特点体现于虚拟交往，如交往环境、交往内容、交往主体和交往实体资料的虚拟化。事实上，电脑与互联网体系里，同样拥有虚拟世界。在这个世界里，人类可以开展各种各样交往活动，但是仅仅是具有虚拟性的活动。虚拟交往活动是现实社会交往必不可少的一部分，由社

① 李晶华：当代社会交往方式的变革与人的全面发展[D]. 北京交通大学，2018.

② 薛可，余阳明：《人际传播学》，同济大学出版社 2007 年版，第 482 页。

③ 虞佳慧：网络时代的人际交往：场景、过程与逻辑[D]. 华中师范大学，2018.

会存在范围视角加以解读，虚拟交往的实质是广义层面上社会存在范围必不可少的构成部分。① 虚拟交往活动是和社会交往活动归属相同序列的活动，是社会交往活动在信息时代特别的呈现方式。

通过网络，人类组成了各种各样的虚拟群体，如 QQ 群、微信群等。人们依据个人的需求与喜好与他人构成集体，共同探究焦点社会话题。网络使拥有相同兴趣爱好的人类便捷、快速地进行交往。此外，一些群体通过互联网建立了虚拟商城、虚拟阅览室等。比方说通过一些网页，人们便能够自主的挑选产品，通过虚拟商城下发订单，利用物流将产品送至于消费者，节约了很多的时间与精力。

虚拟交往活动是和社会交往活动归属相同序列的活动，是社会交往活动在信息时代非常特别的呈现方式。不得不提到的是，现在火热的虚拟现实技术(Virtual Reality)。就虚拟现实这一概念来说，依据英国彼得科林企业发布的《个人计算机及因特网词典》所做的定义，"其指的是通过电脑对现实生活里的某个情景或环境予以虚拟，人类在这一虚拟空间中彼此交流和探索"。② 简言之，虚拟现实技术能够建立感受虚拟世界的电脑仿真体系，其通过电脑构建模拟情景，模拟和虚构人类在客观物质世界里的听觉、视觉、触觉等多种行为的人机界面，是多种信息交汇的三维动态场景。通过实体行为模拟体系，为使用者创造了交互的空间。虚拟现实世界并非实际存在的，是无法触摸和感受的。虚拟现实世界"不是真实的、是摸不着的，但又是确确实实存在的。虚拟现实技术给我们提供了与虚拟世界沟通的桥梁"③。它是一系列高端技术的融合，并广泛运用在医学、军事航天、道路桥梁、娱乐、应急推演等各个方面。

**2. 交往地域的全球化**

交往的全球性是当代交往方式变革的最重要特征之一。各民族之间、各国家之间的社会交往和交流虽然并未停止过，但是从未像 20 世纪这样范围更加广阔和频繁。互联网技术的推陈出新，为人类社会创造了领先的通信设施，提供了交互的平台，打破了传统交际时间与空间、地区的制约。互联网将世界建立成了地球村，实现了全球性普遍交往。

---

① 李素霞：《交往手段革命与交往方式变迁》，人民出版社 2005 年版，第 169 页。

② 杨富斌：《信息化认识系统导论》，军事科学出版社 2000 年版，第 66 页。

③ [美]迈克尔·沙利文. 特雷纳：《信息高速公路透视》，科学技术文献出版社 1995 年版，第 212 页。

全球普遍交往最为明显的标志包括两方面：第一，网络、跨国企业的发展推动了世界经济趋于一体化，引发了交易、文化、政治、经济等诸多方面的全球往来；第二，互联网社会给人类创造了交往的平台和空间。在此空间内，所有的个体能够与其他区域、国家、民族网络内的所有个体进行往来和互动。网络交往具有了全区性、普遍性和无限性。互联网交往突破了时空的制约性。伴随互联网信息技术的发展，人们可以利用互联网，和政治、文化、地位相差悬殊的个体自主交往，这种交往具备广泛性特征。全球各个国家、各个民族的个体均能够和他人迅速进行交往，也能够自主地挑选交际对象，不受时间与空间制约的参加各类社会交往活动，使人类产生“地球人”的意识，感受到世界的距离在缩短，人际交往范畴更为广泛，更加方便、快捷。

人们累积的知识在互联网里营造了共同分享的环境，网络给人类使用知识营造了有利的条件，扩大了人类精神交往的范畴与内容。传统人们的知识极易遭受行为主体认知能力与技术条件的制约，人类知识的使用率较低。然而通过互联网，知识能够获得大规模的存储，利用图片、表格、视频等多种形式呈现出来，使互联网世界中所有交际主体通过网络这一媒介，自主地对知识进行整合与分享，就信息进行交互与沟通，这在一定程度上潜移默化地扩大了人类精神交往的范围。

**3. 为人的全面发展创造条件**

人的思维方式得到完善。在当代社会交往方式变革的影响下，人类的思维理念、行为习惯与思想方式产生了巨大的改变。恩格斯认为：“各个历史时期形成的思维理念，均是社会历史演化的产物，在各个历史时期具备有所差别地呈现方式，因此形成了不尽相同的内容。”①互联网最为显著的特征为开放性与虚拟性，使互联网信息更为丰富与多样、人类交往对象的挑选更加自由。在这一情形下，人类的思维更为开阔，思想更为先进，行为活动趋于合理和规范。互联网交往方式突破了国与国、地区与地区之间的限制，使各个国家的价值观念、民俗习惯、生活方式逐渐趋同，得到了交流、融合。不同的思维理念、文化意识形态之间的交汇与融合，有助于人类产生开放的思想观念，拓宽了人类精神交往的范畴与内容，推动了人类价值理念的多样发展。互联网交往增强了人类的实质力量，拓展了人类交往的范畴与空间，加强了人类知识的升级与创

① 《马克思恩格斯全集》第20卷，人民出版社1971年版，第382页。

新，推动了人类思维理念、认知方式的变革，拓展了人类的交往范畴，提高了人类的沟通与交际能力。如此一来，个体在和其他人进行交际过程中，必然会拥有各种各样的思维与方式，摆脱了传统具有局限性的思维方式，可以真正地实现人的全面发展。

人的整体素质得到提升。当今社会，网络的快速发展以及广泛运用，带动了人的素养和能力的提升，与此同时思维理念得到了优化和调整。① 在网络的影响下，人类的学习与工作效率明显提升，拥有了获取知识的渠道与媒介。在人类文化素养的带动下，人类的道德素养也显著提升。在信息全球一体化进程中，每个人都可以运用新型的技术手段与软件设施与各个国家、民族、人群进行交际。多样的价值理念彼此交互和融合，为人类提供了沟通与往来的平台，使人类彼此理解，加深了思想上的认知，产生了共性思维。在此进程中，人类的认知水平获得明显提升，思维理念更为科学完善体系。个体的思维理念、道德品质、心理素质获得了锤炼，互联网信息的交汇与传播，有助于调整人类的思维理念，打破传统落后的思维方式的禁锢，使人类的思想获得解放，培育人类完善的人格。为社会培育一大批满足现实需求的专业人才，这些人才通常具备自主、独立、创新、分享的新思维方式。

人的社会关系得到丰富。人是特定社会中的人，需要社会交往在信息、情感、心理等部分得到沟通与交换。“社会关系本质上就影响一个人的发展水平”②因此有怎样的交往，就会催生怎样的社会关系。因为信息技术的进步，人们的社会关系更加丰富了。信息技术创造“网络关系”是全新的交往关系。促使人的交往主体之间展现出多等级、多方面与非中心化的特点，打破了之前大众思维领域的地域性，让大众的社会性与开放性持续强化，此时人际沟通关系更为完善。因此如果人们能够积极参与世界性的交往，就可以和当前世界开展普遍交换，如此个体就可以脱离地域与民族的局限性，促进本身的全面发展。这就是人的发展从以物的依为基础的人的独立性时期”转向“自由个性时期”的基础，为人的社会交往发展的全面性准备了更加完善的平台。

人的需要得到较大满足。需要是人类存在的一个必要前提。人类的出现与后续发展将需要生产当做前提，需要展现出人的发展能力与自由情况。马克思

① 李晶华：当代社会交往方式的变革与人的全面发展[D]. 北京交通大学，2018.

② 《马克思恩格斯全集》第3卷，人民出版社1972年版，第330页。

有关人的需要划分，将人的需要分类成生存、享受与发展需要三部分，指出人的需要的达成和持续出现全新需要的过程是人的全面发展过程。① 人的需要最先从物质需要开始，之后寻求精神层面的需要，是人的生存特质的展现。大众利用网络开展沟通，人们可以随意表达心灵世界，实际环境的限制被打破进而强化了大众的独立人格。在特定层面上分析，网络交往的核心就是个人需求，其展现出主体自主性、能动性与创新性，也全面展现出主体自我完成、健全的自觉本性。

伴随当代技术方式在社会交往中的全面使用，人们开始得到更加充足的空闲时间，因此人的生命空间也随之得到显著的延伸，人的自由自觉的活动、全面发展也就得以很好地实现。总而言之，当前交往变革为人类提升发展水平、迈向更高的境界准备了全新的机遇。

## 第二节　网络文化对政治经济生活的影响

### 一、网络文化与政治生活

每一次科学技术的大发展均给人类带来了翻天覆地的变化，人类政治生活也随着每次的科技进步步入一个又一个更文明、更民主的阶段。网络政治文化史无前例的开放性与自由性对传统政治而言无异于当头棒喝，人类真正进入一个全民参与的网络政治时代。

网络政治时代的到来不仅改变了人类参与政治的行为方式，更改变了人类的政治思维方式，使政治思想获得极大解放。网络技术促进了传统政治文化优化升级。打破了原先严密的政治信息控制藩篱，使政治认知纵深发展；改变了原先单一的政治情感，使政治情感趋于复杂化；改变了原先政治评价的片面性和主观性，提升了政治评价的能力。

在互联网普及以前，公民政治参与的方式大多为民主选举、民主决策、民主管理、民主监督等，具体表现为通过选举投票、竞选、听证会、民主评议会、信访、向人大代表及政协委员反映、拨打政府热线电话等，这种传统方式的政治参与具有程序繁琐、政府主导性过强、公民可操作空间相对较弱的缺

① 李晶华：当代社会交往方式的变革与人的全面发展[D]．北京交通大学，2018.

点，使得公民政治参与难度较大。随着互联网技术的迅速发展，公民政治参与出现了新的方式——公民网络政治参与。它的出现大大拓宽了公民政治参与的途径，使得政治参与变得方便、快捷，降低了参与成本，提高了公民政治参与的积极性。截至目前，公民网络政治参与主要有以下三种方式：

通过政府电子政务平台实现政治参与。政府部门通过电子政务平台大大提高了工作效率和透明度，公民可以不受地点限制在网络上随时办理所需业务，增强了与公民的有效互动，及时回应公民的诉求，促进问题的解决。政府电子政务平台包括政府官方网站、手机移动政务客户端，政府官方微博、公众号，网络民主投票板块、政府在线议政板块、网络监督举报平台等。

通过网络自媒体实现政治参与。网络媒体分为网络新闻媒体和网络自媒体，网络新闻媒体为我国相关政府部门发布信息、公开决策提供了渠道，公民可以通过浏览网络新闻媒体报道的信息了解国家大事、政策法规，进行探讨，发表自己的观点看法，实现有效监督，如央视新闻客户端、学习强国客户端等。网络自媒体通过在相关平台发布观点或事件，公民通过网络接收并进行传播，从而产生影响并引起政府部门的重视，尽快采取措施解决问题，这一过程对政府部门的管理及有关决策将产生影响，进而拓宽了公民网络政治参与的途径。

通过网络社交平台实现政治参与。网络社交平台是公众发表自身看法、实现政治参与的工具之一，公民通过网络社交平台进行的政治参与往往具有很快的传播速度，原因在于其用户多拥有相同的利益、兴趣爱好或彼此熟悉，有共同的交际圈，因此容易使意见获得认可，达成共识，实现有效政治参与。

## 二、网络文化与经济生活

### 1. 经济生活决定网络交往的特征

网络方式的发展离不开经济生活的发展，经济生活不仅为网络方式的发展奠定了物质基础和先决条件，而且决定了网络方式的特征。

共享化。当代信息经济体系的建立主要依靠3G通信技术、数字化信息技术、电子计算机在经济生活的各个领域广泛推广和应用所形成的综合性全球网络，新的经济体系的建立使得人们在全球范围内进行各种经济活动的信息、资源的交流、共享成为可能。互联网以及各种内部交流网在世界各国的出现发展，各个学科专业和各个经济领域之间的交流及融合的态势大大增加。这种交互的和开放自由的网络成为人们日常交流以及各种经济贸易往来不可或缺的工具。

全球化。网络全球化的不断发展，改变了人们传统的时空观念，它不仅缩短了世界各地的距离，让经济活动脱离了空间束缚，还增强了时间的连续性，使得全球范围的经济资源配置更加合理。随着这种进程的不断发展，最终使得人们的各种经济活动突破国界限制，形成全球统一的大市场，进而实现全球经济一体化。

智能化。在这个信息大爆炸的时代，经济将摆脱以前依靠体力而进行发展的模式，转而依赖于获取知识的多少和掌握信息速度。随着知识含量在传统产品中所占比例的增加，人工智能将占据越来越重要的社会地位进而主导经济的发展。一个人所拥有知识、信息和智力的多少，将决定其收入和社会地位。智能化的经济活动将成为今后经济发展的趋势。

虚拟化。信息革命促进了网络的高速发展，导致了传统的空间概念发生了变化，媒体空间随之产生，进而扩大了经济活动的范围。经济活动的范围主要体现在媒体空间上，各种虚拟的经济设施和经济体纷纷涌现，如虚拟经贸市场、虚拟商场、虚拟公司、虚拟银行、虚拟要素市场等，虽然它们是虚拟的，但是它却是经济活动实实在在进行着的。

快捷化。这主要包括两个方面的内容。首先，网络的发展使得各经济体最高层与最底层进行越级直接交流，这就弱化了中间机构和组织的作用，大大削弱了其存在的必要性。而生产者和消费者也可直接进行沟通，互相了解对方信息，从而提高了交易的效率，促使交易成本下降。其次，高速发展的信息经济要求经济活动缩短时间概念的同时要增强连续性和加快频率。各种经济生活活动都尽量摆脱纸张载体的束缚而改用高速快捷的网络来进行，这就要求我们的各种经济组织和个人快速，高效地完成经济活动。

**2. 网络文化对经济生活发展的战略作用**

提高管理者的工作效率。对信息的分析处理和加工决定了管理效率。而信息的质量高低决定着管理是否有效，通过网络处理信息可以极大地改善信息处理的质量，传统的仅仅依靠脑力处理信息则显得有些滞后。因此借助于现代网络，企业管理的决策、目标、导向会得到不断地提高改善。管理效率的提高意味着生产组织更为有效，在传统经济发展模式下，因为信息不及时而带来的经济损失不计其数。而在现代网络经济的发展模式下，这些损失都将得到最大限度地避免，同时提高管理效率同样会降低产品的成本。

促进电子商务的发展。正如前文所述，现代新媒体的出现和网络技术的普及，给网络购物形成了完整的基础和条件，这也就给予网络购物相关的各个行业的发展带来了巨大的机遇。随着各种新媒体产业的持续拓展，诸如电子商务、物流服务、网络服务以及经营推广等相关业务呈现出了飞速发展的态势。网络购物这种新型购物模式的出现和普及，让更多人逐渐开始从事电子商务等相关行业，其所涉及的领域以及类型也显更加丰富，逐步发展成为我们国家经济发展非常重要的一部分。在新的网络形势下传统的市场营销模式已经发生了改变，市场的微小变化将会使生产者更加敏感，生产者需要依据变幻莫测的市场信息不断调整策略，才能适应新的经济发展环境，才能在市场中占有优势，同时经济周期也不断地缩减。集产品的推销和宣传为一体的电子商务全天候的工作，成为网络经济新的发展力量。在新的经济营销模式下，买卖者可以不分时间地点的交易，使得交易更加方便快捷，从而彻底改变了传统市场营销的模式。劳动效率质的飞跃。传统的采集、分析和判断信息的原理和方法已经不再适用，只有研究新的方法，才能使得产品的生产、加工、销售得以改善，提高劳动者的积极性，同时在网络大背景下传统产业将会得以整合和集成。现代智能电子计算机，电子信息化管理，数字化集成制造等新的生产方式，将会成为市场新的引导力量，大大提高企业的市场竞争力和产品的市场占有率，同时更加优质和全面的产品和服务将会使得企业在竞争中立于不败之地。

促进生产力各部分的均衡发展。组成生产力的硬实力指的是劳动、劳动者、劳动工具，同时科学文化，教育素质，信息技术等也是构成生产力的不可忽视的软实力。现代社会互联网的广泛应用使得信息和知识可以在企业内部得到快速有效的传播，劳动者的素质和能力可以得到很大的提高。先进的科技知识或者业务技能可以通过网络在公司员工中得到传播，并且电子技术可以模仿或者取代新技术的运用，相比传统技术的采用，新的电子技术可以让员工更容易理解和掌握，从而可以节约劳动者的时间和精力，因此能创造更大的经济效益。劳动力培训的机构组织如学校等的效率将会随着网络的发展大幅度的提高。同时通过网络电子技术的推广，劳动三要素会不断地改善，新的技术不断得到推广，加速了生产力的发展。

为市场和目标受众间的信息沟通提供了便利。在信息时代的大背景之下，新媒体所具备的交互性、开放性以及信息传播渠道的多样性等各种特点，让经济市场跟受众间在信息沟通方面呈现出了更大的便利，信息所呈现的更新速度在不断提升，消费者在任何时间和地点都会处在经济市场的各种产品以及服务信息包围当中。在这样的大环境之下，让各个经济体可以利用新媒体所提供的途径实现跟消费者间长期的信息畅通，从而更为高效、准确的获得消费者相应的市场信息，从而协助企业等各种经济组织更为及时地调整自身的生产经营策略，设置更加符合自身条件以及市场经营目标的发展计划。此外，为了实现自身社会影响力的不断拓展，在经济社会范围之内树立起更为优质的形象，吸引到更多消费者，有许多经济体都逐渐开始对新媒体平台加以利用，继而实现对自己品牌的宣传以及网络推广等各项经济活动，结合新媒体向人们更为高效地推广自己的服务以及产品，更好地获取经济效益。

促使消费习惯和消费方式发生转变。随着现代互联网技术在人们日常生活和工作当中的普及，更多的经济活动逐渐开始在网络上进行，而其中最具有代表性的就是目前大家都比较喜欢的网购。特别是随着新媒体时代的发展，淘宝、京东以及微信等客户端给人们的网络购物带来了更多的方便，也给人们提供了更多的选择，在很大程度上对人们以往的消费习惯以及消费方式形成了改变。网上购物非常符合现代人快节奏的生活，人们在进行网购的时候只要轻轻点击鼠标就能选择自己喜欢的商品，而且支付过程完全不用出现现金，只要通过网络就能实现方便、快捷的支付。这种购物方式让人们省去了上街购物的时间和精力，能够更好地激发人们购物的欲望，应该说网络购物属于现代消费者的一个福音。总之，新媒体的出现和发展让消费者在消费习惯以及行为方面呈现出了巨大的变化，这对电子商务等新兴行业的发展也形成了非常大的促进作用。

催生新媒体经济的。新媒体的发展以及它在各行业当中渗透，逐渐让新媒体经济这种新型经济模式得到了充分的发展。它主要是将新媒体环境所具备的开放性以及互动性作为基础，将新媒体的经济终端当做媒介，来对各种经济信息进行传播，让信息呈现出了更为优质的互动性。此外，新媒体经济的出现在很大程度上让传统发展模式当中的设备成本实现的降低，人们在对信息进行发布与传播的过程当中不必再耗费过多的资源，显得更加方便。并且对于数据信息进行处理的效率和质量也得到了大范围的提升，这也就给新媒体经济在发展的过程当中提供了更大的便利，促进新媒体经济逐渐朝着更加数字化以及信息化的趋势发展，更好地推动社会经济转型。

## 第三节 网络文化对公众学习方式的影响

互联网的普及、网络信息技术的更新迭代以及网络社会的持续演化不断地冲击传统的教学模式，并创造了新的教学方式。互联网时代的教学模式与传统的教学模式的区别，主要是因为网络虚拟社会与传统社会的巨大差异。

### 一、网络时代教学模式与传统教学模式比较

**1. 教学理念的不同：从“师传生受”到“主动自学”**

传统教学的主要方式是“师传生受”与“言传身教”，教学方法以教师讲授为主，学生被动地接受知识。这一方面是因为在传统教学时代，教师是知识的主要载体、解释者和传授者，教师几乎垄断了教育权力，学生并没有其他有效的途径来获取知识；另一方面是因为受制于低效的信息传播方式和“以教师为中心”的教育模式，以教师为中心来开展教学活动，学生在学校里接受教育，学生对知识和技能的获取主要通过教师的“言传身教”。

而互联网时代的教学会逐渐转向以学生“主动自学”为主，“教师传授”为辅。随着自媒体信息技术的发展，“人人都有麦克风”，任何具有一技之长的人都可以通过网络平台来传播自己的知识和技能，“教师”已经不再是一种相对独立的社会身份。① “教师”身份的逐渐“泛化”，传统的教师对教育权力的垄断被打破，学习的途径、渠道和方式也大为拓展，这为学生“主动自学”创造了条件。互联网时代的学习已经不再依赖“讲台上的贤能者”，尤其是大数据、云计算、人工智能等技术的发展“帮助我们以前所未有的视角判断什么可行、什么不可行；展示那些以前不可能观察到的学习层面，实现学生学业表现的提升；可以基于学生的需求定制个性化课程，促进理解并提高成绩”。②

传统教学的最主要目的是“传授知识”，教学的效果也通过学生对知识的接受、记忆、理解效果来评判。因此，在传统教学模式中为了提高教育质量，主要依靠提高教师的知识水平和教学能力，提高学生的学习能力、学习兴趣、

---

① 崔有波：《互联网对学习型社会建设的影响研究》，中共中央党校，2019.

② ［英］维克托·迈尔-舍恩伯格、肯尼思·库克耶著，赵中建、张燕南译：《与大数据同行——学习和教育的未来》，华东师范大学出版社2015年版，第9页。

学习动力和学习毅力，或者改善教学环境。互联网时代的教学重点不再只是提高知识的传授效果，而是越来越重视对教师和学生的“信息素养”的培养，即提高教师和学生的信息意识、信息能力和信息道德。信息意识即运用信息化和网络化思维处理问题的意识，信息能力是指获取信息、识别信息、选择信息、编辑信息和发布信息的能力，而信息道德主要是指不制造、传播和浏览虚假、劣质、违法犯罪信息。提高教师的信息素养是网络时代教学的必然要求学习和掌握教育技术是当代教师必须具备的能力和素质。教师在握这些教育技术的同时，也能通过这些教育技术来有效改善自身的职业能力，最终助力于教学效果的提高。

**2. 教学主体的不同：从“单主体论”到“双主体论”**

传统教学模式是“以教师为中心”的，教师是教学的主体，由教师设定教学内容、制定教学计划、掌握教学进度和评估学习效果，而学生是教学的客体，主要是接受教师的教育，在教师的主导下完成学习任务和提高学习效果。① 随着社会的发展，教师队伍不断壮大，教学的时间和场所也越来越具有灵活性，社会成员的受教育机会明显增加，再加上教育理念的革新，教育工作者越来越尊重学生的个体差异和学生在教学活动中的自主性和能动性，学生在教学活动中的主体地位不断凸显。

20 世纪 90 年代以后“双主体教学模式”(Teacher-learner Modeling)逐渐被大多数学者所接受，双主体模式强调维护师生的良好关系，在教学过程中相互配合将教学效果最大化，双主体论本质上仍然强调学生的主体地位，但是赋予教师适度干预的权利。② 随着互联网时代的到来以及网络信息技术在教学领域的应用普及，教育的双主体论才真正得到大范围的普及和实践：一方面，互联网赋予了学生极大的学习选择权，学生随时随地都可以通过网络获取自己需要的知识和信息，学生对知识的鉴别力大大提高，学生能够在网络上体验不同的教学风格，听取不同教师对同一问题的看法，学生学习的自主性和能动性有了实质的提升；另一方面，师生之间的互动前所未有的便利，师生之间的教学配合更加方便，教师可以在和学生充分沟通之后制定普适性的教学计划，同时又可以实时掌握学生的个体差异以便针对性地开展辅助，教师的教学方式也变得

① 南京师范大学教育系编：《教育学》，人民教育出版社 1984 年版，第 104 页。

② 陈珊珊，董洋：国外双主体教学模式研究的元分析[J]. 高教探索，2017(8).

更加灵活。

**3. 教学主体的不同：从“小众化”到“大众化”**

无论是坚持“以教师为中心”还是“以学生为中心”，传统教学模式中教学活动的参与者——教师和学生——都只是局限于一小部分群体。传统的教学模式是以学校为中心的，受地理环境和学校规模的制约，学校的辐射范围和能够容纳的学生是有限的，这也决定了只有少部分人才有学习权。20 世纪 50 年代以来，随着世界经济的发展，各国也开始不断地普及教育，教育的“大众化”时代逐渐到来。但是，知识和信息的传播仍然受到很大的限制，优质的教育资源仍然只为少数人占有，最新的信息咨询也只能被少数人获取。随着网络信息技术的普及，尤其是 21 世纪以后 Web2. 0 时代的到来，知识和信息的传播才最终摆脱地域、时间和身份的限制，教育和学习的“大众化”才真正实现。① 各种现代化网络传播媒体和载体的出现和广泛应用，所有这一切不仅使人类文化发展和交流的方式产生了质的飞跃，而且也使得教育发生了革命性的变革。

**4. 教学内容的不同：从“有限性”到“无限性”**

传统教学模式中的教学内容是有限的，相对而言，互联网时代的教学内容是无限的。首先是知识的来源大大拓展，知识的来源不再只是数量相对有限的教师和课本，尤其是网络社会的发展进入 2. 0 时代以后，随着自媒体时代的来临，任何人随时都可以将自己的学术见解、授课内容上传到网络上，教师也不再有明确的身份限制，任何人都可以凭借自己的一技之长成为教师，教学的内容也远远超出了传统教育模式中的基础教学内容，“泛教育时代”②教师的身份不断“泛化”，教学内容也不断地“泛化”。其次是知识的容量无限扩充，在互联网时代只要点击鼠标输入关键词就可以瞬间检索到与某一具体的知识点对应的其他知识，扩充知识容量的成本急剧降低。再次是获取知识的渠道无限扩展，互联网时代的知识和信息是在网络上自由传播的“比特”，只要能够接触网络就能够随时随地开展教学，而随着计算机、手机等移动客户端的普及，人们几乎可以利用任何一种网络设备来获取知识，知识的传播渠道也不断泛化。

① 崔有波：互联网对学习型社会建设的影响研究[D]. 中共中央党校，2019.

② 项贤明：《走出传统的教育学理论体系——泛教育理论的哲学建构》，载《华东师范大学学报(教育科学版)》，1996 年第 2 期。

**5. 教学方式的不同：从“同质性”到“异质性”**

教学模式和人才培养的“同质性”现象一直比较常见，而传统教学模式中的教学同质性问题更为突出。“学生们受到同样的对待、使用同样的教材、做同样的习题集”，这主要是由于知识的来源、知识的种类、获取知识的渠道以及知识的载体都比较单一；同时，教学的环境也是“同质性”的，教学是按照班级进行的，同一班级的学生学习到的知识几乎是相同的。

而互联网时代的教学内容是“异质性”的。得益于网络信息技术的发展，教育的内容也得到不断的丰富和更新，传统的书本知识被迅速地电子化和网络化，教师不仅可以讲授课本和教材上的基础性知识，还能够利用网络获取大量的相关性知识，不同教师的见解、观点和授课内容都可以在网络上自由流通，学生可以同时根据自己的学习要求从不同的教师那里获取不同的知识。随着多媒体教学的普及，知识不再只是以文字、图片的形式来记载和保存，音频、视频、动画等都可以用来传播知识，知识的形式和载体越来越丰富。网络时代的教学也不再是班级制和学期制的，教学内容不再是以年级作为主要的区分标准，教育信息化的发展提供了个性化、智能化的学习环境，学生能够主动地根据自己的学习要求，按照自己的学习进度、学习风格、学习兴趣，选择学习内容，确定学习方式和学习策略。① “一个尺寸适合所有人”的同质性被打破，“一个尺寸适合一个人”的教学方式在网络时代成为现实。②

## 二、网络环境下学生自主学习方式的变革

**1. 任务驱动的自主探究式学习方式**

在教学中，我们给学生提出学习的内容和所要完成的目标，学生充分利用网络资源，通过上网查询相关资料、阅读书本的相关知识等方式来完成学习任务。网络中有大量丰富的信息，教师让学生带着问题，利用网络资源多途径、多角度地寻找解决问题的方法，从而完成学习任务。学生带着老师提出的问题，通过自身的思考、相应动手操作及网络资源的帮助进行自主探究，发挥自主学习的能动性，这样不仅重视了学生作为学习主体的积极性、主动性，也充

① 何强、姚炜：《“互联网+”重构教育生态》，中国青年出版社 2016 年版，第 25 页。

② ［英］维克托·迈尔-舍恩伯格、肯尼思·库克耶著，赵中建、张燕南译：《与大数据同行——学习和教育的未来》，华东师范大学出版社 2015 年版，第 36 页。

分发挥了教师的核心引导作用。① 在整个学习过程中，网络作为学生的认知工具，学生可充分发挥自主能动性，自主探究知识、发现并解决问题。

**2. 协作、自主交互式的学习方式**

在网络环境下，教师可以巧用丰富的网络资源传递文本、图像和视频等各种形式的信息，开展形式多样的教学活动。教师可先把学生分成若干个学习小组，学生则可利用网络自主协作学习：通过网络平台、利用网络资源进行相互交流，发表各自不同的看法与观点，有利于学生个性化的表达与发展，能使学生更为积极主动地参与教学活动。同时，每一名小组成员都能认真学习，学会独立思考并深入探寻结果。随后，根据学生自主协作学习过程中产生的问题，师生可在课堂中进行选择性分析，以此提高课堂效率。

**3. 个性化的自主学习方式**

在传统课堂教学中，由于受课堂条件的制约，学生的主体作用被严重弱化。在课堂中，大部分学生处于被动接受知识的状态，学生的个性化学习几乎无法得到体现。由于不同学生的个体差异性客观存在，学生的学习方法、学习风格、学习基础和起点、学习能力等各方面都存在比较大的差异，而网络环境下的学习不受时间、空间的限制，网络资源选择的自主性和个性化，内容形式的多媒体化，为学生个性化的学习提供了非常好的途径。在网络平台下，学生的学习主体地位能够得到充分发挥，从而实现学生自主学习的意愿。每个学生都可以根据自己的实际情况和自身的要求，适当选择学习内容和学习方法，同时自主安排学习进度。此外，文本、视频、图片、资料库等各种网络资源和素材，学生都可以调用，旨在巩固课堂学习内容、解决学习过程中遇到的各种疑惑，从而进一步掌握不同的学习、研究方法，实现学习效率的最大化、学习过程的最优化。身处这一开放、交互的网络环境，且拥有取之不尽、用之不竭的网络信息资源，学生的创造性思维能够得到有效培养，这对于教育个性化的形成和重塑教师、学生在教学过程中的角色都能起到积极的促进、推动作用。

① 林世新：《网络环境下学生自主学习方式和途径的研究》，载《文理导航(中旬)》2019年第11期，第42-43页。

## 三、网络文化对公众学习方式的积极影响

**1. 互联网技术促进人力解放，保证学习时间**

无论是在奴隶社会、农业社会还是在传统的工业社会，“闲暇都只是少数人的特权”①。在奴隶社会，奴隶制迫使大批奴隶不得不从事大量的体力劳动，而作为社会上层的奴隶主却相对比较清闲，因此能够有时间读书学习并参与有关学习的社会交际活动。典型的例子是古希腊时期，“雅典的公民有闲暇时间，我们所用的学校一词来源于希腊的休闲一词，希腊人希望把自由时间变成闲暇，变成学习如何管理自己和他们的社区的机会，奴隶制度给他们以自由时间”②。而在封建农业社会，虽然人身隶属关系有所减弱，但是农民对地主阶层的人身依附关系始终存在。无论是自耕农还是佃户终日为生计奔波，农业生产和日常事务占据了普通农民的绝大多数时间，使其既没有学习的物质条件也没有学习的时间，地主阶层几乎垄断了读书学习和科举入仕的机会。③ 工业社会前期，虽然工业化大生产显著提高了生产效率和家庭收入，让大规模的学校教育成为可能，教育普及也取得大突破，但是流水线式的工业大生产使工人变成工业机器上的一颗“螺丝钉”④。另外由于失业的压力很大，工人们被迫提高劳动强度和增加劳动时间，实际上用于学习和提高自身素养的时间被严重挤压，任用童工更是直接剥夺了儿童的学习权。

与以往时代相比，互联网极大地解放了人力，也极大地增加了人们的休闲时间。互联网显著地提高了生产效率，在以往的生产活动中，大量的程序性事务和日常性事务需要由工人手工完成，例如员工考勤管理、薪酬管理、制定工作计划等，这耗费了大量的人力成本和时间成本，而网络信息技术的发展促使这类繁琐的日常事务能够借助互联网高效率、自动化、短时间内完成，互联网的利用也进一步提高了工业中的操控效率，加快了工作进度，缩短了工作流

① ［美］罗伯特·赫钦斯著，林曾、李德雄、蒋亚丽译：《学习型社会》，社会科学文献出版社 2017 年版，第 5 页。

② ［美］罗伯特·赫钦斯著，林曾、李德雄、蒋亚丽译：《学习型社会》，社会科学文献出版社 2017 年版，第 154 页。

③ 何兹全：《汉魏之际人身依附关系向隶属关系的转化》，载《河北学刊》2003 年第 6 期。

④ 王曾瑜：《宋朝的贡士——兼评士大夫群体精英论》，载《首都师范大学学报（社会科学版）》2014 年第 1 期。

程，企业组织对劳动力的需求也随之急速降低，甚至出现了“工业无人化”趋势。闲暇时间的增多是学习型社会建设的必备条件，互联网作为一种技术手段“把教育系统从空间、人员和时间的制约中解放出来”①。闲暇时间的增加显著地改变着广大社会成员的学习习惯、学习时间和学习方式。首先，闲暇时间的增多促进了“闲暇教育”的兴起。闲暇教育(Leisure Time Education)亦称“余暇教育”，指闲暇时间内进行的教育活动。② 随着生产效率的提高和工时制度改革，8 小时工作制和双休日制度已经普及，我国绝大多数职工每年工作时间已由原来的 2500 个小时减少到 2000 多个小时，职工的年均拥有自由支配时间达 1288 小时，学生的在校学习时间也已经降至世界平均水平。③ 在这种背景下，闲暇教育受到人们的重视，闲暇教育的内容和形式进一步丰富，质量也进一步提高，大量博物馆、文化馆、科技馆、展览馆等休闲设施得以修建，利用闲暇时间接受教育的人数也飞速增加。美国更是将闲暇教育当做是青少年教育的一条“中心原则”，着重培养青少年的审美能力、健康生活能力、社交能力和参与公益活动的意愿。④ 我国当下的闲暇教育也发展迅猛，面对各个年龄段和各种学习需求的教育培训机构的数量增长迅速，越来越多的组织和个人参与闲暇教育活动，各种形式的兴趣班、特长班、培训班、辅导班在全国各地都很常见。闲暇教育有助于提高人的综合素质，开发人的潜能，丰富人的精神世界，也促进人的自由全面发展，这是学习型社会建设的内在要求。⑤

其次，闲暇时间为自由教育和终身教育创造了条件。改革开放以后，我国居民的闲暇时间和闲暇消费明显增多，闲暇活动的内容进一步丰富。较多的闲暇时间能让人们有机会接受正规或非正规的教育和培训，社会成员进行业余学习和研究的兴趣被进一步激发，这有助于“终身学习理念的形成、闲暇技能的培养和闲暇品性的提高、个体的全面发展”⑥。对在校学生而言，闲暇时间的

---

① [美]罗伯特·赫钦斯著，林曾、李德雄、蒋亚丽译：《学习型社会》，社会科学文献出版社 2017 年版，第 93 页。

② 冯建军、万亚平：《闲暇及闲暇教育》，载《教育研究》2000 年第 9 期。

③ 何磊：《放眼前瞻：“双休”还在给我们出题》，载《经济日报》1997 年 5 月 10 日。

④ 马惠娣：《闲暇时间与“以人为本”的科学发展观》，载《自然辩证法研究》2004 年第 6 期。

⑤ 秦元芳：《学习型社会呼唤闲暇教育》，载《成人教育》2006 年第 2 期。

⑥ 张莉：《大学生闲暇教育：内涵、价值及路径选择》，载《教育评论》2016 年第 12 期。

增加有助于拓展学生的学术视野，开发学生的学习兴趣，使其有更多的时间参与学术交流活动和社会实践活动；对校外社会成员而言，可以利用闲暇时间继续学习，提高自己的业务能力，丰富自己的精神生活。在闲暇时间进行的教学活动也进一步模糊了学习与生活的界限，学习本身就是一种生活方式，学习成为大部分人日常生活的一部分，学习已经不再是某一人生阶段的事，对广大社会成员而言，学习成为贯穿其一生的基础性日常活动。①

**2. 互联网有助于激发社会成员的学习动力**

互联网能够助推“被动学习”向“主动学习”转变。传统教学始终是以“教师为中心”和“教材为中心”的，教师凭借自己的知识积累和理解能力进行教学，教材是学习的主要依据，而学习者被动“接受教育”。② 而网络时代的教学是以“学习者为中心”的，由于互联网提供了丰富的学习资源和多样化的学习形式，学习者可以根据自己的实际需要和个人兴趣来选择学习内容、方式、时间和进度，“对于按照自己的目标、兴趣等因素选定的课程，他们才能具有强烈的学习动力和学习欲望”，网络时代学习的自主性大大提高，“让学生自己决定学什么，正是培养他们主动学习精神的一种非常好的方式”③。其次，由于网络时代“教师”和“学生”的界限越来越模糊，地位越来越平等，一个平等自由的学习环境更利于激发学习者的学习主动性。再次，网络时代的信息瞬息万变，知识的更新速度极快，外部的学习压力要求学习者“敏锐地察觉出形势发展所构成威胁的渐进过程，具备终身学习的意识”，对获取新知识信息的渴望也促使社会成员主动学习。另外，网络时代丰富的学习资源和学习机会也让学习者更容易确定自己的学习目标，自我设定的学习目标能够让学习者对学习有更多的投入。④

互联网能够更好地激发学习兴趣。学习兴趣是指获取知识的欲望，是引导和激励自己进行学习的动力。学习兴趣对学习的重要性不言自明，学习兴趣能

---

① 王云川：《论闲暇时间及其价值》，载《社会科学研究》1995 年第 1 期。

② 陈珊珊、董洋：《国外双主体教学模式研究的元分析》，载《高教探索》2017 年第 8 期。

③ [美]柯比著，金粒编译：《学习力：哈佛大学对学习能力问题的最终解决方案》，南方出版社 2005 年版，第 3 页。

④ 谢丽、陈伟杰、李念：《学习动机：网络学习“驱动器”》，载《现代远程教育研究》2006 年第 3 期。

够显著影响学习的持久性、努力程度和学习成就，“如果你不能使学习变得有兴趣和有收获，你的学习将始终没有多少进展”。柯比教授非常重视对学生学习兴趣的培养，“兴趣是伟大的导师”，并认为可以从以下六个方面提升学习兴趣：一是不断地提出新问题，用新鲜感持续激发自己的学习兴趣；二是用多样化的学习方式来缓解学习内容的枯燥感；三是让知识具有节奏感；四是让学生在真实的环境中学习；五是要根据学习者的原有知识水平选择合适难度的学习内容；六是根据自身的实际需要来针对性地进行学习。线上学习资源的更新速度远比线下快，多媒体教学和远程视频教学也比传统的教学方式更加生动形象，互联网能够将那些原本很晦涩、很抽象、很复杂的知识以一种直观、形象、简单的方式表现出来，能够让学习者“身临其境”地进行学习。互联网上的知识允许人们根据自己的实际需要和原有知识水平进行学习，这些都激发了学习者的学习兴趣。

互联网能够更多地激发“好奇心”。好奇心是指希望了解未知事物和获取新鲜信息的渴望，反映的是发现新问题和新事物的敏感性，好奇心是激发求知欲望的重要心理因素。好奇心是学习者应该具备的基本素质，“由于好奇，全部的知识领域突然变得有趣了，在好奇心的驱使下，人们会有所发现，这又会激发人们的积极性，从而为学习注入无尽的活力”。①

互联网在激发好奇心方面具有独特的优势：首先，互联网开启了未知世界的大门，能够让我们“足不出户，遍观天下”，原本由于人生阅历的限制而形成的“成见”和“偏见”逐渐被打破，“接触”到了新事物和新世界；其次，学习者能够通过互联网获得对已有事物、已有问题、已有现象更多的、全新的解释；再次，由于互联网的匿名性和虚拟性，“眼见为实”的经验主义思维方式在互联网时代已经不再适用，人们无论是面对新事物还是旧事物都会有更多的反思和怀疑；另外，由于数字化时代信息的大爆炸，人们好奇心也由“有限的好奇”向“无限的好奇”转变，网页上“弹出”和“闪出”的信息和提示也将我们从“主动的好奇”带向“被动的好奇”②，互联网有助于唤醒好奇心并使它“时刻保持觉醒状态”。

---

① ［美］柯比著，金粒编译：《学习力：哈佛大学对学习能力问题的最终解决方案》，南方出版社 2005 年版，第 26 页。

② 朱德生、闵惠泉：《网络数字化中的有限、无限与好奇心》，载《现代传播（中国传媒大学学报）》2011 年第 6 期。

### 3. 互联网有助于提升社会成员的学习能力

学习能力是学习者理解、吸收、掌握、运用外部知识的能力，互联网对学习能力的提高主要变现在以下两个方面：

第一，互联网有助于提高"自主学习能力"。自主学习能力侧重的是学习者自觉自主学习知识和技能的能力，在复杂多变的社会情境中自觉主动地使用一系列复杂的认知(如反思与批判性思维等)与非认知策略(合作及目标管理等)解决复杂问题以达成各种个体及社会性的发展目标。互联网为提高自主学习能力创造了条件。① 首先，互联网在学习过程中扮演了"良师益友"的角色，当面临复杂问题时，学习者能够向互联网"求助"，利用互联网常常能够获取解决问题的新思路、新办法、新途径，锻炼了学习者的思维能力，有利于促进学习者"元认知能力"的发展，为反思、分享、改进、尝试创造了有利条件，为创造性地解决问题提供了经验支持和智力支持。② 其次，互联网作为一种学习工具和渠道，有助于提高学习者的"自我效能感"，使其对成功完成学习目标更有信心，学习者自我效能感的提升进而有助于学习适应性的增强和学习成绩的提高。③

第二，互联网有助于提高"合作学习能力"。合作学习是通过有组织的小组活动，使小组成员通过互动和合作来提高自己以及他人的学习能力。④ 建构主义理论认为知识不仅是个体在与物理环境的交互中建构起来的，社会性的交互(协作)对知识的形成更为重要。⑤ 提高合作学习能力的关键因素有五个："积极的互赖"、相互促进、个人责任感、社交和合作能力、小组过程。⑥ 互联

---

① 郭文娟、刘洁玲：《核心素养框架构建：自主学习能力的视角》，载《全球教育展望》2017 年第 3 期。

② 赵宏、陈丽：《远程学习者自主学习能力培养方法研究》，载《电化教育研究》2012 年第 10 期。

③ 王伟、雷雳、王兴超：《大学生主动性人格对学业成绩的影响：学业自我效能感和学习适应的中介作用》，载《心理发展与教育》2016 年第 5 期。

④ Johnson D W, Johnson R T & Holubec E J. Circles of Learning: Cooperation in the Classroom[M]. Edina. MN: Interaction Book Company, 1993: 5.

⑤ Williams M, Burden R L. Psychology for Language Teacher [M]. Beijing: Beijing Foreign Language Teaching andResearch Press, 2000: 30-38.

⑥ 王改燕、张海泉：《合作学习：学生职业能力发展的有效途径》，载《中国职业技术教育》2012 年第 3 期。

网对合作学习能力的提高表现在两个方面：一是互联网能够带来异质性的学习资源和合作机会，“组内异质、组间同质”是合作学习的一大特征①，网络时代的“陌生人社交”极大地拓展了社会成员的社交圈，互联网能够为学习者带来全新的思想、观点和学习资源，能够让学习者接触到来自不同环境的拥有不同知识结构的“陌生人”，有助于开拓学习思维并提高学习能力；二是，互联网有助于提高学习者的社交和合作能力，网络时代通讯极为便捷及时，极大地方便了学习者之间的交流合作，信息资源和网络学习平台的共建共享，有助于构建“学习共同体”和形成“积极的互赖”②。

第三，有助于培养学习毅力。学习毅力反映的是学习的持久性，是学习者克服惰性和干扰实现长期目标的决心。③ 互联网在教学领域的运用，有助于保障学习的持续性和终身性，也有利于提高教学管理水平帮助学生养成良好的学习习惯。互联网有助于保障学习的持续性和终身性。传统时代的学习容易受到外部环境的干扰：首先，传统时代的生产力水平低、生活条件较差，学习容易被日常生产生活、自然环境（例如恶劣的天气和自然灾害）以及社会环境（例如社会动乱）的变化所打断，大部分社会成员本就缺乏学习的机会，更缺乏完整、持续的学习时间；其次，以学校为中心和以教师为中心的教学方式不利于知识的大规模传播，地域距离也加大了知识的传播难度和学习的难度，学习资源的可及性低。较大的学习难度妨碍了学习的持续性，也让学习者容易在学习之初就萌生强烈的“挫败感”，不利于学习毅力的培养。④ 互联网作为一种有效的学习工具极大地提高了学习资源的可及性和学习的便利性，有助于提高学习者的学习能力和“学习效能感”⑤，鼓励学习者克服困难持续学习，进而利于培养学习毅力。

---

① 王鑫、白树勤：《从理念到实践：“合作学习能力培养模式”的构建》，载《中国高教研究》2014年第6期。

② 田贞：《网络环境下大学生自主与合作学习能力的培养》，载《首都师范大学学报（自然科学版）》2015年第3期。

③ 何玲、何会宁：《初中生学习倦怠与学习毅力的关系：学习投入的中介效应》，载《教育观察》2017年第10期。

④ 唐铭、刘儒德等：《调节聚焦对高中生毅力水平的影响：学业情绪的中介作用》，载《心理与行为研究》2014年第4期。

⑤ 彭华茂、王迎等：《远程学习效能感的结构和影响因素研究》，载《开放教育研究》2006年第2期。

第四，有助于提高学习转化力。学习转化力是知识的生产与再生产能力，主要体现在自我更新、实践创新和变革社会的效果上。传统时代，学习的转化力较低，主要原因：一是，实现知识的转化首先需要一定的知识储备，而传统时代的学习资源相对有限，学习机会相对稀缺，社会成员相互之间进行学习交流与讨论也不够方便，妨碍了知识的积累和思想观点的碰撞；二是，知识和信息的传播速度较慢，人们获取的知识可能已经过时或者已经被证伪，难以有效地指导实践；三是，知识的生产与再生产需要反复试错和实践论证，传统时代由于技术水平的限制和交流沟通得不顺畅，难以形成进行规模化科学实验的社会合力，在现实环境中进行科学实验和试错需要很大的代价，因此，知识的生产创新只是少部分人的事。

然而，随着互联网的发展，学习的转化能力大大提高。亲身实践所得来的知识在现代人的知识储备中已经占据很少一部分，互联网的普及能让人们足不出户便可了解浩渺的宇宙和遥远的异国他乡，"上知天文，下知地理"不再有难度，这些知识都会改善人们的思维方式，有助于实现自我更新。另外，在互联网的虚拟环境中，科员人员能够搭建虚拟的实验室，通过模拟实验来验证已有的知识和假设，提高了"知识"与"实践"相互转化的效率。已有统计表明，从 14 世纪到 20 世纪中叶的 11 种伟大技术的发现到应用所用的时间间距越来越小，如果没有互联网技术的支撑，这种变化是很难想象的。

**4. 互联网有助于提高社会成员的学习效率**

学习效率反映的是学习者理解和掌握知识和技能的速度，互联网作为一种高效的学习工具，显著提高了知识更新速度和学习效率。

第一，互联网加快了知识更新速率。互联网时代的到来极大地加快了知识和信息的生产速度，信息在网络上的自由流动激发了信息的大爆炸，全球各地的各类信息都在网络上汇集形成一股巨大的信息洪流。与此同时，互联网也极大地加快了知识和信息的更新速度与传播速度，最新的资讯时刻都会上传到网络上，当学习者获取信息的同时，很可能这条信息已经过时了，为了保证学习的及时性和有效性，学习者急需采用最有效和更新速度最快的学习工具。互联网无疑是当代最有效、最便捷的学习工具，网络时代的信息传播具有即时性的特点，信息"发布-传播-接收"之间的时间延迟几乎可以忽略不计，它能把最新的知识和信息在第一时间呈现在人们目前，学习者可以随时掌握最新的信息、获取最新的知识，学习的进度也相应加快。

第二，互联网提高了学习时间利用效率。首先，互联网技术的发展大大缩短了辅助教学所用的时间。传统时代为了教学和科学研究需要花费大量的时间用于查阅文献书籍资料和前期准备工作，搜索、归类和整理信息以及进行初步的分析计算也需要大量的准备时间；而在网络时代，网络化学习资源的可得性极高，搜索和获取信息极为便捷迅速，写作的效率也大大提升，学习的效率明显提高。其次，互联网能够充分利用碎片化的时间进行学习。尤其是随着移动互联网的发展，学习可以随时随地进行，不再受时间限制，原本零星的、碎片化的时间也可以被整合利用，网络学习提高了时间的利用效率和学习的效果。“人若能养成每天读 10 分钟的习惯，每天 10 分钟，20 年后他的知识程度，将会前后判若两人”①，网络化的学习方式能够让学习者有机会利用零碎的时间坚持学习，有助于加快知识的积累速度，提升自身的知识水平。

第三，互联网有助于选择最适合、最有效的学习方法。互联网提供了丰富的学习资源和多样化的学习方式，人们可以根据自己的需要和爱好选择图片、文字、视频等适合自己的知识形式，“有效的学习方法就是学习过程中所用的技巧和工具”，而最重要的学习技巧就是“善于运用自己最喜欢的模式”②，合适的学习方法对学习效率的提升有很大的帮助。互联网时代的知识和课程类型极为丰富，学习者有更多的选择权，并且可以根据自己的能力和兴趣自主地安排适合自己的学习计划和学习进度，“学生可以按照不同的知识水平选择一条最适宜的路径”，“多种多样的工作代替了整齐划一、步调一致地共同前进，学生有一定的时间按照个人进度进行学习”，这对提高学习兴趣和效率具有很大的帮助。

此外，互联网的广泛应用，也有能促进教学管理，帮助学习者克服学习惰性和学习倦怠。现代的教学管理由于网络信息技术的发展而越来越智能化、便捷化和科学化，传统的教学考勤被简化，教师能够利用网络教学平台和网络通信手段及时跟踪了解学生的学习进度和学习成果，有助于学生养成良好的学习习惯。学习者也可以利用互联网来督促自己学习，随着移动互联网的发展，电子课程表、电子学习计划表和办公软件能够随时呈现在学习者目前，带有网上

① ［美］柯比著，金粒编译：《学习力：哈佛大学对学习能力问题的最终解决方案》，南方出版社 2005 年版，第 99 页。

② ［美］柯比著，金粒编译：《学习力：哈佛大学对学习能力问题的最终解决方案》，南方出版社 2005 年版，第 70 页。

打卡的学习软件能够按照坚持的时间长短给予不同层次的奖励，有助于学习者克服学习惰性。另外，网络教学方式的多样化能够让学习者自主选择感兴趣的学习方式，也有助于克服学习倦怠。

# 第三章　网络文化的育人功能

网络信息技术在改变人们的认知、生活和生产方式的同时，也促使相关领域的思维模式和呈现形式的转变。现代教育正是在与网络的结合下获得了快速、长足发展的。在此背景下，充分发挥网络文化的育人功能，无疑具有重要现实意义。

## 第一节　网络文化育人的理论依据

马克思、恩格斯有关文化育人的思想原则、中国共产党主要领导人有关文化育人的思想观点，特别是习近平新时代中国特色社会主义思想中包含的有关文化育人重要论述，阐明了文化为何可以育人、以何种文化育人，以及如何用文化育人的基本原理，为新时代网络文化育人提供了坚实的理论依据。

### 一、马克思主义相关理论概述

网络文化育人具有充分的时代依据，但网络文化育人是否可能，还要从理论上找到根据。文化育人在理论上是否可能？是网络文化育人的基本理论前提。马克思、恩格斯有关文化育人的思想原则、中国共产党主要领导人有关文化育人的思想观点，特别是习近平新时代中国特色社会主义思想中包含的有关文化育人重要论述，阐明了文化为何可以育人、以何种文化育人，以及如何用文化育人的基本原理，为新时代网络文化育人提供了坚实的理论依据。

**1. 马克思主义文化观**

马克思与恩格斯分别从两个范围阐述对文化的理解，即整体范围和特定范围。整体范围指的是整个人类社会文明发展到一定阶段时的结果。特定范围指的是人类在社会不断发展的过程中，经过长期的社会实践创造出的一切精神产品，如宗教、科学、艺术等。① 由此可知，马克思主义文化观是基于人类的社会实践活动，反映了人类文明在人类和自然社会关系中的所有结果。

马克思主义文化观被引入中国后，随着时间的推移，其与时俱进的理论品质被充分展现出来，不断引导着中国特色社会主义现代化建设。毛泽东曾提出“要把因旧文化统治而愚昧落后的旧中国，转变为因新文化统治而文明先进的新中国”；邓小平提出：“两手抓，两手都要硬”的文化建设思想；江泽民提出“始终代表先进文化的发展方向”；胡锦涛提出的“建设和谐文化的构想”；习近平提出“中华民族伟大复兴的中国梦”“文化自信”。一百年来，中国共产党各代领导人的思想中都始终蕴含着马克思主义文化观。

马克思主义文化观起源于人的社会实践，并继续在社会实践中不断完善发展，网络文化的建设工作同样也要依靠于社会实践才能有所成就。学校作为传播优秀传统文化、弘扬社会主旋律的主阵地，不仅是为了促进学生个人的全面发展，更重要的是为社会培养高素质人才。网络文化建设要着重在中国特色社会主义文化建设的实践基础上，目的不仅是要实现自己的价值，还是为了发展中国特色社会主义先进文化贡献绵薄之力。

马克思主义文化观具有民族性和世界性的特质，所有优秀的文化成果都会成为全世界的共有资源，这也和网络文化建设的开放性和规范性的特点相契合。建设网络文化的基础是要先传承优秀传统文化，在这一基础上不断吸收借鉴外来优秀文化成果，以丰富自身文化成果。面对复杂多样的网络文化时，必须要有敏锐的洞察力和判断力，吸纳先进优秀文化的精髓之处，体现出学校教育主阵地的世界眼光，打造具有时代精神的网络文化。

马克思主义文化观的最终目标是追求人自由而全面的发展，网络文化建设的最终目标也是为了实现人的发展。因此，各级学校要充分把马克思主义文化观的引领作用发挥出来，积极建设并发展网络文化，以人的自由全面发展为目标，努力培育出德才兼备的社会人。

**2. 马克思主义人学观**

马克思主义人学观的内容和形式为网络文化的建设与发展提供了哲学反思，网络文化的存在也丰富并发展了马克思主义人学观的理论意义。

---

① 王凤双、沈丽巍：《以马克思主义文化观引领的大学文化建设探析》，载《黑龙江高教研究》2019 年第 11 期，第 70 页。

马克思主义人学观源于“现实的人”，指的是正处在一定的社会条件下，正在发展中的现实的人。人为了过上更好的生活会不断实现自身的超越，社会实践活动的超越性能够帮助人们实现自由全面的发展，马克思提出人在自然界中的活动，是由这一时期的经济的生活条件以及由这些条件决定的社会关系和政治关系来说明。①

马克思主义人学观传入中国后，一直在指导着建设和发展中国特色社会主义。毛泽东思想告诉我们，在社会主义改革和建设过程中，必须坚持马克思主义，永远牢记“人类的全面发展”这一最终目标；邓小平理论中包含着许多丰富的哲学思想，其中对我们来说最有价值的就是他在其理论和实践中渗透出对人的想法和思考；“三个代表”重要思想将马克思主义人学观进行了更深入的创新和发展，党一切工作的出发点和落脚点是代表最广大人民群众的根本利益，党的价值取向和价值标准，是为中国最广大人民群众服务；科学发展观提出“科学发展观的核心是以人为本”，这一指导思想也彰显了马克思主义人学观；习近平新时代中国特色社会主义思想指导着新时代马克思主义人学观中国化发展，迎合时代发展的新要求，作出新的发展，从各个方面不断推进人类现代化和社会现代化，从而逐步实现人的全面自由发展。

马克思揭示了实践性是人类的本质，马克思主义的根本价值目标是实现人的自由而全面的发展，这也学校建设校园网络文化的价值目标。学校网络文化的发展扩大了教育者与学生之间的交流范围，提高了他们的交往能力，为人的全面发展提供了精神力量，网络环境的开放性和社会性也为学生更好地完成社会转变提供了帮助，实现全方位的长足发展。在学校建设校园网络文化是通过对信息和所有权的重新分配，在不同的人之间、人与社会之间、人与自然之间建立一种全新的生产关系，使人、社会以及自然三者之间的关系达到高度的理性自觉。马克思主义人学观作为马克思主义理论体系的重要组成部分，并逐步在社会主义核心价值体系当中体现出来，以马克思主义人学观为出发点有助于更好地打造网络文化，更清晰地认识网络文化对学生的价值引领作用，并将网络文化向符合社会主义发展需要的方向建设，逐步消除不利于学生发展的网络因素，营造一个积极健康的校园网络环境。

---

① 《马克思恩格斯选集》(第 3 卷)，人民出版社 2012 年版，第 732 页。

## 二、习近平关于网络文化建设的重要论述

互联网的迅速发展对社会中各行各业产生了巨大的影响。习近平总书记为建设网络强国绘出宏伟蓝图，顺应了时代的发展趋势。习近平总书记关于“把我国建设成网络强国”的重要论述，是习近平新时代中国特色社会主义思想中十分重要的组成部分，是国家创新发展的一项重要举措，对推进国家治理现代化至关重要。

第一，习近平总书记正确概括了当前我国互联网状况。中国已经成为一个互联网大国，互联网用户数量和网络规模在世界上均排名第一。但习近平总书记指出，当前我国在自主创新方面最大的差距就是核心技术，“必须着重核心技术的发展，抓紧具备国际竞争力的关键技术和冲破互联网发展的前沿技术”①。党的十八大以来，为更好地治理我国互联网环境和发展互联网技术，习近平就“为什么建设网络强国以及怎样建设网络强国”这些重要问题提出了一系列新思想，并将网络治理问题放在直接关系到国家安全的战略高度上。习近平在中央网络安全和信息化领导小组第一次会议中指出：“国家安全和发展问题与网络安全息息相关，网络空间安全问题对国家安全有着非常大的影响。我国不仅是网络大国，更要成为网络强国。”②习近平在全国高校思想政治工作会议上指出：“一直以来，高校思想政治教育工作者爱岗敬业、勤勤恳恳、奋发向上，为高等教育事业发展作出了突出贡献。为保证这支队伍青出于蓝、后继有人，高校要扩大选拔人才的范围，提高教育者的理论水平，不断培训技能，健全奖励制度，推进高校党政工作者和校团委工作者、思想政治理论课教师、辅导员和心理健康教师等思政教育队伍建设。”

第二，充分发挥网络文化育人功能以此达到育人目标是当前高校思想政治教育工作的重要任务。在2014年北京大学师生座谈会的讲话中习近平总书记提到，学生的责任不仅是要学习社会主义核心价值观，更要在日常学习生活中践行社会主义核心价值观，它是衡量评判某种现象和行为的一把价值标尺。社会未来的价值倾向会受到学生价值倾向的很大影响，而大学阶段又是一个人形

① 《加快推进网络信息技术自主创新朝着建设网络强国目标不懈努力》，载《人民日报》2016年10月10日第1版。

② 习近平：《在中央网络安全和信息化领导小组第一次会议上的讲话》，人民出版社2014年版，第5页。

成价值观的特殊时期，这一时期对学生思想观念的塑造是十分重要的，高校必须要做好引导教育工作①。习近平总书记在全国高校思想政治工作会议多次强调，“高校培养什么样的人、如何培养人以及为谁培养人这个问题直接决定了高校如何开展思想政治工作”，高校的根本任务是要立德树人②。高校肩负着培养担当民族复兴大任的时代新人的历史使命。因此，对学生的思想政治教育工作要十分全面，必须贯穿教育教学的全过程，培养学生树立科学正确的“三观”。高校的思想政治教育工作也要把对各个校园网络平台的舆论引导视为重点工作之一，通过建设和宣传优秀网络文化，引导学生在使用网络过程中遇到各类信息时能够冷静、理智地辨别是非，提高网络道德素养。习近平对现在的学生寄予厚望，他期望学生能够树立共产主义远大理想，坚定中国特色社会主义共同理想、有家国情怀、有担当、掌握科学专业知识技能并拥有深厚的人文素养、有高尚道德情操、践行社会主义核心价值观。习近平对学生寄予的厚望与网络文化育人的最终目标是完全一致的，都是希望学生能够在学习、生活中践行社会主义核心价值观、有责任担当意识、提升人文素养，把实现中华民族伟大复兴作为使命，成为对社会有用的人，为这个伟大的新时代贡献自己的绵薄之力。

第三，坚持走网上群众路线。党和国家所做的一切工作都是为了人民群众，因此从根本上来说，建设网络强国同样也是为了人民群众，故而要坚持走网上群众路线。历史是由人民群众创造出来的，建设网络强国的根本目标是为了更好地为人民服务，保障人民群众的切身利益。习近平总书记强调“我们的发展目标是为了让网络成果惠及到全国人民，为了实现这一目标，就要坚持中国共产党的领导，充分调动人民群众的创造性和积极性，为实现中华民族伟大复兴的中国梦共同努力奋斗”，“现在我们与人民群众之间有了新的沟通渠道，为人民服务也有了新途径，互联网为发扬民主精神、党接受人民群众监督开辟了新途径”。③ 我国意识形态的斗争已经从现实世界拓展到了网络世界，在网络这个开阔的活动平台上，始终要坚持党与人民相统一的世界观和方法论，要

① 习近平：《在北京大学师生座谈会上的讲话》，人民出版社 2014 年版，第 10 页。

② 习近平：《全国学校思想政治理论课教师座谈会》，人民出版社 2019 年版，第 20 页。

③ 《习近平在网络安全和信息化工作座谈会上的讲话》，载《人民日报》2016 年 4 月 26 日第 2 版。

把坚持党的领导和贴近人民群众结合，调动和团结一切力量，形成人民的凝聚力和向心力。人们在网络空间的行为活动会不断地产生丰富的网络资源，这也为意识形态的工作提出了新的话题，即怎样坚持以人民为中心的思想，同时又加深中国共产党执政的群众基础。在这一背景下，将网络意识形态的引领工作与网络文化建设结合起来，促进网络世界和社会共同发展，惠及民生、为民解忧、造福人民，不说大话、假话、多办实实在在的事、为人民服务的事，利用网络给人民带来更多更丰富的精神成果，不断推进为人民谋福利的事业，进而让人民群众坚定跟党走的决心。习近平总书记提出以人民为中心是一切工作的出发点和落脚点，“始终要坚持把服务人民和教育引导人民这两者有效结合起来，把满足人民需要和提高人民素质结合起来”①。要把人民群众作为网络主体的主观能动性和积极创造性充分调动起来，加强广大网民的思想政治基础，做到在网络舆论中要坚定政治立场，传播先进文化，弘扬正能量。随着互联网的发展逐步深入各个地区的政务服务当中，有效地解决了广大人民群众办事复杂的问题，即便是偏远地区的人民也同样能享受到互联网的便利。网络文化建设的目的也是为了培养人、发展人，因此要根据学生的需求不断丰富更新网络文化的内容，用学生乐于接受的形式传播网络文化，帮助学生树立正确的政治思想，使学生养成社会意识、民族意识，以此不断促进其自身的全方位发展。

## 三、思想政治教育理论概述

### 1. 思想政治教育环境论

现代学者们普遍认为，“思想政治教育环境涵盖的是所有影响思想政治教育工作进行的外界因素”。不管是广泛意义上的客观物质环境还是单一的思想政治教育环境，都会在整个思想政治教育的过程发挥着重要作用，因此深入了解并掌握当前的教育大环境与思想政治教育之间存在的问题迫在眉睫，必须让其二者相互促进，相互作用。

学校思想政治教育环境包含着三个范围，即校园环境、家庭环境以及社会环境。随着时代的发展，当前微媒体已然成为思想政治教育环境中必不可少的一部分。校园环境给学生提供了校园基础设施，教学设备以及日常生活必需设

① 中共中央宣传部：《习近平总书记系列重要讲话读本》，学习出版社 2014 年版，第 98 页。

施，给学生带来了直接的物质环境。家庭环境是相对较稳定且对学生影响时间较长的教育环境，对一个人的三观会产生十分重要的影响。良好的家庭教育会起到榜样示范作用，会帮助人养成健康的人格和高尚的思想道德；反之，则起到负面作用，影响人健康思想的形成和人格塑造。社会环境是最为复杂但也是最具影响力的一部分，一个人的思想观念和意识形态会被社会的经济、政治及文化发展所影响，社会教育的方法和形式也多种多样，没有一成不变的模式。随着社会的进步，微媒体时代的到来，学生的思想政治教育环境已经被微博、微信和抖音等网络平台所影响，学生作为最乐于接受并适应新鲜事物的群体，也是最容易被网络中纷繁复杂的信息所左右的群体。微媒体具有传播广泛、速度快、信息零碎等一系列特征，学生为了丰富自己的精神世界、陶冶情操，可以通过网络获得自己想要掌握的信息，对一些网络现象作出理智的判断，但还存在一些未经审核并处理的内容会给学生带来负面影响，这就要求学生要提高对良莠不齐的网络信息的辨别能力，甚至要提高处理网络信息的能力，对于纷繁复杂的网络信息要取其精华，去其糟粕。

**2. 思想政治教育载体论**

思想政治教育载体是指学校在开展思想政治教育工作时所运用到的传播工具，同时也是在向学生传输积极健康的思想观念、理想信念和价值取向等时所必需的载体，学校思想政治教育的成效在很大程度上是由思想政治教育载体的科学性和有效性决定的。

随着融媒体的兴起，一些新兴媒体如移动媒体、网络媒体等被广泛应用和迅速发展，因此新兴媒体与传统媒体也开始加速融合发展，它们之间共同享有网络资源、通过内容融合实现内容增值、高效地分享信息等①。当前融媒体的迅速发展，变革了以往思想政治教育的载体形式，在这一背景下，给教育者提出了一个需要研究的重要课题，那就是促进不同思想政治教育载体的使用和融合，这对教育者提高思想政治教育质量有着十分重要的作用。

高校通过校园网络文化进行思想政治教育工作不仅能够提高大学生的思想道德素质和科学文化素质，还能帮助其坚定政治立场，升华心灵、提高精神境

① 崔璨：《融媒体时代高校思想政治教育的现实障碍与化解路径》，载《传播力研究》2019 年第 25 期，第 216 页。

界①。高校通过网络进行育人工作存在很多优势：第一是传播速度较快。网络不同于传统的载体需要打印、复印等较复杂的步骤，它只需要在手机或是电脑上编排好内容，然后轻击屏幕或是鼠标，便可以迅速发出消息或得到消息，它还不受空间的约束，无论国内还是国外，都可以快速传送信息。第二是网络传播的内容十分丰富。互联网可以携带大量的信息，不用考虑信息的大小和数量，信息涵盖面十分广泛并影响深远，它能够带有各种各样的信息，包含生活的方方面面，这也使得高校思想政治教育内容有更多的选择，也更丰富。第三是网络的传播方式是双向且平等的。从前的媒介传播方式主要是自上而下的，而互联网提供的是一种双向传播交流模式，每个使用网络的人能够自己判断信息，对信息作出评价，发表看法，提出建议，在网络平台上进行互动交流，这在很大程度上提高了网民的主观能动性。

## 第二节　网络文化的育人机理

网络文化的育人功能主要通过教师与学生在网络中的日常工作和学习体现出来，教育者通过网络文化潜移默化地帮助学生形成高尚的道德品质，形成符合社会发展需要价值取向和追求目标，促进学生身心健康自由全面的发展。

学校网络文化育人的模式与以往单向的教育模式有着本质不同，这种双向交流的教育模式可以让教育者与学生之间的交流关系变得平等，更好地进行育人工作，让学生形成正确的价值观念。学校要想提高网络文化育人的成效，就要让学生自觉主动地接受教育，学校网络文化为学生提供了更加自由、广阔的平台，提供了更多的渠道帮助他们获取信息、学习知识，学生们可以在各个校园网络平台上发言，对各类事件和现象平等自由的讨论，表达自己的真实想法。教育者也能够及时地了解学生的需求和问题，以此来提高育人成效，达到育人目标。

① 董志花：《浅谈高校思想政治教育网络载体》，载《国际公关》2020 年第 3 期，第 102 页。

## 一、网络文化的主要育人功能

### 1. 行为规范功能

学校开展各项工作和活动的主要目的是为了培养学生的科学文化素质，思想道德素质，建设和发展网络文化是为了学校更好地进行日常教学，服务和管理学生，以此实现育人目标。如今学生学习生活的方方面面都已被互联网普及，学生不仅能够利用网络开拓视野、减少压力、丰富生活，大学时期是人在社会化这一过程中的关键时期，这时期的价值观念和理想信念有很强的塑造性，但也是学生最容易被不良思想误导的时期。由此看来，打造健康优秀的网络文化能够给学生创造一个良好的学习和生活环境，对提高学生的文化素养和思想道德素质起着积极作用，规范学生的言行。

网络文化的行为规范功能所指的是学校网络文化的规章制度和精神导向方面，对言行的规范引导，它具有两个属性，一方面是强制性，另一方面是非强制性。通过看一个学生是否能够自觉遵守并主动维护学校各项规章制度、校规校纪等，是评判其是否具有良好的行为习惯的重要因素。建设学校网络文化的根本目标是培养人才，因此一所学校呈现出的校园网络文化内容要充分展现出本校的追求目标、办学理念、校风学风等精神力量以及主流意识形态，学生在使用校园网络时会在不知不觉中受到这些精神力量的教育和引导，心灵得到净化，思想得到升华，能够自觉遵守并主动维护学校规章制度，形成一种好的行为习惯。

一方面，行为规范功能的强制性体现在校规校纪和校园管理方面。学校制定的一系列明确的网络使用规定具有一定的示范意义，学校的一切规定都要求学生严格遵守。在这种强制性的要求下，学生能够逐步养成符合学校要求的行为习惯，学校也打造了一个更有利于学生文明上网的空间。对于网络文化来说，若是可以充分发挥其育人功能，那么学生的网络行为和现实行为则是能够被合理地引导和规范，进而取得学校所期望的育人成果。学校要重视并大力建设校园网络文化，将网络文化建设和人的发展、社会发展、国家发展所需结合起来，提高学校育人实效性。另一方面，学校网络文化的行为规范功能还有非强制性，教育者通过用社会主义先进文化加强对学生的熏陶，倡导积极正向的价值观念、行为习惯，要及时发现学生在网络上的不当言论和消极情绪并进行教育和疏导，帮助学生在潜移默化中形成正确健康的三观，提高人文素养，实现培育人、发展人的目标。

**2. 陶冶情操功能**

陶冶情操通常指的是靠外界因素影响，使人的心灵受到感染和熏陶，提高精神境界，丰富内心情感，增加乐趣，陶冶情操①。对于学生来说，学校网络文化丰富的内容和多种多样的形式，能给其日常学习、校园生活和休闲娱乐等方面带来更多样的选择，学生在各种优秀网络文化的熏陶下，可以逐渐消除在日常生活中累积的负面情绪，通过不断提升思想境界、净化心灵，最终整个人会得到自由全面的发展。

学校网络文化的陶冶情操功能是由其自身的开放性这一特点决定的，在网络世界里没有地位和能力的差别之分，全体学生都可以作为网络主体参与到网络生活中，在相对自由的网络世界中缓解自己在生活中的压力，释放自己心中的负面情绪。与此同时，将积极情绪在网络上进一步强化，在一定程度上对学生的身心健康发展起到帮助作用。学校网络文化具有多样性的特点，能让各类思想源泉在校园网络中竞相迸发，使学校网络文化内容包罗万象并充满生机，还可以帮助学生开阔眼界、增长见识、与时俱进、解放思想。

对于学校网络文化来说，随着互联网技术的飞速发展，它也会随之持续不断地创新和发展，无论是多种多样的形式，还是丰富多彩的内容，从始至终都要坚持在意识形态上紧跟社会主义核心价值观，传播社会主义先进文化，永远都会让人眼前一新，这种新型开放的教育模式让学生在校的学习和生活不再枯燥，充满活力。在良好的校园网络环境下进行教育工作，不断发展和强化学生的校园网络主体性，在多样的网络文化内容的影响下，弱化和消除学生的负面情绪，强化积极向上的情绪，净化心灵，洗涤灵魂，升华思想境界，人人都能实现自由全面的发展。

**3. 激励创新功能**

学生作为学校网络文化活动的主要参与者，在网络文化中，便捷的网络条件和丰富多彩的文化内容不仅能够影响学生的生活习惯还会给他们的思想观念带来巨大的影响。利用开阔的网络平台和丰富的网络资源，可以为学生打造一个全新的世界，网络文化内容和形式充满新鲜感，能够在极大程度上激发学生

① 李焦明：《网络文化育人是互联网时代高校新使命》，载《中国科学报》2019 年 10 月 23 日第 4 版。

的创新思维和创造能力，为校园增添活力，也帮助学生开发其潜在的能力。

网络文化具有平等性和自由性，它不仅冲破了信息被垄断的情况，还提高了学生的平等意识。完善并发展学校网络文化，不仅使学生的学习内容变得更加丰富多样，也增加了学生的学习方式，并且还为学生发挥自身创新创造能力开拓了空间。

在互联网高速发展的情况下，当下的学生能在极短的时间内获取大量的信息，同时网络内容的快速更新也为给学生能够直接接触先进思想和丰富理论提供了契机，他们能较快地接受并适应新事物，并培养创新意识，提高创造能力，养成独立思考的习惯。

随着时代的进步，互联网技术的飞速发展，学校网络文化也为学生带来了更多可选择性和创新性，学生渐渐地能用辩证的思维看待问题，更加深入且全面地分析问题，也更愿意参与讨论某个话题，发表自己的观点。在独立思考的过程中逐步培养出创新思维，提高创新能力，学生不再是被动接受教育，而是可以自觉主动学习并根据自身需要和兴趣作出更适合自己的选择，在学习中不断将自身的创造创新潜能激发出来。

**4. 价值引领功能**

当前学校网络已经覆盖学生校园日常学习与生活等各个方面，学生利用网络进行学习、交往以及娱乐等活动已然是校园生活中必不可少的一部分，网络文化让学生的思想更加开放、培养了学生的灵活思维。学生的精神面貌和价值取向都会受到网络文化这一重要因素的影响。因此建设学校网络文化这项工作变得极其重要，学校要积极主动的消除不良网络信息给学生价值取向带来的负面影响，利用学校网络文化的优势，让各个校园网络平台成为传播社会主义先进文化、弘扬社会主旋律的有效载体。

价值取向是每个人在面对和处理价值关系时的态度和立场，这是一种价值倾向，是在价值观的基础上形成的。不同类型文化的比较可能会给学生的价值取向带来更多的选择，使学生感到选择困难。大学时期正处在一个人价值观养成的重要时刻，在错综复杂的社会现象面前以及良莠不齐的网络信息出现时很容易出现无从选择的情况，价值取向变得模糊混乱，不具备理智准确判断事物现象的能力。这就要求学校制定一套符合社会主义核心价值观、具备普遍指导意义的价值标准对学生进行价值引领，制定一套较为合理科学的校园网络使用规则，完善网络行为指导规范，做好学校网络文化建设和管理工作，提升思想道德与文化素养。

对于网络文化来说，作为一种新兴的文化形式，它所传输的内容一定要具有健康积极正向的特点，学校要把社会主义核心价值观、办学理念和价值目标等精神力量融入其中，帮助学生坚定理想信念，让学生能够时刻保持清晰的头脑，理智的思维去面对各种良莠不齐的网络信息，形成正确的思想观念，坚决抵制各种不良信息的侵蚀，帮助学生更多地关注真正有价值的网络资源，增强辨识网络信息的判断力和独立思考信息的能力，养成良好的网络言行习惯，培养积极正向的价值观，促进学生自由全面的发展。

## 二、学校网络文化育人的条件

### 1. 丰富的精神和文化资源是重要基础

学校网络文化育人需要以一定的物质条件作为支撑，而这一定的物质条件就是学校网络文化所包含的丰富的精神和文化资源，学校网络文化利用这些丰富的精神和文化资源对学校师生进行影响和教育，提升他们的精神文化水和综合素质。学校网络文化拥有的精神和文化资源越丰富和成熟，它的文化引导力就更有强，它的育人功能就能得到更好的发挥，丰富的精神和文化资源是学校网络文化育人功能实现的重要基础。

首先，学校网络文化的包含的精神内涵是学校在长期的办学历史和教育实践中经过沧桑岁月洗礼后积累和沉淀下来的最具有影响力、最具有时代性和最具有学校特色的精神文化，体现学校的人文精神、人文理念、办学宗旨等整体精神面貌，同时，这些经过时代沉淀形成的精神文化并非一成不变，在与网络进行融合后，精神文化被不断赋予新的内涵和新的特征，这些精神文化进一步丰富了学校网络文化的内涵。学校网络文化正是通过这些历史沉淀和时代特征结合的精神文化对学校师生进行育人工作，将外在的学校校园精神内化为学校师生的自己的精神品质，并在这个过程中不断形成高尚的道德品质和坚定对正确价值理念的追求。学校网络文化如果没有这些能潜入人心的精神文化内涵，就如同一个失去灵魂只剩肉体的躯壳，无法真正有效发挥网络文化的育人功能。

如果说学校网络文化所包含的精神内涵是躯壳的灵魂，那么学校网络文化所拥有的丰富的文化资源则代表的是这副躯壳的肉体。网络与校园文化的碰撞产生了学校网络文化，学校网络文化兼备了二者的文化优势。在文化资源的内容方面，学校网络文化对原有的文化资源进行了收纳汇集，如将校内传统的课堂文化资源、图书文化资源和学术活动资源放到网上，学校师生能通过网络进行学习，除此之外，学校网络文化还包含了来校外各地的各种学习文化资源。在文化资源的表现形式方面，学校网络文化拥有图片、动画、视频、音频等多种表现形式，集字、图、声、像于一体，多样的表现形式有利于学校网络文化在育人过程中更好地发挥作用，获得学校师生更多的认同和支持。完美的躯壳不仅要有健康的肉体，更要有健康的灵魂，学校网络文化拥有的精神资源和文化资源是其育人功能实现的重要基础。

**2. 学校师生对精神文化的更高追求是内在要求**

物质基础的发展是精神文明发展的基础，从根本上说，物质文明的发展会对精神文化的发展提出更高的要求，对精神文化的更高追求也是建立在一定的物质基础之上的。随着经济发展的快速发展，各类生活和生产资料供给富足，国民的物质基础愈发夯实。在这个基础之上，人们对于精神文化有了更高的追求。

进入新时代以来，我国的经济基础已经十分扎实，我国的社会主要矛盾也发生了深刻的变化，人民日益增长的美好生活需要和不平衡不充分的发展之间的矛盾是我国社会的主要矛盾。在现在的校园环境中，学生主要以“00 后”学生为主体，他们得到家庭和家人更多的呵护和宠爱，他们所需的生存物质条件基本能得到满足，此外，他们个性更加张扬、思维更加活跃，具有较强的自主意识和学习能力，因此，他们对精神文化产生更高的需求。教师作为教育者的角色，需要了解和迎合教育对象的精神需求，这样才能更好地展开教育工作，因此，教师对精神文化的需求也是在不断地提高的。

近年来，随着网络的快速发展，精神文化在师生学习和生活中的地位越来越突出，他们对精神文化的要求变得越来越高，不再是单纯地追求自我享乐和自我排解，开始不断地朝着自我发展和自我提升方面进行转变，即从追求满足自身的精神舒适的状态，逐渐转变为对价值取向的追求、对理想信念的追求、对实现自我价值的追求和实现社会贡献的追求，更加注重精神素质的提升。校园网络文化包含多样的精神文化，校园网络文化通过将这些精神文化融入师生的日常学习和生活中，不断满足他们对精神文化的追求。学校师生对精神文化有越来越高的追求，是他们充分发挥主观能动性的表现，学校网络文化育人工作的有效发挥需要与被施以教育的个人发挥其主观能动性相结合，他们的精神文化需求越强烈，主观能动性发挥得就越充分，越有利于学校网络文化育人工作的展开。

**3. 社会主义核心价值体系的引领是灵魂核心**

学校网络文化的开放性和多元性使得社会上的各种思想乘虚而入，其中包括各种低俗趣味的思想和企图分裂民族感情的西方思潮。当这些思想和思潮进入校园，多种主流思想文化的碰撞形成了价值观取向混乱的局面，缺乏判断力和辨别能力的师生群体容易在其中迷失。基于此，学校网络文化需要有正确的价值导向，帮助师生在复杂的思想和思潮环境中做出正确的判断。社会主义核心价值体系对社会文化的发展具有根本性的导向作用，同时也能够为学校网络文化的发展进行价值引领，社会主义核心价值体系的引领是网络文化实现育人功能的灵魂核心。

网络早已和教育融为一体，学校网络文化通过运用网络技术手段、借助各类网络载体对学校师生进行培养教育，便利了师生的生活和学习，同时也为社会主义核心价值体系的传播提供了新阵地，学校网络文化要以社会主义核心价值体系为引领，坚持正确的政治方向，加强对学校师生的教育和引导，通过以社会主义核心价值体系对师生进行春风化雨、润物无声的价值指导，将其中的理想信念教育寓于网络之中，如在网络上建立专门的思想建设板块、开展形式多样的网络活动、及时在网络上进行网络舆论引导等，为学校师生提供良好的网络环境的同时也吸引更多的个体参与到网络的思想建设中来，加强学校师生在网络上对各种的思想和思潮的判断和鉴别能力，引导他们树立正确的思想观念和价值观念。把社会主义核心价值体系作为学校网络文化的引领核心，学校网络文化才能在育人过程中形成对社会主义事业的信心和对社会主义指导思想的信任，才能在纷繁复杂的文化斗争中坚持初心和使命。

## 第三节　网络文化育人的特征

网络育人主要特征的体现和展示，是主客体在网络社会实际的交往互动中形成的。一方面，学校网络育人具备思想政治教育方式的一般特征，另一方面，互联网信息技术的发展是网络育人产生的基础和前提，网络育人必定吸收了网络技术的一些特征。除此之外，网络育人是网络社会空间环境中的育人方式，是在现实环境与虚拟环境交织的网络空间中进行的育人方式，这些网络育人的特殊性决定了以下与传统思想政治教育方式不同的主要特征。

## 一、主客体的互动性与平等性

在网络社会环境下，传统思想政治教育主客体二分的状态已不复存在，互动已经成为了网络社会中主客体之间最普遍、最基本的形态，主客体的互动关系主要体现在三个方面：首先，主客体互动的模式由主客二分转化为主体间人际互动。主体作为行为的发出者、组织者和实施者，无疑具有主体性，而客体是客观存在的事物，是被研究和施加影响的对象。但网络育人中的客体即教育对象具有高度的自主性，学生网民能够对主体施加的影响做出反馈，能够主动选择性地接收和认同主体所发出的信息内容，同时还能内化出自我全新的认知，因此，网络育人的客体也具备了主体性，能够在网络人际互动的过程中发挥主观能动性。在互动的过程中，互动双方既是主体也是客体，表现出明确的交互主体性。其次，主客体互动的形式更加多样、新颖。传统的思想政治教育主客体的互动形式多为面对面的交流，网络育人技术性特征使互动双方可以根据情境和对象的不同调整互动的形式，运用不同的互动形式获取学生网民的思想信息，并进行深入的思想交流。再次，主客体互动的时空向度由实时互动转化为实时与延时互动相结合。网络社会的超时空性打破了时空障碍对人们交往互动的影响，传统育人方式多为面对面的实时互动，以网络为载体的微信、微博、抖音、BBS等交互方式极大地颠覆了主客体互动的方式，实时的同步交互与延时的异步交互增强了网络育人主客体的互动性和平等性。

传统的育人方式大多是单向性选择和灌输式传播，教育客体大多只能被动的接受，育人的过程中内化和外化的效果却大打折扣。相比之下，网络育人主客体关系的平等性更加突出。首先，网络育人为主客体营造了一个平等互动的空间环境。网络的虚拟性使得学生网民可以在匿名状态下表达自己的愿望，这为主客体双方的平等交流提供了可能。其次，主客体在获取信息资源的机会上更加平等，互联网的开放性使得网络育人的主客体可以随时随地获取相关信息资源，这就打破了以往信息垄断的局面。再次，主客体在接收信息内容的方式上更加平等。不仅主体可以选择传授何种内容，客体也可以自由选择接受与否，并且可以通过网络信息反馈促使主体及时调整施教内容和方法。

## 二、信息的碎片化和方法的隐蔽性

网络空间的开放性为网络信息的丰富性提供了前提，网络社会呈现出来的内容十分广泛，基于网络社会环境所开展的教育也必然具有丰富性的特征。网络育人除了本身广泛的内容之外，还面临着网络信息碎片化的问题。无穷尽的网络信息主要以娱乐性内容居多，娱乐新闻、八卦奇闻极易容易引起网民的好奇心和注意力，而网络育人自身的内容又因其较强的理论性容易引发网民的排斥，网络信息的碎片性呈现不仅会导致网民对信息认知的碎片性，还会消解网络育人内容的逻辑性和深刻性，如何在碎片化的网络信息中保持和强化网络育人自身内容的逻辑性和深刻性，这其中的矛盾需要在网络育人过程中重点关注。

网络信息的碎片化决定了传统的育人方式已不合时宜，育人方式的隐蔽性和渗透性是必然选择。一方面，需求因人而异，人们上网的目的也各有不同。有的人为了获取知识，有的人为了沟通交流，有的人为了娱乐消遣，面对纷繁复杂的网络信息，网民很难主动自觉地选择网络育人的一般内容。另一方面，传统的显性教育不仅会弱化教育效果，甚至会产生负面效果，引发网民无意识和下意识的排斥。网络育人的主体可以利用技术性设计将网络育人的内容渗透到多样的网络信息中，通过渗透的方式使网络育人的内容隐性化。网络育人方法隐蔽性的最大优势在于能够抓住网民的需求，激发网民的情感因子和对育人内容的理解认同。

## 三、过程的复杂性和效果的反复性

在网络空间社会环境中，网络育人是以过程的形式存在的。网络育人的过程是一个涉及多方面因素的动态复杂过程。

首先，网络育人的过程是确定性与非确定性的统一。一方面，主客体的施教关系仍然存在，班主任、辅导员、思政课或德育课教师等教育主体与施教对象即教育客体——学生的关系是确定的，教育主体在施教的过程中发挥着强烈的自觉性和主动性。另一方面，由于网络的虚拟性导致网络人际互动中身体缺场，教育主体所发出的育人内容是否真正被网民接收、认同并内化为自我认知是不确定的，受教育者可以自由选择建立或者解除某种互动关系，这就加大了育人过程的不确定性。

其次，网络育人的过程是高干扰性与低可控性的统一。一方面，网络环境的开放性和获取信息的便捷性，使得网络上形形色色的信息严重冲击着学生的思想观念，鱼龙混杂的网络信息不仅会分散学生的注意力，也会削弱网络育人内容的深刻性。另一方面，学生处于变化多端的网络世界中，思想意识的变动性较大，某种强烈、突出的意识可能诱发、调动其他意识状态，这就使网络育人主体的预测和调控工作难度加大。

再次，网络育人过程是价值引导与自主建构的统一。网络育人本身具有价值引导的功能，要有效发挥价值引导功能要求教育主体不仅要对价值引导的内容、原则、方法了如指掌，注意学生思想和行为的动态变化，还要掌握网络社会发展规律以及所需要的网络技术，这就对育人主体提出了较高的要求。同时网络育人也是网民实现信息内化和外化也就是自主建构的过程，这不仅关乎信息本身的吸引力，更与学生自身原有的认知结构以及现实需要有关，加之内化与外化本身就是一个复杂的过程，这都加大了网络育人过程的复杂性。

网络育人过程的复杂性直接导致了网络育人效果的反复性。一方面，海量的网络信息为网络社会多元价值观的确立提供了条件，多样的信息和多元的价值观不仅仅带来的是混乱，学生网民可以在育人主体的引导下根据自身需求在多样的信息中找到有效的答案，并且可以在多元价值观的比较中明晰并选择正确的价值观，提升网络育人的有效性。另一方面，由于网络信息的诱导性，人们要在海量的网络信息中之间确立一种正确的价值观并非易事，不同的信息、观点之间容易产生矛盾和冲突，任何一种极具诱惑力的观点出现都可能摧毁网民确立已久的正确观念，从而弱化网络育人的效果。这就表明网络育人的效果是极具反复性特征的。

## 四、目标的时代性和价值的共享性

明确目标是网络育人最根本的问题，体现着网络育人的本质和方向，而网络育人最根本的问题就是“育人”问题。自党成立以来就十分重视育人目标的制定，尤其自我国进入网络时代以来，育人目标不断演进并完善，除了育人目标的传承性外，还深刻地与时代发展紧密相关。在改革开放初期，在谈到培养什么人时，邓小平提出“我们历来提倡有理想、有道德、有文化、有纪律，其中最重要的是有理想、有纪律”。[①] 这就是著名的“四有新人”，当时的理想就

① 《邓小平文选》(第3卷)，人民出版社1993年版，第209页。

是社会主义现代化建设。在社会主义现代化新阶段时期，1999 年召开的全国教育工作会议提出“要努力造就德育、智育、体育、美育等全面发展的社会主义事业建设者和接班人”。① 在中国特色社会主义进入新时代时期，除了要培养德智体美全面发展的社会主义建设者和接班人，还提出要培养担当民族复兴大任的时代新人。可见，人才培养体系与时代发展背景是息息相关的，网络育人目标的演进充分体现了时代的印迹，呈现出了鲜明的时代性特征。

价值是目标的集中体现，网络育人价值的共享性为其目标的实现创造了条件。通过深入研究网络育人，可以发现网络育人实际上是一种网络人际互动的过程，主客体作为发出者和接受者可以通过信息的交流和传播完成共享的全过程。共享是否完成也成为了衡量网络育人效果的一个重要因素。共享作为一种思维方式和行为方式，在网络社会时刻发生着的。网络育人主客体的互动很大程度上是通过信息、知识、意义以及精神共享完成的，网络育人价值的共享性使得主客体之间增加了互动频率，增进了彼此的了解和理解。

## 第四节　网络文化育人的实现途径

应然与实然是理论研究所要关注的两个相互联系的方面。应然要求揭示了网络育人所应达到的一种理想状态。认识新时代学校网络育人的重要意义，分析网络育人的要素、功能及其特征，只是阐明了应然的理论性前提，而实然要求把理想的可能性转变为现实，在厘清网络育人应然与实然的差距以及这些差距存在原因的条件下，运用整体思维和过程思路研究和探索具体的实施路径。由于网络育人是一个复杂的系统，网络育人目标的实现也不是一蹴而就的，而是需要经历一个长期的实践过程，从以网化人、以网养人、以网成人逐步深化，增强网络育人的渗透功能，将网络育人工作做大、做强、做实。首先要树立理念引领的思路，将新时代的育人理念作为学校以网化人的行动先导；其次要优化新时代学校网络育人的整体布局；再次要增强新时代学校网络育人平台的质量和效果，搭建网络育人的精彩舞台；然后要坚持“内容为王”，将内容拓新作为新时代学校以网养人的核心要领；最后要发挥队伍联动功能，增强新时代学校以网成人的力量之源。

① 《江泽民文选》(第 2 卷)，人民出版社 2006 年版，第 332 页。

## 一、理念引领：新时代学校以网化人的行动先导

理念是关于人们意识形态领域的概念，是人们对于事物的看法和观点。理念作为人们的看法和观点在一定的时空环境中不易改变，因此，理念具有一定的稳定性和传承性，但随着时代的变化发展，传统的陈旧的理念必然会被打上时代的烙印而具有时代的特性。如果理念跟不上时代前进的步伐，那么所采取的行为就会与目标背道而驰，甚至会加深社会的矛盾。在网络育人领域，理念是一个十分重要的范畴，它直接影响网络育人的行为和效果。网络育人作为一种新型的育人方式，必然应当吸收时代精华，以鲜明的时代理念来指导实践过程。只有将新时代的育人理念作为网络育人的行动先导，构建开放创新的理念；强化平等互动的理念；树立共建共享的理念，才能使网络育人的实践过程有科学的理论指导，才能跟上时代的步伐。

**1. 树立开放创新理念，拓展网络育人格局**

开放引领繁荣，创新推动发展。开放创新是新时代网络社会发展的新理念，只有通过构建开放创新理念，才能推动网络育人的创新和发展。

以开放发展理念拓宽网络育人格局。传统的育人方式大多是针对一人、一事、一时展开的，在时空环境、内容与方法以及主客体等方面存在封闭性和狭隘性，而互联网络以其开放性为基本特征，网络信息的多样性、传播的快速性与接收的便捷性加速了网络育人的高度开放性。网络育人的开放性意味着网络育人的过程极具包容性，这就要求教育者必须要树立开放包容的发展理念。首先是推进网络育人环境的开放与包容。一方面要充分利用互联网络的高度开放性拓宽网上育人的覆盖面，教育者要正视复杂多变、信息爆炸的网络社会环境，将思想政治教育与现代网络技术有机结合起来，营造开放包容的网上空间，另一方面也要关注虚拟环境下反映的现实问题，重视网下环境的开放性和包容性。其次是促进网络育人内容与方式的开放与包容。一方面，网络育人的内容应当立足于开放包容理念，突破学校内部的局限，关照校际间的内容传递，正确反映国内国际的政治、经济、文化形势及其变化。另一方面，网络育人的过程中要改变传统的“灌”和“堵”的传播方式，面对复杂多变的网络信息社会，要善于运用“疏”和“导”的方式来解决复杂问题；再次要实现对学生网民的开放与包容。学生网民是网络社会中非常活跃的群体，他们乐于运用网络表达自己的愿望与诉求，教育者首先应当认识到受教育者的自由性和不确定性

等特点，网络育人的过程中要允许不同声音、不同意见的存在，通过研究和分析学生网民的需求，提供有利于学生成长的内容。还要尊重学生的主体地位和个性发展，教育体系的建构、教育资源的运用、教育场景的选择都需要围绕学生展开，通过引导学生合理有效地发挥主体地位增强学生的整体素质。教育者还应注重学生的成长体验。“用户体验”是互联网的核心思维，网络育人必须注重学生的成长体验，通过创设有体验感、设计感、吸引力的活动场景，增强学生参与网络育人过程的积极性和体验感。

用创新发展理念拓宽网络育人格局。只有坚持创新发展理念，网络育人才能突破传统思想政治教育的桎梏，实现对传统育人方式的超越，才能在纷繁复杂的网络社会保持不朽的生命力。贯彻这一理念，一是要树立创新意识。创新不应只是在细节方面的微调，更重要的是在观念意识方面的战略性转变。这就要求教育者必须首先善于发现新时代客观环境、学科发展和学生特点的变化，做好打破常规的心理准备，为创新网络育人方式做好战略性转变的准备。二要把握好内容与形式的创新，网络育人要依据客观环境、学科发展和学生特点，不断扩充育人的内容，从纷繁复杂的网络信息中挖掘有利于思想政治教育的创新点，并以学生喜爱的表达方式和活动形式呈现出来。三要坚持理论研究与实践过程的创新。网络育人的过程是一个从实践过程中不断提取网络育人的理论精华，再由实践经验指导新的实践活动的过程。实践过程的创新性与理论研究的新颖性是同一过程的两个不同方面，二者相辅相成，相互配合，才能共同推进网络育人向前发展。四要提升网络育人的技术创新。现代技术几乎涉及了人类社会的各个领域，网络育人也必然要关注技术实践，树立技术创新的理念。网络育人的过程中首先要注重培养教育者运用网络的技术能力，提升教育者运用大数据挖掘、处理和分析网络育人过程中的问题，同时也要注意网络育人的本质是育人的工作，不能将技术硬搬硬套，以技术优势取代社会成员共同参与的规则是不可取的，这就要求教育者要掌握灵活运用技术的能力。

**2. 强化平等互动理念，提升网络育人动力**

新时代网络育人打破了传统思想政治教育方式的单向度、等级式的特点，改变了教育者和受教育者之间的关系，网络的虚拟性为主客体之间的平等交流提供了可能，网络的交互性为主客体的交往互动提供了广阔的机会。因此，在网络育人的实践过程中必须要强化平等互动的时代理念。

强化主客体平等理念。一是创设平等获取信息资源的机会。现代社会，网络信息每天以爆炸式的速度增长，教育者必须要立足于网络育人的目标和学生综合发展的需求，善于从复杂多变的信息内容中挖掘出适合网络育人的内容，准确分析网络信息内容的深层次内涵，及时在学生经常浏览的平台发布育人信息，创设学生平等参与的育人平台，运用学生喜闻乐见的话语表达方式整合信息资源。二是采取平等交流沟通的方式。传统的育人方式大多是教师讲、学生听，教师处于主导、统治地位，而学生则处于被动、服从地位，师生严重缺乏交流沟通。随着新时代网络社会的纵深发展和社会主要矛盾的转变，学生对于平等交流的向往也愈渐强烈，教育者必须把学生看作整体的、独立的、具有独特意义的人，主动与学生平等对话，为学生提供表达意见、平等交流的机会。三是尊重学生自主选择信息内容的权利。传统的育人方式是由教师完全主导的，选择教给何种内容通过何种途径都是教育者说了算，严重压抑了学生的主观能动性。网络育人要在充分了解学生兴趣、研究学生喜好的基础上，给予学生选择适合自己的信息内容和获取方式的自主权，当然这也要求教育者要不断提高自身素质，选择准确、精练、深刻的教学内容供学生选择。

增强网络人际互动理念。网络人际互动作为网络社会关系中的核心范畴，它反映的是网络空间中人与人、人与社会的关系，既包含网民之间也包含网民与网络社群之间的互动。在网络育人过程中，网络人际互动既具有满足网民个体交往与发展的价值属性，又具有满足网络社会发展需求的价值属性。因此必须要增强网络人际互动理念。马克思指出，“人创造环境，同样，环境也创造人”①。环境与人有着不可分割的紧密联系，增强网络人际互动理念需要综合内生环境与外生环境。一是要提升网络育人主客体的自我认知能力，提升主客体的网络共生感。网络育人主客体都是作为有意识的社会存在，互动双方必须具有对自我定位、选择、判断和评价的能力和意愿。其次要承认主客体是作为一种关系性的存在。只有承认这种关系性存在，网络育人主客体在网络社会交往中才会承认客观的共同境况以及共同的使命与责任，才会为进一步的深入交往奠定基础。二是要加快网络育人的技术升级，完善网络人际互动的界面。现代信息技术为网络育人提供了有利条件，但技术缺陷也同样制约着网络育人的发展。现实生活中人与人面对面交往的在场感是网络人际互动目前还未能全面解决的难题，网络育人的技术界面在未来的发展趋势必然是以人为中心，不断

① 《马克思恩格斯选集》(第1卷)，人民出版社2012年版，第172-173页。

增强用户体验感，研究和理解网民的情绪，引起网民的情感共鸣。只有不断增强技术带来的便捷与舒适，减少虚拟技术带来的负面影响，才能不断改善网络育人的空间环境，才能真正回归网络育人的本质目标，使网民回归生活世界，营造丰满的精神家园。

**3. 培养共建共享理念，凝聚网络育人力量**

共建是网络育人实践过程的途径，共享是网络育人实践的最终目的。人人参与、尽力以及享有是共享发展的核心理念，目标是让所有社会成员平等参与社会活动，以及享有社会一切成果。只有充分调动社会全员的力量，开创全员共建局面，才能实现网络育人成果共享，实现网络育人的目的和价值。

首先要加强信息资源的共建与共享。目前学校之间由于学科竞争等原因的存在以及思想政治教育网络工作还处于相对分散的状态，导致网络育人的相关资源难以在校际间乃至全国范围内实现共享。加强共建共享，一是政府有关部门要构建全国范围内的思想政治教育网络工作系统，增强育人网络的互联互通，为学校资源共享创造平台和条件；二是学校要整合思想政治教育资源，善于分析和研究网络分析数据，将相关的育人资源进行归类管理，加强校际间的资源共享和经验分享，优势互补，共同发力。其次要推动网络技术的交流与协作。随着现代网络信息技术的发展，技术的社会化进程逐步加快，全球范围内的技术竞争、交流与合作趋势逐渐加深。现代技术对网络育人的影响也日新月异，教育者必须要意识到技术力量对育人进程的深刻影响，其次，社会的技术化趋势也在不断增强，作为育人的主体应当自觉将技术融于自身，通过人际、校际的技术交流打破技术不足的缺陷，逐步增强运用技术力量推动思想政治教育发展的能力。再次要实现精神力量的获得与分享。信息资源和技术的共建共享为网络育人提供了实体性资源，而网络育人的本质目标是实现人的全面自由的发展，其中深层次的目标就是精神力量的获得与分享。面对新冠肺炎疫情，中国人民众志成城，相互扶持，彼此鼓励的新闻报道不仅是对中华民族顽强生命力的肯定，更是对党和政府始终把人民生命健康放在第一位的使命担当的见证，是对中华民族团结一心抗击病魔伟大精神的讴歌，从他人身上获得精神力量再把这份力量传递下去。网络育人的实践过程中也要重视精神力量的巨大作用，挖掘民间贴近生活的网络信息，注重将网络信息转化为深刻的育人资源，激发学生的智慧和潜能，引起学生内心深处的情感共鸣。

## 二、设计优化：新时代学校网络育人的整体布局

网络育人是一个复杂的系统工程，不仅要从整体把握它的理论内涵，还要对实践过程中的整体布局进行系统优化。只有不断完善一体化育人体系；消弭线上线下的隔阂；健全网络育人的长效机制，才能布好学校网络育人的时代之局，谋好网络育人的时代之篇。

**1. 与时俱进地完善一体化育人体系**

新时代网络育人工作是一项系统工程，必须要用系统、科学、严密的思维完善一体化育人体系。首先要完善德智体美劳全面发展的育人体系。针对目前学校频发的道德伦理问题，必须引起重视。要深入把握教育改革发展的阶段性特征，将立德树人融于思想道德教育、科学知识教育、审美教育和社会实践教育各个环节。教育者要改变唯成绩、唯能力的观点，把德智体美劳全面发展作为育人的内容和评价方式，完善德智体美劳全面发展的育人体系。其次要立足培养什么人、怎样培养人和为谁培养人这个根本问题来设计学科体系、教材体系、教学体系、管理体系等。各级学校必须立足于中国特色社会主义进入新时代这个基本国情，遵循教育教学规律和学生身心发展规律，把握学科特点，合理编排教材，认真组织教学，处理好服务和管理的关系，不断完善学科体系、教材体系、教学体系和管理体系。再次，围绕师生双主体完善全面育人体系。网络育人是师生双主体共同探索、共同成长的过程，任何一方参与主动权的缺乏都会弱化网络育人的实效性。网络育人本质上是做人的工作，在网络育人的过程中，不仅要重视学生的全面发展，还要重视教师的全面培养。教师不仅要围绕全面育人的目标来教，学生也要围绕全面发展的目标来学。最后，要不断完善“十大育人体系”建设，促进“十大育人体系”相互融合和平衡发展。“十大育人体系”的各个子系统并不是相互孤立的，它们都是以“育人”为共同目标的，只有将各个子系统的功能整合起来才能最大程度地发挥“十大育人体系”的整体功能。目前网络+课程、科研、管理、服务育人模式发展迅速，极大地拓展了育人方式，取得了良好的成效。而目前各类学校还应在探索网络+文化、心理、资助等育人模式上精准发力，通过网络收集大数据，洞察新时代学生的网络文化倾向，及时发现学生的心理情感变化并进行有效的疏导，对生活困难的学生进行精准帮扶。只有切实发挥“十大育人体系”的带动作用，才能有效整合人才培养和教育教学各方面的资源，缓解学校思想政治教育工作不平

衡的问题。

**2. 注重实效地消弭线上与线下的隔阂**

网络社会与现实社会并非是完全独立的，人们在网络社会中的实践活动必然是对现实社会各种问题的反映，二者相互联系、相互渗透、相互影响。网络中的虚拟生活与现实生活是交织在一起的，网络育人既要坚持在线上开展，也要兼顾网下育人的不可或缺性。因此在网络育人实践过程中消弭线上与线下的隔阂是十分必要的。

消弭线上线下育人内容的隔阂。网络育人在线上教育与线下教育的内容具有较大差异，在育人方式上各有优劣，线上教育以海量信息内容、形象生动的表现形式增加了教育内容的新鲜度，并以其即时性的优势快速传播信息资源，但却表现出信息内容的碎片化和效力的稀释性，缺乏育人内容的系统性，在抓住学生眼球的同时却难以使育人内容更加深刻地影响学生，而线下教育却能很好弥补线上教育的缺陷，线下教育以其去碎片化的优势，更好地将育人内容讲准、讲透。育人内容对学生的影响具有深刻性和持久性，但线下教育却很难生动形象地呈现育人内容，同时育人内容的"准度"和"精度"对教育者也提出了更高的要求。这就要求教育者要将线上育人与线下育人有机结合起来，优势互补，明确什么样的内容适合线下教学，什么样的内容适合线上教学，对于那些理解性较强、互动性较强的内容选择线下教学，对于那些需要吸引学生注意力的内容可以适当进行线上教学，只有将二者有效结合起来，通过线上教育引导和线下实践落地，才能逐步打通线上线下的内容隔阂。

消弭线上线下角色确定性与不确定性的隔阂。在现实社会中，教育者和受教育者都是以实实在在的角色进行人际互动的，互动双方均能清楚地确定和指认各自的角色。而当网民进入网络社会空间，都会以一些富有个性化或者认同感的符号来扮演网络社会中的角色，而这种角色扮演往往会变换各种马甲随意穿梭在网络社会环境中，这种虚拟角色及其做出的行为往往带有很大的不确定性，互动双方的信任感下降，极易引发互动的矛盾和冲突，给线上教育带来了很大的困境。因此，在网络育人过程中有必要对线上线下教育进行角色性同构，在网络育人的过程中适当、视事、视时增强网民的角色真实性，减少因匿名性、虚拟性导致的角色矛盾和互动冲突，增强网上网下角色的同一性和确定性。

**3. 坚持不懈地健全网络育人的长效机制**

网络育人机制创新是促进其内部结构和功能调整的有效途径。新时代学校网络育人过程中面临着社会环境、传播特点、对象特征等核心要素的深刻变化，网络育人的主要矛盾也发生了新的变化，新时代学校网络育人要契合这样的变化就必须健全网络育人的长效机制，在生产传播机制、制度管理机制以及评价反馈机制上满足长效发展的需要。

创新信息内容的生产传播机制。信息内容的生产传播是网络育人过程的重中之重。信息内容生产的数量和质量、传播的方式和特征直接影响着网络育人的效果。传统的教条式、灌输式的生产传播方式已经难以适应学生身心发展特点。只有在充分把握网络信息传播规律的基础上，通过创新调查追踪机制、舆论引导机制和比较鉴别机制来创新生产传播机制。在创新调查追踪机制方面，要善于运用互联网和大数据挖掘学生网民的思想和行为特征，通过处理追踪的数据来增强网络育人信息内容的可靠性；在创新舆论引导机制方面，要善于运用学校官网、校园论坛以及学生常用的网络平台，主动设置话题，制造舆论，在反复的互动交流中强化信息的关注度和影响力；在比较鉴别机制方面，要敢于面对冲突，充分利用网络的开放性特征，从正反两方面引入话题，对网络环境中的多样思潮、多元文化进行深入比较，提升学生的警惕意识和鉴别能力。

完善网络育人的管理机制。面多网络环境的深刻变化和学生思想行为的显著差异，网络育人必须要改变以往管理缺位与越位的情况。综合分析外生环境与内在环境，将技术监管与人员监督相结合，把制度管理与思想疏导结合起来。一是将外生环境监控与内部环境治理相结合。网络育人的外生环境主要是指网络人际互动中不同网民主体、不同思想观念碰撞和融合的复杂环境。网络上复杂多变的信息以及思潮严重冲击着学生的思想观念，由此学生在网络生活中的各种行为也更加复杂多变，因此必须加强外生环境的监控。另一方面，网民是独立意义的独特的人，网络育人必须要注重网民的内部环境。网民的内部环境主要包括了体力和脑力构成的个体能力环境和动机、意志、情感、信念等要素构成的心理环境。网络育人过程主要是对网民的心理环境进行研究，因此，在育人过程中教育要重视激发学生的学习动机，锻炼学生的意志力量，增加情感体验，促进学生形成自我教育、自我管理的内部环境。二是将技术监管与人员监督相结合。网络空间环境虽然是一种基于技术的平台，但同时也是人们实践活动的产物，是以技术平台为载体的人化环境，呈现为技术运用的社会化。因此网络育人的管理机制需要将技术监管与人员监督结合起来。在技术监管方面，要不断加快技术升级，在引进网络监管技术的同时加强网络育人主体的技术培训，增强网络育人过程的技术性融入。在人员监督方面，要重视人员监管的组织架构，不断优化网络育人的分工与协作，重视网络育人监管盲区的人员配备，提升网络育人人员的监管意识和能力培养。三是将制度管理与思想疏导相结合。在复杂的网络社会环境中，制度管理能以强制力稳定社会秩序，但要从根本上化解社会矛盾必须要从思想上进行疏导，制度管理与思想疏导缺一不可。面对目前网络育人制度管理和思想疏导方面的问题，一方面是要明确校园网络制度管理的依据，学校制度管理必须要做到有法可依，制度建设要严格依据法律法规，充分听取各方意见和建议。另一方面是要将制度建设与管理职能相匹配。教学管理、组织管理、信息中心等各个部门需要依据职能制定与之相适应的管理制度，避免管理的越位与缺位。再一方面是通过思想疏导建立“引导下的自育管理”模式。学校网络育人必须加强网络舆论引导阵地建设，坚持“制度约束为辅，思想疏导为主”，做好经常性的思想教育工作和舆论引导工作，通过营造积极向上的网络文化氛围，使学生增强自我管理的意识和能力。

增进网络育人的评价反馈机制。网络育人工作是以信息交互为基础的，网络育人工作的实效性需要有一套科学、客观、精准的评价标准，也需要对信息反馈做出相应的应对举措，这样才能有效利用优秀经验，改进不良举措，实现网络育人的可持续发展。一方面要建立客观的评价标准，网络育人效果的评价一是要看思想政治教育与现代信息技术是否在结合的条件下实现了高度融合，只有将二者发生发展的规律有效结合起来，才能避免网络育人过程的形式化和不协调。二是要通过数据透视对学生的思想意识和行为特征做出整合与分析，也就是对网络育人内化和外化的结果做出评判，这就对网络育人过程中的技术掌握和思想政治教育规律把握提出了更高的要求。另一方面增强反馈后的反应机制。目前学校已经建立了一系列信息反馈机制，但是反馈后的反应速度和效率较低。各类学校首先要重视各个部门在育人过程中收集到的反馈信息，建立完善的反馈信息整理机制，分清反馈信息的轻重缓急，对于网络育人过程中的重大决策，召开广泛、民主、科学的听证会，防止一人拍板的盲目决策。

## 三、内容拓新：新时代学校以网养人的核心要领

随着新时代思想政治教育主要矛盾的变化，不断满足学生网民日益增长的美好生活需要成为了网络育人的本质要求。“内容为王”是网络育人的指导精神，只有不断拓展网络育人的内容范围，创新网络育人的内容供给，以有深度的内容滋养人，以有温度的内容涵养人，以有广度的内容培养人，才能满足网民日益增长的美好生活需要。

**1. 挖掘网络育人内容的深度来滋养人**

现代网络所提供的海量信息必然会导致信息内容的碎片化，为了克服碎片化内容的消极影响，学校网络育人必须以有深度的内容滋养人，加强网络育人理论研究，挖掘网络文化育人资源。

把握网络育人内容的动态变化规律。有特色的内容能够吸引人，但科学的内容才能说服人。目前网络育人的理论成果较少，在育人实践过程中大多是凭个人经验自定步调，缺乏科学的理论指导。新时代网络育人的内容存在许多变与不变的因素，网络育人的核心内容并没有改变，但技术化视野、内容的呈现方式与受众的思维出现了许多新情况，网络育人的内容要实现不断深化，首先要强化网络育人内容的理论研究，总结以往网络育人的实践经验，在动态中把握网络育人内容的变化规律。一是赋予网络育人内容以时代内涵。网络社会是随着时代变化而发展的，处于时代变化之中的人的关注与需求也随之改变，“爱国主义”“理想信念”等网络育人内容被赋予了新的时代内涵，网络育人的内容必须聚焦时代特征，围绕网络育人的核心内容进行适应性的创新发展。将网络育人的各方面内容融入时代特征，如加强国际意识的培养，通过对国际关系和国际事件的深入分析，强化学生的爱国意识，将社会主义核心价值观具体化为鲜活的中国故事和校园故事，引导学生处理好个人价值与社会价值的关系问题。二是深化新时代学生网民身心发展特点的研究。在不同的历史背景和实践活动条件下，人们的身心发展特点是有差异的。随着网络信息技术与思想政治教育的结合，这种差异性会日益凸显。教育者必须要深入把握学生网民的思想转化递进规律，认真研究受教育者对网络育人内容的理解、转化和认同等问题；网络育人内容的内化目标是为外化做准备，因此网络育人必须深入把握学生网民的知行统一规律，网络育人要注意将供给内容与学生的行为习惯结合起来，适时调整和改变供给内容的呈现方式。三是探索网络信息技术与思想政治

教育融合规律的研究。网络信息技术的发展是网络育人富有强大生命力的重要原因，正因为网络信息技术大推动力使得网络育人的内容能及时有效地更新。但网络育人绝不是现代网络信息技术与思想政治教育的简单相加，如何发掘互联网技术、大数据技术和人工智能等技术载体中的教育因素，实现与思想政治教育的有机融合是网络育人还需探索的过程。

挖掘网络文化育人资源。网络环境本身也是一种文化环境，网络文化是网络育人过程中需要深入研究的因素。只有不断挖掘网络文化育人资源，才能更好地发挥文化育人和网络育人相结合的优势。一是要深入理解并彰显网络育人内容的本质价值和时代价值。价值引领是内容创新的前提，网络育人的内容创新要始终围绕"培养什么样的人、如何培养以及为谁培养"这一中心问题，网络育人又具有鲜明的政治导向的。网络育人的内容创新的前提就是要接受国家意识形态指导，以学习和传播马克思主义中国化理论体系为主线，加强社会主义核心价值观的引领作用。可见，网络育人的本质价值是社会价值与个体价值的统一体。除此之外网络育人的内容必须体现时代价值。每个时代都有自己时代的精华，都有每个时代承担的历史使命。网络文化之所以能成为学生群体中的活跃因素，就是因为其中包含着许多时尚元素，网络育人内容创新必须要把握时代发展的脉搏，深入研究时代变迁中网络社会环境的特征和网民思想行为变化的特点，充分体现时代价值。二是要创新优秀传统文化的内容呈现。中华民族在悠久的历史长河中创造了内容丰富的优秀传统文化，它们成长于中华民族的大地上，具有浓厚的本土特色和浓郁的人文情怀，是人民群众智慧和情怀的集中体现。网络育人必须要重视挖掘优秀传统文化的熏陶作用，创新呈现形式，将非遗技艺比赛、诵读经典、晒家书看家风、定制文化记忆之旅、手绘文化地图等文化活动通过网络技术形象生动地展现出来，充分开发传统文化资源的教育功能。

**2. 提升网络育人内容的温度来涵养人**

准确、深刻的育人内容能使学生掌握科学的知识，但网络育人本质上是做人的工作，必须彰显以人为本的原则，只有温情式的育人内容才能真正做到温暖师生心灵，才能使网络育人的内容真正实现内化于心，外化于行。以交互性的内容"聚人心"；以适宜的话语表达"贴人心"；以寓教于乐的内容"暖人心"，通过提升网络育人内容的温度来涵养人。

以交互性的内容"聚人心"。针对供给内容存在单向传播的问题，互联网的"交互性"为网络育人的内容创新提供了契机。传统的育人方式大多是教师讲学生听，师生互动较少，而互联网信息技术开辟了多维互动的场域，教师在传授育人内容的过程中学生可以把自身的所思、所想、所疑分享出来，同时也可以吸纳其他学生对同一问题的不同看法，教师也可以同时接收到不同学生的学习反馈，有利于根据实际情况调整教学，在网络育人的过程中通过多维交互，思想碰撞，聚合学生的观点。因此，在网络育人过程中，教师要综合运用现代信息技术适时提供交互式的内容以供学生交流互动，增进教学过程中学生思想动态的跟踪，及时调整网络育人的方法。

以适宜的话语表达"贴人心"。网络话语权是现代社会各个利益群体争夺的焦点，目前网络育人的内容的接受度不高的一个重要原因就是内容的话语表达方式不适合受众的接受心理。因此，在教育过程中要深入把握新时代话语表达体系，贴近学生的实际生活，把握网络环境中意识形态之争的焦点，根据实际情况选择对接的理论话语、生活话语和网络话语，将马克思主义理论话语体系用青年喜爱的话语呈现出来，将社会主义核心价值观转化为生动形象的中国故事、民间故事和校园故事。通过转变话语体系，贴近学生的生活和心灵，增强学生的共情性理解和认同。

以寓教于乐的内容"暖人心"。内容的创造性和吸引力是提升网络育人效果的前提条件。现代网络信息技术能以直观、形象的表现形式吸引受众的注意力。在网络育人过程中，探索寓教于乐的渗透式教育是内容创新的重要举措。创新寓教于乐的内容要求教育者要从学生的实际需求出发，借助多媒体技术将网络育人的内容生动、形象地展现出来，增加学习的乐趣，把空洞乏味的思想政治教育内容变得具体有趣，增强学生参与网络育人过程的积极性和认同感，在有趣的活动体验中感受到学校、老师、同伴的浓浓暖意，增强活动的体验感。同时探索平时经常浏览的平台和游戏等日常休闲娱乐内容与德育内容相结合的方式，运用虚拟现实技术和多媒体远程教学增强学生的体验感与获得感，使学生在形象具体的内容呈现中潜移默化地升华情感。

**3. 拓宽网络育人内容的广度来培养人**

网络育人是以现代网络的发展作为技术前提的，网络育人必然要借助网络平台实现内容的生产与传播。只有掌握网络信息传播的内在机理和方法，丰富网络文化作品创作；拓宽网络育人内容的影响力和传播力，积极推广典型案例和优秀作品，才能不断提升网络育人内容的传播广度。

一是要丰富优秀网络文化作品创作。随着互联网和大数据等技术的纵深发展，网络信息飞速增长，各种非主流意识形态的网络文化作品铺天盖地地在网络空间中传播，网络育人要占领网络空间阵地，就必须加强网络文化作品创作，创作内容不仅要体现思想政治教育内容，同时要注重内容的吸引力，巧妙发挥隐性教育的功能，在扩大网络文化作品创作数量的同时也不能弱化内容的质量，网络环境中的海量文化作品能历经历史浪潮考验流传下来的一定是那些贴近网民生活，打动人心的优秀作品，网络育人要善于捕捉网络环境中的育人因素，把网络环境中的焦点、热点、难点转化为网络育人的素材，同时要敢于与错误思潮作斗争，通过正确和错误思潮的对比，引导网民增强辨别是非的能力，吸取优秀网络文化作品的精华，加强优秀网络文化作品的创作。

二是要拓宽网络育人内容的影响力和传播力。首先要广泛利用新兴媒体扩大宣传力度。网络的共享性为网络育人内容传播的广泛性创造了条件，网络育人的内容要在更大的范围内影响人，实现校际内容共享就必须借助新兴媒体扩大传播力度。各学校不仅要利用校报、广播等传统媒体宣传网络育人的内容，还要加强与社会主流媒体和权威媒体的交流合作，把网络育人的内容用媒体声音发出去。其次，创新网络育人内容的传播形式。撰写网络文章要树立问题意识，抓住社会热点问题和学生关注的实际问题，做到应时而作、应需而作。但文字只是传播网络文化产品的一种形式，网络育人的内容传播必须立足于学生网民的兴趣，综合运用图解、动漫、可视化等学生喜闻乐见的传播形式，积极创作微课堂、微电影、微公益广告等新型网络文化作品，注重内容传播的每一个细节，用凝练而有吸引力的标题，深刻的内涵、富有感染性的语言将网络育人的内容在新兴平台上传播开来。再次要积极推广典型案例和优秀作品。网络育人的内容传播必须要抓住特色，重点突破。挖掘本地和本校的特色育人资源，深化网络主题教育活动和网络育人优秀课程，以重大节日和节点为契机，创建品牌文化活动，打造形式独特、内容深刻的网络文化精品。讲好网络育人的“微故事”，扩大师生先进典型的宣传，发挥榜样示范的带动作用。

## 四、平台增效：新时代学校以网养人的培育土壤

网络育人内容的发布和功能的发挥都必须借助于相关平台。针对目前学校网络育人平台的使用率和创造力不足的问题，必须充分发挥网络育人平台的价值引导和教育功能，优化教育教学平台，完善服务管理平台，打造特色主题

平台。

**1. 优化教育教学平台，增强平台多样化**

信息平台的使用拓展了教与学的手段与范围，探索以移动终端为基础的网络教育教学平台已成为网络育人改革的重要内容。创新网络教学平台，优化网络教研平台是网络育人平台增效的有力举措。

在创新网络教学平台方面，首先要立足于满足师生的多样化和个性化需求，打破地域、时间和人员限制，拓宽线下内容向线上平台转移的渠道，提供多样化的课程与练习，注重教学平台的互动性建构，增添更多解读性、讨论性的平台，充分调动师生共同参与的积极性；其次要优化网络育人平台界面，增加平台界面的体验感。秉承“大道至简”的时代理念，合理分配内容的模块布局，在颜色配置、模块组合等方面遵循教学规律和师生身心发展规律。再次要发挥已建教育平台的功能，增强平台的利用率。目前不少学校，特别是高校已经建立了慕课、微课、公开课、直播课等多种形式的网络课程，但许多优秀网络课程的推广使用率并不高，这就要求各校在注重平台新建和投入的同时，加强平台开发、优化和推广，充分发挥平台的使用效果，提高资源使用效率。

在优化网络教研平台方面，要强化网络育人专业引领，提升网络育人主体教育能力。一是要推进教师提升信息技术能力的平台建设，教育者与现代网络信息技术的有效结合是网络育人提质增效的主要途径，教育者只有在掌握了运用和传播网络信息技术的前提下，才能真正融入网络社会，才能真正读懂学生。新时代的师生关系不仅仅是教师教和学生学的关系，更加强调教学相长，教师也要加强学习，尤其是现代信息技术的学习。因此，学校要建立相应的教师培训平台，融现代网络信息的生产、传播以及信息技术的使用于一体，增强教师掌握和运用技术的能力，更好地与学生在网络空间中互动交流。二是建立教师互动和经验分享平台。不仅要创建本校教师的互动分享平台，还要拓宽教学经验分享的范围，注重集结校际间教师的交流，尤其要发挥名师、研究员在网络教研平台中的重要作用，创建优秀的教学资源和最新的教研动态发布平台，将教师在网络育人过程中的方法、困难、反思及时发布在教研平台，通过教师间的互动交流，放大同类问题的“共振点”，及时获得内容丰富且有针对性的教育经验，使教师在对比和反思中提升网络育人的能力。

**2. 完善服务管理平台，提升平台便捷化**

网络育人平台既是学生表达诉求的平台也是学校提供管理与服务的平台。

构建以服务为导向的网络社区，实现管理服务便捷化。

加快实现学生事务网络化，创新服务管理模式。打造“智慧校园”服务终端，融学习、生活、工作于一体，面向师生提供信息查询、证明打印、票务预定、场地借用等“一站式”服务，建立教学管理中心的“选课网”、就业咨询中心的“就业网”、心理健康教育中心的“心理咨询网”等集管理与服务于一体的网络育人平台。构建多终端、全覆盖的融媒体平台，升级改造综合门户网站、主题教育网站、微博、微信公众号以及校园论坛，将这些主流育人平台打造成为融教学、服务、管理以及思想引领于一体的网络社区，提升网络信息和数据的共享度。推行数字化管理模式，加强学生信息数据的统一管理与智能定制，通过大数据分析学生思维画像、贫困认定、人际关系等方面内容，从而为决策研究提供科学合理的数据分析。

加强服务管理平台的分类与协同，实现全员全时全程育人。针对目前学校网络育人存在的服务管理的缺位和越位，首先要明确学校在网络育人过程中的任务，将总体任务细分为各个部门的具体职能，形成党委领导负责，党政齐抓共管的局面，各个部门建立与其职能相关的育人平台，秉承谁建、谁管、谁服务、谁负责的理念，防止服务管理的缺位、越位以及责任推卸。在校园官网上将网络育人各部门及各平台的职能及时发布，把校园网建设和管理作为学校网络育人的基础支撑和根本保障，进一步夯实校园网基础管理，使各部门服务管理平台既职责明确又相互配合，实现全员全时全员全程育人。

**3. 打造特色主题平台，促进平台精细化**

打造综合服务管理平台是网络育人工作常态化推进的基本举措，但网络育人实践过程又因时、因地、因人不同而有所变化，网络育人过程中必须打造不同的特色主题平台，才能更加精细地提供内容，精准满足需求。

第一，打造网络育人研究平台。新时代网络育人向前发展不仅需要实践过程的探索，也需要实践经验的总结和反思以及规律的把握，移动互联网的技术优势为网络育人研究平台的建设提供了契机，各校要组建一支研究型队伍，深入把握网络信息传播规律和学生网民的身心发展规律，将互联网信息技术与思想政治教育融合起来，探索新时代网络育人的话语机制，提升网络育人工作的感染力，及时将网络育人研究成果通过研究型平台发布出来，发挥研究成果的引导和调整功能。

第二，打造党建思想引领平台。网络育人具有鲜明的意识形态性，要建好网络育人阵地，发挥政治导向功能，就必须建立主题鲜明的党建思想引领平台，党建平台首先要注重新时代主流社会价值观的网络传播，转换马克思主义理论话语体系，探索社会主义核心价值观进网络的有效方法，推动正能量时代精神的弘扬和传播。根据特殊的时间节点举办一系列主题教育活动，使学生网民沐浴在社会主义核心价值体系的氛围中。其次要增强党内组织生活的网络化。我国党员数量庞大，现代网络的发展为党内组织生活的网络化提供了技术支撑，各校党建平台要重视党员群体的网络化管理和服务，加强对党员的监督，纯化党员思想，建设一支知党史、懂党性、做榜样的网络育人队伍。

第三，打造文化传承和实践平台。文化对人的影响具有潜力默化性，以文化人、以文育人是提升网络育人亲和力和针对性的重要举措，网络育人平台要重视文化的隐性教育功能，创建文化传播平台，集中华优秀传统文化、本土特色文化、校园历史文化于一体，抓住重要的时间节点，依据学生网民喜闻乐见、易于接受的形式，创新主题文化的传播形式，将网络育人与文化育人、实践育人结合起来，将已有文化积淀转化为实践育人的优势，拓展主题实践教育基地，将线上文化传播与线下实践感染有效融合，形成各具特色的发展格局。

## 五、队伍联动：新时代学校以网成人的力量之源

学校网络育人既需要掌控全局的领导力量，也需要执行工作的实施力量；既包括进行思想政治教育的德育力量，也包括掌握时代脉搏的技术力量，既需要教师力量发挥主导作用，又需要学生发挥主体作用。

### 1. 发挥学校以网成人的横向协调力量

学校内部以及校际横向协调力量是网络育人的主要力量，学校网络育人过程要加强学校内部育人力量的协调，也要增强校际网络育人力量的对接。

加强学校内部网络育人力量的横向协调。学校内部的横向协调力量既包括德育力量与技术力量，也包括思政课程与其他课程、教师力量与学生力量等多种力量的协调配合。学校要秉持立德树人的育人任务，既要综合教育学、心理学、政治学、社会学等其他学科中的德育因素，加强德育规律的研究，也要重视培养学校网络育人的技术力量，研究现代网络信息传播的规律，加强思想政治教师学习网络信息技术的培训，将德育力量和技术力量有机结合起来；将思政课程与课程思政结合起来。传统的课堂教学仍然对学生有很大影响，除了思政课程之外，其他专业课程也要坚知识传授与价值引领相结合的目标，这就要

求其他专业课教师不仅要具备扎实的专业知识，也要经常关注时政，以本专业相关的案例为抓手，自然地过渡到价值引领方面，实现显性教育与隐性教育的双重功能；将教师力量与学生力量结合起来。教师是网络育人的教育主体，承担着教书育人的重要职责，学校网络育人要培养一支懂学生、通理论、晓传播的教师主体，加强辅导员队伍和专业课教师队伍的培训，协调各部门教师的工作，将党委、宣传部、学工部、团委、教务处、工会、后勤等部门的教师力量调动起来，同时要重视学生社团、学会干部、学生意见领袖的培养，让学生组织及其骨干直接参与到学校的建设和管理上，发挥学生组织与骨干的引领和调动作用。

增强校际网络育人力量的横向对接。一是构建新媒体联盟。随着网络、数字技术以及新媒体格局的深刻演变，网络舆论生态环境剧烈变化，学校要占领网络舆论的阵地，需要建立校际新媒体联盟来扩大网络舆论发声力量，加强校际官方微博、微信公众号以及网络社群的平台互动与资源转发，实现声音共发、资源共享、形象共树、价值共创的新局面。二是加强校际相关部门联盟。学校在网络育人管理和服务过程中，由于学校特色和学生特点等因素的不同，会存在制度措施的不同，但网络育人的总体规律是一致的，学校间在教学管理、就业服务、后勤保障等方面要加强信息传递和经验分享，促进学校网络育人共同发展。三是促进校际学生活动联盟。新媒体线上平台的信息传播与互动交流促进了校际学生网络人际互动，但也要重视线下学生活动的情感体验，鼓励学生组织以发扬社会主义核心价值观为主线，合办线下的实践活动，提供必要的资金、场所、人员等资源配置，指导学生活动过程中出现的困难，发挥学生组织在学校间的价值引领带动作用。

**2. 协同学校以网成人的纵向衔接力量**

学校网络育人的系统是层次分明的，不仅需要横向协调，也需要纵向衔接。要不断增强领导力量与实施力量的纵向衔接，加强学校官网与院系分网的纵向衔接，才能实现上下联动，提高网络育人的实效性。

增强领导力量与实施力量的纵向衔接。在学校网络育人过程中，既有领导力量也有实施力量，领导力量要从思想上树立起提升网络育人实效性的意识，注重学校网络育人的顶层设计，合理规划网络育人整体布局，建立专门的网络育人工作室，做好网络育人各部门的职责分配和人员分工，加强对各部门工作的指导，支持各个实施力量的工作，切实解决各部门在网络育人过程中遇到的棘手问题。另一方面，网络育人的实施力量主要包括网络育人工作室、信息中心、教学管理中心、教师等主体，网络育人的实施力量要在领导力量的指导下，各司其职又衔接配合，做好经常性的网络育人工作总结，尤其要善于分析特殊的网络育人案例，在学校相关会议中展开头脑风暴，集思广益，只有领导力量与实施力量衔接配合，才能促进网络社会环境中学生网民的成长。

加强学校官网与院系分网的纵向衔接。学校网络育人既有学校层面的育人力量，又有院系层面的网络育人力量，既有学校官网也有院系分网，学校层面的网络育人力量和学校官网要加强网络育人的思想引领，既要避免"一管到底"的情况，又要避免"全面放任"的管理缺位现象，在确定主题但不限定具体活动名称和形式的条件下加强理念的指引作用；学校官网和院系分网的内容既要要相互配合，共同发力，又要避免内容重复，干瘪乏味，要注意用学生喜闻乐见的形式创新内容呈现方式，加强学校官网与学院分网的互动交流，将学校官网的价值引领性与学院分网的内容呈现和表现形式的多样性结合起来。

**3. 整合新时代以网成人的内外联动力量**

网络育人不仅是学校需要承担的时代重任，也是需要全社会共同合作才能实现目标的复杂系统。只有不断提高党和政府对网络育人的领导力，增强互联网企业的网络育人社会责任感，培养网民自律意识，加强网民自我教育，才能整合新时代以网成人的内外联动力量，共同发力提升网络育人实效性。

提高党和政府对网络育人的领导力。党和政府要把网络育人这项工作摆在重要位置，统筹规划网络育人整体布局，把握好价值引领方向，加强网络育人相关制度建设，建立网络育人的领导机制与工作体制，健全网络育人法律法规，为学校网络育人过程提供合理有效、可供参考的上位法；加强网络空间监管，对屡教不改的网络违法行为和不文明行为要依法严肃处罚，向不法分子昭示：网络空间绝非法外之地，充分发挥警示教育作用。同时要把网络空间监管作为一项常态化工作，建立专门的网络空间监管部门，提升网络监管的技术；强化网络空间治理，营造风清正气的网络生态环境。党和政府要重视网络空间中的虚假、庸俗信息的治理，敢于与负面声音作斗争，在正面引导和负面批判的力量对比中净化网络空间。

增强互联网企业在网络育人中的社会责任感。在新时代，互联网企业伴随着网络技术的飞速发展纷纷建立起来，互联网企业与其他企业一样也是以营利为目的的，但在追求经济效益的同时要承担一定的社会责任，坚持社会效益与经济效益的统一。搜索引擎网站、视频播放网站要在传播正能量中发挥示范作用，尤其是当前学生网民常用的百度、知乎、腾讯视频、优酷视频等网站，要注重净化网站平台的内容。主流新闻网站和重点商业网站要在引领社会风尚方面发挥主力军作用。如人民网、新华网、央视网、中国青年网等主流网站要时刻关注网民的身心发展和生活动态，大力传播社会正能量，用犀利的文字、形象的图片和生动的视频批判错误思潮。媒体微信公众号和微博要不断提升内容生产的质量，标题在博人眼球的同时要将社会公序良俗放在首位，那些不顾伦理道德一味靠“博眼球”来扩充流量的行为将受到社会的批判，最终必将在时代的浪潮中被淹没。

培养网民自律意识，加强网民自我教育。主动进行自我教育和自觉追求自我完善是教育的最高境界。学生网民是网络育人过程的受教育者，具有明显的向师性和依赖性，同时也是自我教育的主体，是具有独立意识的完整的人，其主体性主要是通过主体的对象化意识及其活动来体现的。学校要尊重学生网民的身心发展规律，加强网络舆论的宣传引导，汇聚网络正能量，充分发挥网络社群意见领袖的影响力和感染力，带动网民凝聚网络道德共识，把网络安全知识和技能送进学校，使社会网络文明素养成为每一个学生网民的自觉要求。同时加强学生网民的道德实践，通过亲身参观红色文化实践基地、参加志愿服务等实践活动，使学生在潜移默化中培养社会责任感和自律意识，提升自我教育的能力。

# 第四章　网络文化与思想政治教育的相互作用

思想政治教育产生于人的生存需要和生存现实，其发展受制于人现实生存条件。网络文化的出现给思想政治教育的发展带来了空前的机遇与契机，同时也带来了诸多困扰和挑战。为此，我们既要认真研究新时代网络文化对思想政治教育的影响，也要积极思考思想政治教育对网络文化的优化，使之互动共进、共同发展。

## 第一节　网络文化对思想政治教育的影响

### 一、网络文化对思想政治教育主客体的影响

所谓思想政治教育主体，是指思想政治教育的组织者、发动者，实施者；与此对应的思想政治教育客体，指的是思想政治教育的接受者和受动者。无论是思想政治教育的主体还是客体，都是客观存在的人，教育的最终目的都是实现人的全面发展。因此，网络文化对思想政治教育主客体的双重影响就是网络文化对人的发展双重的影响。

**（一）网络文化对人的积极影响**

网络对人类社会的影响是一场深刻的变革，网络文化代表着网络时代的风范与内容。网络文化在人们认识和改造世界中的地位和作用日显重要，对人的全面发展具有不可忽视的作用。在网络文化条件下，人的全面发展的内涵及其实现途径都得到了极大拓展。

1. 网络文化改变了人的认知模式

人的认知模式是社会存在的反映。在任何一个特定的时代，人类的认知活动总是处于纵横交错的社会系统之中。人的认知模式的演进是一个不断扬弃和

螺旋式上升、认知成果不断沉淀，认知结构不断优化的过程。任何新技术的发明和应用，都会直接或间接地影响人类感知事物的基本方式。网络信息时代体现了科学技术的一次新跃迁，有助于人类认识模式的演进。媒介理论大师马歇尔·麦克卢汉认为，“媒介可以使人产生新的感知习惯”。网络文化作为最新、最全面的调动人的感官的媒介，必定使人产生新的认知习惯和思维方式。网络文化实践活动是信息科技运用的社会活动过程，更是直接地影响着人对事物的认知模式。

(1)认知过程的人机协同性

人类认知活动有一个发生、发展、变化的过程。网络文化有助于消除妨碍人际交往的社会性因素。传统社会中的人际交往的最大障碍在于人的差异性，即个体在社会地位、生活方式、职业、文化层次等方面的差异，造成个体在交往过程中的参与意识和参与程度有着很大的差别。随着脑科学、认知科学和信息科学的发展，人脑和电脑的结合将越来越密切，人类文明的进步则是人脑和机器协同进化的结果。由于信息的网络化，人们使用电脑和网络就能与不同国家、不同地域的人们一起，进行着以往只有大家坐在一起面对面合作才能完成的复杂认知活动。随着远程协作交流活动与日俱增，各种软件相继问世，多媒体网络技术被广泛地用于群体协作与信息交流。网络认知过程的人机协同大大突破了人类认知的时空界限，人类认知的潜能得到进一步的释放，不可避免地改变现有的社会组织，群体合作的性质与作用，人们的责权关系以及彼此熟悉程度，最终影响到社会的生产力和生产关系。

(2)认知过程的即时交互性

即时性和互动性是网络认知的突出特点。网络突破了时空界限，增加了人们的交往机会，任何陌生人都可以通过网络进行相对单一性的即时交往，或是通过创建网络“组织”加入“网上共同体”。网上共同体成员在网络上的信息交流活动呈现一种复合的，共时的特性。从主要用于一对-交流的 E-mail，到允许多人参加甚至无限量参加的 BBS 和聊天室，微信，QQ 等群体协作的交流方式，都可以在同一时间的不同地域的网络人之间进行。当然，网上共同体中群体协作比个体交流要复杂得多，但都拥有即时交互的特点。

(3)认知过程的虚拟感受性

网络使用者只要遵守技术上的规则和协议，具备一定的技术能力，就可在网上畅行无阻。人们运用虚拟现实技术创造一个与现实世界相似的虚拟世界，并可对虚拟世界进行随意的剪裁。虚拟现实技术具有遥感操作的功能，拥有真实世界的所有基本组成部分。虚拟现实技术可以启发人们的内在的艺术创造力，运用想象力建构一个人造世界。虚拟现实技术改变的是人类自身建构的感觉框架，是一个感觉框架可以呈现的与自然世界在本体论上对等的世界。在最根本的意义上，虚拟现实技术不仅仅是制造工具的技术，还是制造整个经验世界的技术。

(4)认知过程的群体贡献性

人类传统的知识生产是通过个体操作或狭隘的群体操作的途径来实现的。信息技术的缺乏、信息渠道的不通畅，使人类认知处于分散、各自为政的状态，认知模式体现着离散性、权威性和盲从性特征。在信息网络时代，人类知识生产的途径不能再局限于个体的操作，而是运用先进的信息技术，实现人类知识生产的社会化、网络化，实现群策群力、分工协作，协同攻关。任何个体都是人类知识生产系统中的一个“元素”，在人类认知和实践活动的网络中“集体组装”而成为整体化的认知成果。各种虚拟社区的兴起，促使群体性认知模式进一步发展。

(5)认知过程的动态创新性

网络文化海量的信息构成了人类取之不尽，用之不竭的思想库。网络文化对提高人类认识的效率，认识的广度和深度的积极影响是难以估量的。人类认知成果的更新速度加快，网上的电子文库、百科全书、在线刊物、专题主页既是群体认知的产物，又是网上共同体成员利用速度极快的搜索引擎收集用于探索和研究的材料。大量而又丰富的信息资料，再加上即时交互式的探讨和宽松的研究环境，使人类认知的创新成为可能。网络技术的特性为每个网络使用者提供了一个自由度极强的网上认知空间。处于最佳心理状态的认知个体凭借信息网络获得大量知识信息，按照全新的和最优化的思路进行创造性的组合或匹配，能够让自己的思维插上想象的翅膀在网络时空中自由翱翔。

2. 网络文化推进人的思维方式的转变

现代科学技术以及由此而推动的社会经济，文化的发展，必然深刻地影响，改变人们的思维习惯、思维方式。思维方式是与一定的历史时期、实践发展水平和科学文化背景相联系的，是社会实践方式在人脑中的内化，并随着社会文明的进步和科学技术的发展而变更，是一定时代的人们生存状态和存在方式的理性表达。恩格斯指出：“每一时代的理论思维，从而我们时代的理论思维，都是一种历史的产物，它在不同的时代具有完全不同的形式，同时具有完全不同的内容。”①科学技术的每一步进展都扩展了人们的空间和时间的视野，都会促使人们的思维领域和视角的变更和发展。信息技术的发展，促进思维主体具有新的视野、新的知识结构，新的语言、新的范畴，因而提高了思维能力，扩展了思维框架，促进了新的思维方式的形成和发展。网络文化的崛起使人的思维运动借助于虚拟和数字化来表达事物，并在虚拟空间中构造出了新的事物，制造出了在自然空间中不可能存在的事物，由此形成了虚拟现实和虚拟世界，引发了人类思维和行为框架的转换，冲击着人的传统思维方式。网络文化造就了与网络信息时代相适应的思维方式——网络化思维方式，即向思维的纵深层次的深化和向人类整体存在层次的泛化。

(1)虚拟化的空间观念

数字化技术可以将任何信息可视化、网络化甚至智能化，从而可以完全创造出一个类似于人类真实世界的虚拟空间，并且这一创造功能已经或正在运用到与人类息息相关的各个领域中。数字化虚拟空间使人具有一种虚拟化的空间感，人们需要在真实与虚拟之间做出选择。在一切都或正在运用到与人类息息相关的各个领域中。在虚拟空间，数字化技术的互动性使得人们可以对整个空间的格局以及事态的发展产生影响，可以帮助人们在其中获得一种平等意识，也有可能使人们在无形中丧失承受不可抗拒困难的能力与勇气。

(2)即时性的时间观念

时间在其原本意义上应作为一种流动性的连续体而为人所感觉，人是一个过去，现在与将来相融合的连续体的存在者。信息的数字化传导方式使得任何地方，任何时间发生的事情都会以最快的速度甚至即时地传递给网络“受者”。人们在习惯于即时性接受任何事件之后，就可能面临着作为过程性存在的时间感的消逝。当然，数字化技术的即时性传导与更新，可能会使人们淹没在应接不暇的信息流中，任何事件总是以“现在正在进行”的方式获得表达，从而将时间之流截断，呈现出一种断裂的生存状态。时间的断裂在某种意义上就是人的生存方式的断裂，人在这种时间感的缺失中就有可能丧失人的真实存在。

(3)符号化的信息观念

著名哲学家卡西尔认为，人是“符号的动物”，符号化思维和符号化行为

① 《马克思恩格斯选集》第4卷，人民出版社1995年版，第284页。

是人类生活中最富于代表性的特征，并且人类文化的发展都依赖于这些条件。符号化思维和活动是数字化的本质。由数字 0 和 1 组合的比特符号所构建的数字化世界是一个高度“自由化”的世界，人们最大限度地摆脱物质现实的束缚，实现了自由自在的理想生存，用一种新的符号组合表达内心的情感和精神追求，相对于传统的符号化运动，在更高层次上更进一步地体现了人作为“符号动物”的类本质，是对人作为文化动物存在的思维空间以及传统的符号空间的内在突破和超越。数字化的实践意义就在于，人类不断运用比特符号扩大或超越现实世界的界限，人类自身的思维和视野随之不断地扩展，人类认识世界与改造世界的能力不断地创新。

(4)形象化的感受观念

数字化依赖着先进的媒介方式，在展现信息的方式上越来越依赖图片与动画，越来越倾向于形象化。信息的形象化既使信息的可读性、可理解性增强了，也以相同的比例削弱人们对文字的阅读理解能力，在某种程度上触及了思维方式的核心。数字化技术可以将任何视听对象转换为一种“真实”的虚拟存在，人在其中可能会“亲身体验”到无法想象的刺激，一方面，可能导致信息传递方式越来越脱离事实本身，将真实以一种技术上的游戏方式展现；另一方面，视听刺激的不断升级可能使人们的感受力越来越麻木，人们越来越难以体会日常生活中发生的平常事件背后的意义。而只专注于光怪陆离的感官刺激。这是人的生存疲乏性的表现。

3. 网络文化对人的主体性生成的促进

主体性是主体在对象性活动中体现或发挥出来的自主性、能动性和创造性，它实质上是人的自我认识、自我理解、自我确信、自我塑造、自我实现、自我超越的生命运动及其表现出来的种种特性。人的主体性产生有两方面的原因：一是动物的自然进化；二是作为人类活动方式的劳动，实践活动的生成。马克思指出：“社会生活在本质上是实践的，凡是把理论导致神秘主义方面去的神秘东西，都能在人的实践中以及对这个实践的理解中得到合理的解决。”① 人的主体性，也只有在社会实践中才能最终生成和发展。网络文化作为现代信息技术催生的新型文化形态，实质是一种人类新的生存方式和社会发展图式，是一种人类新的实践样态。这种新的实践样态是人的主体性生成与发展的重要

① 《马克思恩格斯选集》(第 1 卷)，人民出版社 1995 年版，第 60 页。

促动，是人的主体性现实化和自我完善的桥梁。

(1)网络文化提升人的自主性

首先，开启了人的"生命体"潜能，使之成为"有力量的人"。人作为一种对象性存在物，对自然界，外部感性世界具有依赖感。人在意识到依赖性的前提下，扩展人的智力，体力和感官能力，发展，发挥人作为主体的本质力量和才能，开启人的生命体潜能。网络文化作为人类新的实践形式使主体获得知识更加快捷高效，增强了主体的学习能力，拓展了主体的知识结构。网络文化凭借技术上的优势，将信息资源传播的交互性和个性化特征发挥到了前所未有的程度，由传统的点对面的单向传播模式转化为点对点的双向传播模式，使政治、经济、科技，文化、生活、娱乐等信息通过网络迅速传播到各个不同的地域，人们通过网络可观天下，真正做到"不出门，便知天下事"。同时，在全新的人机系统中，个人终端不仅能处理文字和数据，而且还能处理图像、音频、视频等各种信息，将电脑、成像机、录音机、电话、传真机等融合为一体。这种智能的多媒体终端所普选的人们之间相互交流和全息操作环境，极大地扩展了人的智力、体力和感官能力，把人的潜能发掘到一个更深层次，提高了人们认识世界和改造世界的能力。另外，网络文化进一步培育了人们的自主意识、平等意识，权利意识，开放意识和自由民主精神，"进一步唤醒了人们的自由意识，提升了人们的自由精神，深化了人们对自由的理解和认识……网络赋予人类的思想自由是人类自由发展史上的一个新的里程碑"。①

其次，提升了人在社会关系中的自主性，使之成为"有个性的人"。马克思把因剥削阶级统治而丧失了政治自由，从而也就丧失了自主性、很难形成和展示个性的劳动者阶级称为"偶然的个人"，而把共产主义社会的"自由人"称为"有个性的个人"。所谓"有个性的个人"，就是社会关系，交往条件与个人相适应，个人对社会关系有自主性；所谓"偶然的个人"，就是社会关系，交往条件与个人相冲突，个人对社会关系没有自主性，处于被奴役地位。马克思认为，人的发展在一定意义上就是"有个性的个人"逐步代替"偶然的个人"，②网络虚拟空间为人们敞开了一个多元化的世界，人类在对待社会劳动，主体交往等主要的社会关系上，表现出更为自觉、自为、自主的状态，越来越成为有

① 刘云章：《网络伦理学》，中国物价出版社2001年版，第252页。

② 《马克思恩格斯全集》(第3卷)，人民出版社1980年版，第87页。

个性的人。

网络技术的发展使人摆脱了繁重的脑力和体力劳动，为人的个性发展提供了充裕的自由时间，有利于人的个性发展。马克思认为，“整个人类的发展，就其超出对人的自然存在的直接需要的发展来说，无非是这种对自由时间的运用，并且整个人类发展的前提就是把这种自由时间的运用作为必要的基础”。① 在网络时代，随着网络技术的发展，生产过程逐步信息化，生产工具趋向智能化、自动化，人们的工作效率得到前所未有的提高，人们的劳动时间得到大大节约，因此人们与以往相比就有了更多的可以自由支配的闲暇时间，就能够从事物质生产之外的精神活动，获得在科学、艺术等方面的发展机会，从而具备各方面的知识能力，使人的个性内容得以丰富，使人的个性得到更好的发展。网络文化催生了新型的交往关系，提升了交往的主动性。网络交际拓展了人的交往空间，促进人的个性发展。网络使得人们的交往空间从周围现实的狭小面延伸全方位的，立体性的交往空间，正如尼葛洛·庞蒂所说：“后信息时代将消除地理的限制，就好像‘超文本’挣脱了印刷篇幅的限制一样。数字化生活将越来越不需要特定的时间和地点，现在甚至连传递‘地点’都开始有了实现的可能。”②在网络交往的形式下，个人真正成为自我主体，人们完全听从于自我意识的支配，自主决定交往对象、交往内容。个人的自主性交往使人摆脱了社会关系“异已”力量对人交往方式的控制和对人交往积极性的压抑，使人的交往行为趋于合理化。随着网络交际面的扩大，网络文化必将打破现有交往的局限性，增进区域之间、行业之间、民族之间、国家之间的交流，促进了不同文化人之间的相互理解与包容，并一定程度上消减文化的冲突与隔阂，形成共同的文化价值取向。

(2) 网络文化触发了人的能动性

“目前的虚拟现实技术已经证实达到虚拟某些‘不可能’和‘不存在’的水平，大大扩展了人的生活空间，改变和丰富了人的生存和发展方式，提高了人的选择能力和创造能力，促进了人对现实性的超越和自我超越。”③网络文化触发了人的能动性。

---

① 《马克思恩格斯全集》(第47卷)，人民出版社1980年版，第216页。

② 尼葛洛·庞蒂：《数字化生存》，海南出版社1997年版，第94页。

③ 张明仓：《虚拟实践论》，云南人民出版社2005年版，第69页。

网络虚拟使人类探索未知领域的要求更加迫切。人的想象力促使人类进步和社会发展。在信息社会以前，受生产工具限制，人类的想象力仅仅停留在一定阶段，想象力空间的狭窄限制了人类实践空间的拓展，而信息网络所独有的虚拟性却使得人类对未知领域的探索能力大大加强，要求也更加迫切。这种对未知领域探索的迫切成了人类改造世界、超越现实、创造未来的重要驱动力和现实途径。不仅如此，网络拓宽了实践的新领域。在虚拟技术出现以前，人类的实践形式主要是物质型的实践，是看得见摸得着的、有形的，具有直接现实性的实践。在虚拟技术出现以后，人们可以利用电脑的智能和虚拟的超现实性，把现实中的不可能性，或者只能在思维中展现而难以在现实空间展现出来的可能性，变成虚拟空间可以反复再现的可能性，设想出现实生活中难以展现的对象。网络虚拟成为人们探索未知领域的现实载体。网络不仅使人们面对各种新奇的可能性，而且使人们的视野开阔，创新力增强，信息资源丰富，合作力加强，科技水平提高，这一切都促使人们面向未来，面向新奇的可能性领域，面向开放的可能性维度。

(3)网络文化驱动了人的创造性

创造是人作为主体的规定性，构成了人与动物的根本区别，是人作为主体的最重要表现。网络文化作为一种新型的实践样态，它的根本性目的指向是创造，创造性是网络文化的内在特质和最高表现，也是人类实践活动的最深刻的本质。在网络社会里，认知主体在接收和处理信息能力的同时，通过与他人智慧的碰撞而不断超越自我，创造新的知识。

首先，网络文化促进社会重组。信息网络由海量微观信息网络平等互联而成，整个网络的资源和智能将逐渐由网络的管理者向用户转移，因此，整个网络资源必然为包括信息网络提供者和使用者在内的社会共同占有；而且，信息网络提供者和使用者之间的互相依存关系，将使他们之间日益走向平等。也正基于此，钟义信在《论网络文化》一文中认为，信息社会生产关系的基本特征是，劳动者在社会生产中所处的地位和作用越来越平等，因此，他们在分配中的地位也越来越平等。这种平等地位的获得不是因为任何别的原因，而是因为大规模智能信息网络这种社会生产工具本身所固有的分布性、平等性、整体性。我国目前仅仅处于网络文化建设的初级阶段，“作为人类第三代社会生产工具的象征，大规模智能信息网络的发展首先由通信网络开始，然后将传感测量技术，计算技术、人工智能技术、控制技术集成到通信网络的平台上面，以真正构成具有全部信息功能的信息网络。目前人们看到和用到的，是各种形式的通信网络，包括以电话机为终端的电信网络，以计算机为终端的互联网络，以及以电视机为终端的电视广播网络”。网络文化的生成也是以一种给定的状态而存在的，而且永远是一个开放的、动态的进程。因此，有理由相信，基于大规模智能信息网络所具有的分布性、平等性、整体性的特点建立起来的一种平等的社会生产关系一定能够实现，而在这个生成的过程中，我们也必将看到一种自然的社会重组，人与人之间权利义务的重新调整必将成为可能。

其次，网络文化使人进入自为和自觉的良性状态。实现主体的人文精神和创造精神是人的主体生成的内核，网络文化已逐渐形成一种自觉的运行机制，引导主体自觉进入非日常生活领域。网络主体不仅可以利用网络从事交往、娱乐等生活领域的活动，更可以主动地参与有组织的社会领域活动和科学、艺术、哲学等自觉的精神生产领域活动。他们可以自觉地运行创造性思维关注芸芸众生，关注社会发展、民主进程、科技创新、市场经济运行等，并提出自己的观点和意见。他们不仅是宅女宅男，更是社会人。这样一来，自觉的精神生产和有组织的社会活动所构成的日常生活领域不再是少数人的特权，而成为所有主体共同的权利。这种有意识的社会参与活动也引导自觉的类本质知识向日常生活领域渗透，用科学、艺术和哲学等精神生产领域的积极成果(现代知识和思维方式)来改造传统的日常生活主体，改造日常消费世界、日常交往世界和日常观念世界等生活世界，使个体不再满足于自在的“什么”，而能以“为什么”和“应如何”的自觉态度来对待生存和生活，从而赋予人的活动以自觉的价值内涵。

### (二)网络文化对人的消极影响

“异化”(alienation)一词，源于拉丁文的alientio和alienate，原意是脱离，转让、出卖，受异己力量统治和让别人支配。在人类哲学发展史上，哲学家黑格尔第一次系统地阐述了异化的概念。黑格尔认为，异化是主体否定自身，派生与自身相对立并制约着自身的他物的过程。马克思在黑格尔的基础上进一步完善了异化的概念，他认为异化是劳动所生产的对象，即劳动的产品，作为一种异己的存在物，作为不依赖于生产者的力同劳动相对立。

信息技术的飞速发展，推动了网络文化的发展，同时也使人类在精神、文化生活等方面更加依赖网络文化。在网络社会条件下，网络文化依赖，是一种主体对物的新的依赖形式。在现实的工业社会中，依赖的重点是对有形的物的依赖；而在网络虚拟社会中，依赖的重点发生了根本性转变，从对物的依赖，转向了对虚拟物的膜拜，引起了网络文化异化产生。这种异化，使人与人之间的距离疏远，精神生活处于一种理性与非理性、逻辑性与非逻辑性的矛盾之中，最终使人们的价值判断和价值选择产生错位，使网络文化的本质发生严重变异。网络文化异化伴随着日趋严重的道德滑坡、人格丧失、情感冷漠和信仰危机。一些人对网络文化的盲从与过分依赖，导致自我迷失，丧失了对人类传统文化的享受和感受。由此可见，所谓网络文化异化，指的是主体过度利用自身创造的网络文化，导致对网络文化的高度依赖。这种高度依赖使网络文化原有的内涵、目的与功能发生扭曲和颠覆，演化成为与主体相背离的异己力量，导致主体沉迷于网络文化的束缚而难以解脱，甚至受到伤害而缺乏理性自觉，最终反而使主体成为受制于网络文化的工具，沦为被网络文化主宰的客体。

1. 网络文化异化的主要表现形式

(1)网络语言和文字异化

网络语言和文字的异化源于对网络文化符号怪异化和个性化的追求。“语言的异化，指的是某种语言在被使用的过程中，逐渐滋生出来的，与本土语言原有的基本风格、文化神韵难以协调、难以认同的一种特殊的语言变异现象。”①网络语言异化现象有七种倾向：洋化、粗化、土化、古化、奇化、娇化、浮化等，以粗鄙化、庸俗化和暴力化为主要表征。② 网络语言的产生，既有经济发展、社会进步、文化繁荣带来的新事物，新观念的社会背景，也源于网民们追求标新立异，以及网络交流迅速，简单等原因。然而，如果随便把一些奇怪费解的语言文字引进来，不仅很多人不懂，而且也会影响现代汉语的纯洁性。在一些网络论坛上，粗言秽语随处可见，一些新式粗口与传统脏话交互泛滥。但凡涉及有关公平正义与合理性的议题或涉及个人利益的话题，都容易引发指责，不满与愤怒，这时经常见到一些网民使用粗鄙性，暴力性的语言来表达其非理性情绪。

(2)网络文化庸俗化

从内容上看，对网络文化商业价值的过度追求，使网络文化成为一种缺乏

① 孙锐、陶丽：《透视网络语言异化现象——浅论高校网络文化教育》，载《文学教育》2009 年第 8 期，第 69-70 页。

② 罗贵榕：《网络语言异化现象与高校网络教育》，载《思想教育研究》2004 年第 7 期，第 40-41 页。

想象力和创造力的庸俗文化。我们的网络文化发展的大背景是社会主义市场经济，市场经济的运作模式对网络文化的公平、正义有一定的积极作用，但市场经济追求利益的最大化，对网络文化带来了许多负面影响。网络文化作为一种商业文化，必然遵守商业原则，这直接导致了网络文化主体的物化。迎合是商业化的逐利本性使然，而超过极值的迎合，必然导致对高尚文化所秉承的那种高贵气质的最致命的背弃，它使网络文化从本应在崇高而神圣的精神圣殿里构建文化之美，而沦入思维贫困、创造力缺乏的肤浅和媚俗的表达之中。网络文化的创作不再考虑主体的内心渴望和灵感闪现，而是出于赚钱的需要。在营利目的驱使下，网络文化成为缺乏自主原创力的"赝品"。网络文化商业化掀起的逐利性浪潮把代表文化本质的高尚文化边缘化，而代表非主流文化的网络文化在商业化的推波助澜下，地位达到了前所未有的高度。网络文化驱使高尚文化与庸俗文化颠倒地位的异化，最终是对人作为人的背弃。

(3)主体现实交往能力消退

网络文化以一种异化的方式，发展了人的娱乐性存在。然而，网上娱乐却因网络虚拟世界的广泛性、交互性、隐蔽性、渗透性、国际性等特点打破了许多传统娱乐方式的禁忌，缺乏现实社会中的他律与监管。禁忌是文化发展的必要前提，没有禁忌而有人类文化的生存空间是不可思议的。网络娱乐世界里，人们沉迷于虚拟体验中，享受的是虚拟的不真实的生活体验，过度追求"快乐原则"，个人埋藏在心底的欲望和日常生活中被压抑的东西在这种无约束或低约束的状况下得到彻底宣泄。不少人沉迷于网络虚拟社交与娱乐空间，他们对娱乐享受的理解是基于不偿付任何感性代价前提下的当下感官的直接满足。在通常情况下，由于网络世界并不考察人们的网络行为后果的承担力，也不测试其胆量和勇气，因此不少网迷乐于独自到网上去参与虚拟杜交活动。在他们看来，用手指敲击键盘所虚拟地获得的感官享受，超过了他们在现实生活中与周围的人直接交流所带来的满足感。然而，由虚拟满足所带来的惬意性与现实生活交往欲望的惰性，导致不少网民由于相互之间的隔离而变得人际关系淡漠，孤独而自闭，导致情感冷淡。作为个体的人在逐渐异化，作为生物的人的请如视觉、听觉、身体灵敏度等这些本能的东西正在丧失。

(4)逃避现实生活中的真实努力

网络文化的异化，最终表现为人的异化，体现为人对现实生活中的真实努力的逃避。"人是文化的集合，是文化的始点和终点，人的异化是通过文化的异化表现出来的。而文化的异化也就是人的异化。”①中网络文化具有轻松、感性的特点，它诱使主体极力从现实中逃避出来，追求消遣游戏和感官刺激，抛弃“现实理性”与“痛苦意识”，转而崇尚“感性快乐”与“虚拟享受”。网络文化还具有解构一切的力量，这种解构力量可以排除那些带来苦恼、烦躁的东西，抵制那些给主体带来压抑感的元素，使主体短暂性地处于一种感觉和情感的轻松释放状态，从而获得虚报的认同感和满足感。网络文化能提供逼真的图像、鲜艳的色彩、生活化的场景、动态的结构模式等，这些全息的刺激使人们乐此不毁。从弗洛伊德精神分析学说来看，网络文化正是满足了人们的感官需要，激发了人最浅层次的本我欲求。不少人对于正统的说教性观念易产生不耐烦的心态，而网络文化所创造的宽松环境使长期处于压制状态的那个潜意识里的自我得到尽情的释放，使人们沉醉于虚报的享乐，丧失了对未来和事业的执着追求。

(5)主体原本价值观的迷茫和丧失

网络文化关心的是对大众的刺激性、吸引力与迎合性，而对现实性则不屑一顾，导致人们只注重在感官层面的强烈刺激，而不去深究现象背后的内涵、尽管网络文化通真地复制了现实，但正是这种形象的复制将现实抽离了，所看见的只是世界的影像，而不是实在的世界。对一些人生观，世界观，价值现处于振荡期的青少年网民来说，由于他们的世界观尚未完全成型，还没有确立正确的价值判断标准，在网络文化优劣的识别和选择方面能力欠缺，因此，当他们在面对各种扑面而来的信息冲击时，显得不知所措，在情绪上表现出迷惘与困惑。在网络文化潜移默化的影响下，主体丧失了对自身命运的深切体察，满足于生理需要的娱乐，追求感官的紧张刺激和浅层次的身体愉悦，变得越来越肤浅庸俗，而对现实中的一切都无动于衷，正义感，道德感逐渐麻木，思想幼稚，精神低迷，生活也变得毫无追求。

2. 网络文化异化现象成因分析

纵观网络文化异化的形成，不外乎主体、技术和社会环境三个方面的原因：人自身是导致网络文化异化的主导性因素，网络技术为网络文化异化提供了技术上的可能性，而社会则是其形成的客观环境。

---

① 何苏大：《大众媒介：上帝还是魔鬼？——对文化异化的批判》，载《现代传播》(北京广播学院学报)1995年第1期，第62-64页。

从主体层面看，人是网络文化的创造者，网络文化理所当然地为人所用，在两者关系上，人是主体，网络文化是客体。首先，人创造了网络文化，也当然会从自身生存与发展出发，选择和利用网络文化为其自身发服务。但是，如果作为主体的人面对网络文化时不能把握网络文化，被网络文化所困惑，丧失人的主体地位，走向了对象化、工具化，甚至完全沉迷或依赖于网络文化，那么，这个时候网络文化便反客为主，实现了对人的奴役和支配。其次，人在网络文化中的同化也会导致网络文化异化。人与网络文化的关系，从本质上来说就是人与物的关系。丰富多彩的感性世界在网络文化空间里呈现符号化、虚报性特点，如果人痴迷于数字化、虚拟化的网络文化所带来的感官上的满足，就会忽视人文价值与道德情感、一些人在面对现实问题时，往往选择逃避，不敢直面矛盾，转而在网络中求得暂时性庇护，满足于在网络中的虚拟交往，对亲情、友情，爱情等符合正常人伦的情感采取疏离的态度，在网上精神抖擞，意气风发，在同下精神抑部、情感冷漠，跟传统道德观念与人文精神相背离的反社会行为倾向明显，这是一种典型的网络文化异化。再者，人的主体性的缺乏也会导致网络文化异化、所谓主体性，是人作为活动主体的质的规定性，是与客体相互作用中得到发展的人的自觉、自主、能动和创造的特性。在网络文化异化现象中，网络文化作为主体的人的创造物，本来是主体为自己的目的而创造出来的，该创造物应当是人实现特定目的的工具和手段，是达到人的某种控制性目的而使用的工具，然而，在异化现象中，网络文化却反过来成了奴役人、控制人的力量，原来的主体反而成了被动地受制于网络文化的东西。从实质上来看，并不是网络文化对人的控制，而是人在网络文化面前失去了理性，失去了自己的主体地位。所以，人与网络文化关系的颠倒导致网络文化异化。

从网络技术层面看，网络技术所带来的网络文化信息量的暴涨和网络文化传播所具有的复制的便捷性、传播的全球性和速度上的即时性特点，为网络文化的异化提供了技术上的可能性。首先，网络文化所承载的日益暴增的信息量对人的相对有限的接受能力而言，超越了人的极限负荷，它使许多人的精神不堪重负。陈旧信息激增导致网络文化泛滥和超载，加剧了大脑的负担，损害了大脑对噪音与意义进行选择性识别的能力，使主体呈现焦虑和恐惧等症状。其次，现代技术的发展也使得网络文化的生产呈现出粗俗化和垄断性特点。网络技术为网络文化的标准化生产提供了极大的便利，也使网络文化产品丧失了个性和品位。原创力被拙劣的模仿所取代，网络文化的庸俗化不可避免。一些网络文化生产商为了维护自己的垄断地位，无视网络文化作为文化产品在创作和传播上的内在规律，通过不择手段来垄断网络文化生产和营销优势。这无疑压制和破坏了网络文化自主创新能力的培育。再次，网络文化传播所具有的全球化、超地域性的特点，为人们在阅读、社交和娱乐等文化活动提供了无与伦比的快捷性。凭借随时更换的网络身份符号和面貌图像，人们可以自由进入网络虚拟空间进行文化交往活动。这种网络文化交往，将传统的人与人之间直接的交流，经由虚拟技术，转变成纯粹的，以抽象符号为介质的交流。人际交往的亲近感减退，甚至消失，取而代之的是无生命的键盘。虽然网络技术具有即时性特点，但与现实文化交往活动中面对面的交流比较，人们之间的感情距离无疑拉大了，家庭成员，邻里、朋友等社交圈的情感纽带日趋淡化、消失，不可避免地导致异化的发生。

从社会层面来说，异化现象之所以形成并不断地蔓延，是社会提供滋生的土壤。在现代社会，网络文化的发展势不可挡。然而，面对来势凶猛的网络文化，网络文化管理制度的设计没有及时跟上，主要是网络法律法规不健全，网络文化监管缺失，这是造成网络文化异化的重要根源。到目前为止，我国还没有几部真正的网络法规，使得司法部门对新型的网络犯罪处罚缺乏必要、及时的法律依据。目前网络文化服务行业缺乏统一规划，行业内部协调不足，整个网络文化服务体系呈现纷繁复杂和引导不力的状况。同时，网络文化的采集、创作和传播，也没有形成完善的规范和约束体制。网络文化异化更为深层的刺激因素是经济利益的驱动。随着网络文化所衍生的经济收益的日渐丰厚，一些网络商极力将网络文化变成产生财富的现代土壤，采取不正当手段过度开发，网络文化生产实际上处于一种违背价值规律的超量负载的状况，使它很容易异化成对立面。在利益的驱动下，一些商业网站常常不惜曲意迎合某些低俗趣味，甚至有意引导网络文化走向反理性、反传统，反道德，反主流的异化倾向，使一些缺乏鉴别力的网民在思想上受到不同程度的腐蚀。更有甚者，社会上的一些非法网络机构，蓄意制造网络垃圾和精神毒品，引诱网民步入歧途，以达到不可告人的目的。这些都严重破坏了正常的社会秩序，影响了网络文化的良性、健康和持续发展，严重阻碍了我国社会主义精神文明建设。

3. 网络文化异化对人的全面发展的不利影响

(1)引发人的道德问题、网络犯罪

网络上人的行为与现实中人的行为存在着较大的差别。在现实社会，人的行动都立足于现实世界，人们的性别，身份、地位、职业、阶层等都是相对确定的，人们的行为也受到与此相关的伦理规范的制约，否则就会受到社会的谴责。现实道德规范往往借助于传统风俗习惯。社会费比和内心信念远者来维持，受制于现实道德规范的行动者之行动往往会考虑其行动的责任。而在网络文化中，世界万物压缩和简化成由 0 和 1 构成的数字，人们看到的和听到的文字、图像和声音都变成了数字，人成了数字化的存在，人成为符号的代表。网络文化的既名性、虚拟性特点使人可随时以不同的身份登录网站，任意吸取信息、制造信息和传播信息；在网络上的性别，身份，行为方式，行为目标可以被随时篡改，隐匿难觅。外在的社会舆论和传统习惯制约力变得十分微弱，人们可以为所欲为而不必担心被追究责任和要求承担后果，甚至认为犯罪也不过是敲打键盘、点击鼠标而已。这使传统意义上的现实道德规范受到严峻的挑战和巨大的冲击，使其约束力和控制力减弱。

网络文化的平等开放性和全球性将不同的文化传统，不同的生活方式以及不同的价值观念呈现给人们，多元文化价值共存，不同的道德意识，道德规范和道德行动处于经常性的冲突和碰撞中，使得人们的道德价值取向紊乱，道德观受到冲击。这为人们的道德选择，道德判断提供了多种可能与标准，使道德评价产生困难。现实社会中道德标准的统一性和权威性在网络空间部分失效，道德权威的缺失使网络世界容易成为一个道德失控、伦理混乱的世界。网络世界无中心与非中心之分，无主要与非主要之分，无终极目标。任何个体进入这个无中心无边缘的世界里，都无法感知自己能否对行为负责，对真与假、普与恶、美与丑等问题的判断与衡量似乎已经没有标准可言，道德相对主义在网络盛行。没有了对错，可以无中生有、造语、诽谤、进行人身攻击；没有了责任，可以随意说想说的话，传播各种危害国家的言论，做想做的事，可以上传、下载，传播各种各样的黄色图片，甚至把别人的隐私发布在网络上。

(2)网络文化使人际关系淡漠、情感疏远

社会性是人的本质属性，在传统社会中，人与人之间直接交往、面对面交谈，心灵与心灵碰撞，从而实现情感的交谊，结成各种群体，社会得到发展。人的真实情感只有在现实社会和实实在在的人身上才能得到满足。人与人之间现实的社会交往特别是直接交往维持着人与人之间的情感。由于其生存依赖关系和归属关系，传统的人与人之间的亲和性与持久性较强。个人的社会能力发展也是在与他人的接触过程中经过学习和实践完成的。随着全球网络的普及，人与人以及人与社会的关系向以网络为中介的方向转化。人与人之间的交往和沟通以计算机网络为中介。进行着间接的虚报的交往，人与人之间的依赖关系被人对网络的依赖关系所取代。网络文化带来人类交往方式的变革，各种网络社区为人们的交往提供了丰富的形式。网络社区的交往多了，现实世界的交往却在减少，人们宁愿在网络世界中与他人进行天马行空式的聊天，也不愿意与现实世界中的活生生的个体进行交流。然而，虚拟世界中人际交往并不能代替现实世界的交往，由于缺乏现实中有感情的人际交往，人们的言谈举止都被转换成二进制的语言，人的音容笑貌都以数字化字符方式在屏幕上传播，人的活动变成一种符号化的活动，人成为数字化人。这种缺乏现实世界的交往长期发展下去，必然会影响和改变人们的生活方式，产生新的人际障碍，不仅使一些人行为失范，人际关系淡漠，人际距离疏远，造成不知如何处理现实社会人际关系，导致人的现实交往能力的下降，而且还导致心理问题的产生，使人产生孤独、苦闷、焦虑、压抑，甚至处于低落、消沉等情绪状态，有人甚至走上了违法犯罪的道路，造成全社会的悲剧。

(3)网络文化过分倚重科技理性，造成人的异化

首先，数字化技术压缩了时空，提供了强大的沟通手段，为人类的生存和发展提供了一个自主性很强的自由空间，为个性的发展提供了广阔舞台。网络文化带来的人类生存状态的全面改善、沟通迅捷、信息快速及其所表现出来的无所不能的发展势头，使人们对网络的迷信和崇拜达到了无以复加的地步。技术万能、工具至上、信息崇拜心理严重膨胀，技术主义甚嚣尘上，导致了人的边缘化和人性的异化。马尔库塞在其《单向度的人：发达工业社会意识形态研究》一书中说："技术作为工具的领域，既可以加快人的衰弱，又可以增长人的力量。在现阶段，人们对他自己的机械装置或许比以前更加软弱无力。"①工具理性使人在一定程度上丧失了能动性和创造性，思考力、辨别力、批判力不断退化。卡西尔在其《人文科学的逻辑》一书中曾说："我们以为我们是推动者，实际上我们是被推动的，我们是一种更高的力量的工具，它按照我们自愿屈从的它的目的和命令与程序的指令和安排，只能按照技术设定的方式去生

① 赫伯特・马尔库塞：《单向度的人：发达工业社会意识形态研究》，上海译文出版社 2006 年版，第 186 页。

存、思考、选择和命令指引我们。”①在网络虚拟空间中，人们进行一切活动需要听从一定软件和程序的指令和安排，只能按照技术设定的方式去生存、思考、选择、交往、实践，人的创造性和能动性得不到有效发挥，思考力、判断力、批判为会不断退化，人一定意义上成为单向度的人，成了网络及相关技术的奴隶，变成了所谓的“套中人”。

其次，工具理性导致目的与工具地位的颠倒。网络凭借其平等性，开放性、共享性、隐匿性、个性化等特点，以及随着相关技术的发展与成熟带来的内容的丰富，吸引着越来越多的人崇拜之、向往之，依赖之、沉浸之，一定程度上造成工具理性的僭越和价值理性的丧失，人沦为工具客体，而人的创造物——电脑、信息、技术等则成为统治人的主体力量。这种目的与工具地位的颠倒主要体现在两个方面：一是信息崇拜与信息异化。严格意义上讲，信息异化是网络异化的一个方面，由于其在当代凸显为一个重要的问题，故将其单独作为一个方面。在虚拟空间中，人们只需通过手机或电脑键盘就能轻易获得自己想要的信息，相对于现实社会，虚拟空间的信息更具即时性、丰富性、广泛性、猎奇性，因而成为当今人们主要的信息来源。信息的海量性与人们对信息的承载能力，选择能力之间的矛盾成为信息时代困扰人们的重要问题。然而，“信息过剩一旦发生，信息就不再对生活质量有所帮助，反而开始制造生活压力和混乱，甚至无知。如果信息超出人类的承受能力，它就会破坏我们自我学习的能力，使作为消费者的我们更容易受到侵害，使作为共同体的我们更缺乏凝聚力”。② 信息崇拜和信息过量压缩了人们思维和思考的空间，使人们成为缺乏判断力，思考力的单面人，人们在海量信息面前无所适从，信息从为人们提供有效帮助转为束缚人发展的锁链，人为信息所奴役，为信息所困，为信息所累，为信息所异化。二是网络依赖与网络沉溺。互联网强大的搜索功能在人们获取信息方面占据越来越重要的地位，甚至成为人们获取信息的最主要来源。人们在现实生活中想获得的任何信息或知识都能通过网络搜索得到，对信息的依赖、崇拜甚至异化导致网络依赖与网络异化。

此外，网络文化以其强大的虚拟性、开放性、个性化，隐匿性吸引着人

---

① 恩斯特·卡西尔：《人文科学的逻辑》，中国人民大学出版社 2004 年版，第 16 页。

② 戴维·申克：《信息烟尘：在信息爆炸中求生存》，江西教育出版社 2001 年版，第 9 页。

们。在虚拟空间中，人们能够任意创造出现实生活中不可能存在的事物，实现现实中难以实现的梦想，获得自己意念中的理想生活，展现被现实性所压抑的理想自我，并且，当人们在现实的学业、事业、情感等方面遭遇挫折的时候，能够从虚拟世界中获得及时释放和慰藉，重获成就感和自我实现，因而越来越多的人沉浸其中。当这种沉浸超越一定的界限便演化为沉溺：将虚拟生存作为生活的中心和重心；在这一生存状态的时间超过现实生存时间，并以之作为生活、交往的最主要方式；习惯于通过虚拟生存逃避现实中的问题，感到离开这一生存方式，将无法正常生活。戴维·申克在《信息烟尘：在信息爆炸中求生存》一书中曾对网络沉溺者的心理做过形象描述，他说："离开网络一天，你会心痒难耐；离开网络两天，你会产生负罪感；离开网络三天，你就已经置身石器时代。"网络文化赋予了人类超越自身的一种生存方式，而在这种情况下，人迷失其中而不知归途，人生的理想、价值，意义在此丧失了它的崇高性，在虚拟社会的人成为网络的奴隶，而网络作为人的本质力量的外化反倒成了统治人的主体，这背叛了人之为人的本性，人不再是人自身，而成为网络建构的他者。网络生活容易使人患上网络综合征，导致网民心理紊乱精神亢奋，情绪烦躁，容易陷入抑郁、孤独中；自控力、责任感减弱，自主性丧失，与他人面对面的交流减少，适应现实社会生活的能力弱化。这些都容易导致网民情感失衡和人格障碍，对诱发暴力犯罪具有不容忽视的消极影响。网络交往中身份的虚拟性、流动性和匿名性还导致了自我的多重化和自我的分裂，影响到了自我身份的伦理认同。网络毒瘤之一的网络病毒的制造、传播、流行就与网络黑客追求感官刺激、追求一种畸形的自我价值实现不无关系。

**（三）网络文化对思想政治教育主客体关系的影响**

网络文化所特有的去中心性、平等性、交互性等特点赋予了思想政治教育主客体关系新的内涵，给思想政治教育的主客体关系带来新的发展，但同时也对思想政治教育提出了新的课题与挑战。思想政治教育是一定社会、一定阶级根据社会发展要求和人的发展需要而对人们进行的有目的、有意识的教育实践活动，具有较强的目标指向性和价值指向性，其必须遵循一定社会发展的方向，体现一定社会发展的目标与任务，其教育内容是由一定社会发展阶段的经济政治状况，反映一定阶级的利益要求的思想观念、政治观点、道德规范等组成。因此，思想政治教育的本质特征要求其必然由一定的组织或个人通过一定的方式、方法和手段将社会所主张和倡导的意识形态、价值观念，道德观念等传递给人们，这也意味着作为接受者的客体存在的客观性，从而在主体与客体之间形成引导与被引导，主动与被动的主体间性关系。当然，思想政治教育的主客体关系不是绝对的，二者在一定情境下可以相互转化。

1. 网络文化背景下思想政治教育主客体关系的变化

传统思想政治教育的主体通常是我们所说的教育者，思想政治教育过程就是教育者对受教育者实施的有目的，有计划、自觉的教育过程。总体来说传统思想政治教育的教育主体与受教育者之间的界限还是相对明确的。然而，网络文化所特有的去中心性、平等性和共享性等特点强化教育者与受教育者之间的主体间性关系。在网络背景下，思想政治教育除具有传统思想政治教育的主体外，还超越了以往思想政治教育特定主体的身份限制，几乎人人都可以成为教育主体，促使思想政治教育呈现主体客体化、客体主体化的特点。

首先，思想政治教育主体地位受到挑战，并呈现客体化的特点。传统的思想政治教育一般都是教育者向受教育者进行思想观念，政治观念和价值观念等的传授活动，教育者在整个教育过程中具有至高无上的地位和总揽全局的威严与权威，处于绝对的主体地位，而受教育者则处于被动接受的地位。然而，网络文化的平等性、共享性等特点使思想政治教育者的主体地位受到影响并发生变化，并在一定程度上呈现客体化的特点。主体作为思想政治教育信息传播源的优势地位受到挑战；同时，网络文化育环境，人们获取信息的方式方法和途径大大拓展，以往的思想政治教育其主要体现在两个方面：一是网络文化造就的是一个开放的思想政治教提供了一种无论对于教育者还是受教育者都是以前从来没有过的全新体验，思想政治教育主体对于虚拟生存没有更多的经验优势，因此，其要更为有效地进行思想政治教育，首先自身就要积极接受、融人和体验网络文化，成为虚拟空间中海量信息的接受者。思想政治教育主体只有先成为开放环境下的思想政治教育信息的客体，才能发挥其在虚实共生时代的主体作用，并且这一主体作用的发挥具有非主体性的特点，其不再是思想政治教育的绝对主体和权威，更多地成为网络文化发展过程中人们正确思想和行为形成的引导者、促进者和把关者。二是在网络文化环境影响下，受教育者不再仅仅从教育者、学校、图书馆获取信息，网络文化发展中的海量信息为受教育者自由获取需要的相关信息提供了丰富的资源，他们可以自主选择学习资料和学习内容；网络文化的主体多是年轻人群体，其在获取信息和体验虚拟生存方面具有年龄和技术上的优势，这种优势在一定情况下超越了教育者，一定意义上能够成为教育者的教育信息来源。因此，思想政治教育主体在获取教育信息方面也呈现出客体化的特点。

其次，思想政治教育客体的地位得以提高，并呈现主体化的特点。在传统思想政治教育中，受教育者作为客体处于被动接受的地位。随着社会主义市场经济的建立，人的主体性得到高扬，人的独立性、选择性不断增强，使得受教育者作为思想政治教育客体的主体性得到增强，思想政治教育客体逐渐萌发主体化的势头。网络社会的崛起，使思想政治教育客体的主体性进一步增强和提高，强化了客体主体化的发展趋势。网络文化的开放性、自由性，共享性导致了思想政治教育的传递和实现方式的革命性变革，在这一背景下，每一个体只要拥有网络和网络终端，既可成为思想信息的接受者，也可以成为信息的发布者。教育客体能够主动地获取思想政治教育信息，自主选择学习内容，其被动性，客体性在一定意义上消解了。与此同时，传统的思想政治教育客体可以通过互联网发布信息，发表意见与观点，影响其他人的思想和行为，从而成为思想政治教育实际意义上的主体。

2. 主客体关系变化对思想政治教育的影响

(1) 主客体关系变化给思想政治教育带来的积极影响

网络文化所彰显的人与人之间的平等性能够强化由市场经济和全球化趋势所带来的人的平等地位，有利于教育者与受教育者之间的平等关系的确立，从而形成良好的教育关系，为思想政治教育的开展提供良好的教育氛围和环境。网络交往的形成拓展了教育者与受教育者之间的互动方式与途径，受教育者能够通过符号化的虚拟交往，及时、自主地将内心的感受、想法以及思想困惑，不良情绪等倾诉给教育者或其他主体，能够避免现实交往中面对面交流的尴尬和顾忌，从而使不良情绪得到及时发泄，有利于思想政治教育者及时掌握受教育者的思想动向，并对其进行心理干预、思想引导和情绪疏导，从而提高思想政治教育效果。网络环境对每一主体都是平等的，从虚拟空间中获取信息的主体没有教育主体与教育客体之分，思想政治教育的主体与客体享有平等地从虚拟空间获取信息的权利，从而增加了思想政治教育客体的信息量，超越了以往从教育者、书本、报刊等途径获取信息的局限。同时，虚拟网络的超时空性与即时性使思想政治教育的主体与客体能够不受时空限制同时获得教育信息，一定程度上避免了国家的方针、政策等传播的延迟性，减轻了思想政治教育者的负担，增强了思想政治教育的透明度和时效性，从而提高了思想政治教育的时效性和实效性。

(2)主客体关系变化给思想政治教育带来的消极影响

首先，主客体关系变化导致思想政治教育主体权威的削弱。传统的思想政治教育在相对封闭的环境下进行，教育者在信息方面具有优先性，思想政治教育主体的权威性较强；而虚拟网络是一种没有统一的权威和中心的环境，每一个网络终端都是中心，这也意味着“处处皆中心就是处处无中心”。网络文化在给人的主体性带来普遍增强的同时，也在一定程度上使国家，政府等的权威受到削弱，使在封闭条件下确立起来的思想政治教育的权威受到挑战。弱化了传统思想政治教育主体的权威性。

中国历来就有“贵师重傅”之说，传统的思想政治教育赋予了教育主体至高无上的权威。这种权威性是“建立在教师对信息源的垄断和教学主导者的角色功能基础之上的”。由于传统的思想政治教育环境较为封闭，教育内容一般都是经过严格筛选后灌输给教育对象，这种单向的传播方式进一步加强了教育主体的权威性。而在网络文化环境下，人人都是信息的获得者，传统意义上赋予教育者的权威性不断弱化。思想政治教育主体的权威性在网络文化环境中的弱化，主要表现为知识权威、感召权威的弱化。首先，在过去，肩负“传道、授业、解惑”职责的教育者拥有大量的“知识资本”，决定了其在知识传递中拥有绝对的权威。然而，伴随信息技术的发展，网络文化信息的共享性及获取方式的变化，打破了教育主客体获取信息能力上的不对称，曾经在教育领域占据信息优势的教育主体不再具备这一优势。受教者获取知识的途径不再局限于课堂上的被动接受，而是可以主动通过网络获取自身需要的信息，使得教育主体的知识权威受到冲击和削弱。其次，传统的思想政治教育中，教育主体将教育内容传递给教育客体，以获得他们对其权威角色的认同，并在思想和行为上主动接受和践行。教育主体的感召权威既源于教师角色的权威性，也离不开教师个人的人格魅力。然而，在网络文化环境下，人们化身为虚拟的数字符号，教师的人格魅力很难得到展现，而新奇、有趣、多变的内容往往对教育对象更具感召力。部分教育者由于接受新鲜事物的能力较差，网络技术操作水平和信息搜集整理能力甚至不及受教育者，因此难以形成较高的影响力，教育主体的感召权威也有所弱化。

其次，主客体关系变化使思想政治教育对象更为复杂，使系统性思想政治教育的实施受阻。传统的思想政治教育在相对固定的时间和地点进行，并且其客体也是相对固定的，客体的思想状况也相对明晰，教育主体对教育客体的思想水平和状况有比较全面的了解，从而保证了思想政治教育的针对性。然而，网络文化影响使思想政治教育不但要面对现实世界的教育对象，而且要对虚拟世界中人们的思想和行为进行引导。虚拟世界具有隐匿性、流动性、自主性的特点，一方面使教育对象的年龄，学历、性别、心理水平等信息隐匿起来，使思想政治教育者不能全面而真实地把握受教育者的情况，难以对其进行有针对性的教育，增加了思想政治教育的难度；另一方面，人们在虚拟空间中的行为完全取决于自我的兴趣，爱好和利益，并且其可以以离线等方式随时结束某项虚拟活动，因而使思想政治教育的客体呈现不固定的特点，现实世界中系统性的思想政治教育难以在虚拟空间中实现，一定程度上弱化了思想政治教育的效果。

## 二、网络文化对思想政治教育介体的影响

所谓思想政治教育介体，主要是指“思想政治教育主体与思想政治教育客体相互联系、相互作用的中介因素”①，其主要包括思想政治教育主体在思想政治过程中作用于思想政治教育客体的思想信息内容和思想政治教育方式。网络作为网络文化中物质文化的核心，成为思想政治教育的新介体，从而丰富和拓展了思想政治教育的信息内容，增加了思想政治教育手段和方式。

### (一)网络文化对思想政治信息内容的影响

1. 对思想政治信息内容的积极影响

思想政治教育要实现既定目标，需要具备较强吸引力、丰富有内涵的信息资源。网络文化的特性决定了其能为思想政治教育提供丰富的信息资源。信息资源一般包括内容资源和途径资源。

首先，网络文化为思想政治教育提供了一个丰富的内容资源库。网络文化的内容十分丰富，涵盖政治、经济、文化、社会、生活、生态等方方面面，且更新速度快。而所涵盖的领域又根据其性质、侧重点不同，分为正面、反面教材；严肃、活泼、搞笑等不同风格。无论思想政治教育的对象群体是什么年龄段、从事什么职业、性别差异如何等，都能具备吸引力，受到相应的教育引

① 张耀灿、郑永廷、吴誉婷等：《现代思想政治教育学》(第2版)，人民出版社2006年版，第238页。

导，极大地提高了思想政治教育的效率。

其次，网络文化的传播端口促使思想政治教育信息从静态转向动态。在网络技术的支撑下，网络文化不仅流动很迅速，而且载体很丰富。各种思想政治教育的媒体不断增长。相对于传统的思想政治教育而言，现代思想政治教育不仅仅具有静态的信息资源途径，而且具有动态的信息资源途径。这种变化不仅使思想政治教育由抽象走向了形象，提高了教育客体的学习兴趣，而且也便于教育主体及时了解和把握教育对象的思想动向，确保思想政治教育活动有针对性地开展。

2. 对思想政治信息内容的消极影响

(1)加大了非社会主义意识形态的渗透

意识形态是指在阶级社会中，适合一定的经济基础以及树立在这一基础之上的法律的和政治的上层建筑而形成起来的，代表统治阶级的根本利益的情感、表象和观念的总和。任何统治阶级在掌握政权以后，都会建立自己的意识形态，作为规范社会秩序的价值标准，用来整合思想，维系人心。由于思想政治教育其重要的任务和目标具有强烈的意识形态导向，我国的社会性质和制度决定了我国是社会主义意识形态的国家，思想政治教育的主要目标之一就是维护和加强我国社会主义意识形态的稳固和长久。网络文化的衍生和发展，既给我国社会主义意识形态建设开辟了新的阵地，但同样开放的文化环境也给社会主义意识形态建设带来了一系列严峻的挑战。最大的挑战就是加剧了西方文化对我国社会主义意识形态的全面渗透。一方面，网络世界是更加开放的领域，全球的信息资讯都通过网络连通起来，不同国家不同民族信仰的网民都可以在网络世界畅所欲言，这直接导致了网络文化的多元化和复杂化。另一方面，尤其以美国为首的西方国家，更是通过网络文化，别有用心的利用各种隐性的网络文化产品向我国大肆传播西方的“民主”“平等”“自由”等价值观念，通过精心设计的信息和文化输入，强化西方的享乐主义、自由主义、拜金主义和个人主义等社会思潮。甚至是假借一些名头或评论，利用历史虚无主义篡改历史，抹黑马克思主义和我国政党形象等。这些非社会主义意识形态的网络文化渗透无疑加大了网络社会主义意识形态建设的难度，甚至是削弱了网络社会主义意识形态的领导权，更是加大了思想政治教育的难度。

(2)加大了思想政治教育的价值引导难度

价值引导是思想政治教育通过教育内容的传导索要实现的主要目标之一。

网络文化因其技术上和内容上的特性不断侵蚀着思想政治教育价值引导的影响力，网络文化开放、自由、多的离散性扩张，使得网络文化的传播呈现极度复杂性和不可控制性。作为舆论交锋的主阵地，网络虽然在很多情况下传递了巨大的社会正能量，但也会不时地释放出一些消极的负能量。金钱至上、自由主义和享乐主义以及弱化民族意识、挑战权威等充斥着今天的中国网络，可以说网络文化在中国具有更明显的横向移植特征。在这个既有中国特色又有世界特性的网络文化中，中国网民也在逐步形成属于自己的网络认同。思想政治教育的价值引导空间受到一定挤压，网络文化的吸引力明显弱化的思想政治教育的价值引导力，形成了网上虚拟舆论场和网下现实舆论场，两者疏离感较大，而重合度较小，正面积极舆论传播和价值引导力有减弱的趋势。

**(二)网络文化对思想政治教育方式的影响**

1. 网络文化对思想政治教育方式的积极影响

(1)拓宽了思想政治教育方式

思想政治教育方式是指思想政治教育者为实现教育目的，在思想政治教育过程中所采取的活动形式和方法的总称。作为思想政治教育的一个重要介体要素，它不仅决定思想政治教育方法的选择，而且决定了如何去实施。因此，没有适宜的教育方式，不仅无法加强教育主体要素与教育客体要素之间的联系，而且也无法实现思想政治教育的目的。受网络文化特性的影响，思想政治教育的方式也得到了创新发展。

首先，基于网络的普及应用，网络文化已对人民的生活产生重要的影响作用，思想政治教育的主客体同时也是网络文化的受众，也使得思想政治教育的教育主体和教育客体之间超脱了一般现实社会的双向互动，实现了网上网下的双向互动，由此思想政治教育的活动空间得到了极大的拓展。这不仅打破了传统教育方式中的那种“我打你通”的关系，而且极大提高了教育客体参与教育过程的积极性。其次，思想政治教育方法的形式更加多样。如今，网络文化环境拥有多元的文化资源，且有一些文化资源还具有集声文图于一体的特征，思想政治教育教育主体能根据教育客体的不同需求和思想状况，有选择地实施不同形式的教育方法，不仅做到了针对性更强、目标更明确，还使得隐性教育与显性教育的高度融合。

(2)突破了思想政治教育的时空界限

网络文化的最大特点在于，它的影响是随时随地，不受时空界限的影响。

网络空间的运转是24小时不断更新的，它没有“作息”的概念，那么这就导致任何人任何时间只要上网浏览信息，就会受到网络文化的影响，而这种影响是润物细无声的，既打破了教育客体在对待特定教育目的和行为时的心理防御，例如，教育客体在对待并不是自身兴趣的课程教学或者宣传教育活动时，会出现抵触或是敷衍情绪。在进行网络信息浏览时，因为其不设任何前置的教育目的，教育客体也只是根据喜好或者某种习惯进行浏览，所以不会产生任何抵触情绪，在这种情况下更容易受到教育影响。同时还能用不着痕迹的方式达到既定的教育目标。正因为教育客体在接受到网络文化时的心理与情绪特点，如果能对网络文化的营造与构建加以监管与引导，那么通过网络文化的影响而达到的教育目标的实现将变得更加隐性且效果较好。

(3)加快了思想政治教育的全面社会化的进程

思想政治教育是一项广泛的社会实践活动，既与学校教育有关，同时与家庭教育、社会教育的影响密不可分，同时思想政治教育的意识形态性决定了，这项实践活动是一项长久的、需要不断深入推进全面社会化的过程。思想政治教育的全面社会化除了教育系统的定向教育与影响外，还需要社会面的全方位、多层次、长期性的影响与作用。那么这就涉及人的实践活动的方方面面，例如家庭家风文化的影响、工作单位组织的教育实践活动、社会面的各类思想政治教育相关的宣传教育、日常生活领域的所见所闻和潜移默化等。而在信息时代的今天，几乎人的所有实践活动都离不开网络，网络文化也成了对人除特定教育引导外的，思想政治教育全面社会化进程中最具影响力的阵地。

思想政治教育全面社会化的目标，一方面是实现公民政治社会化，引导培育公民的政治意识、政治态度以及参与政治生活的能力，强化公民对社会主义意识形态的认同。另一方面，不断提高全社会成员的社会主义精神文明素养。无论实现哪一个思想政治教育全面社会化目标，都不离开网络文化的助力。通过净化的、加以设计的网络文化营造，就能用潜移默化的方式实现思想政治教育全面社会化的目标。

2. 网络文化对思想政治教育方式的消极影响

(1)冲击了传统思想政治教育模式

作为人类社会重要实践活动的思想政治教育，无论其功能的发挥，还是其实效性的提高，都与其选择的模式紧密相关。“教育模式是指在一定教学思想与理念指导下，教育者在教育过程中遵循的比较稳固的教育程序及方法的总和。”①显然，科学的思想政治教育模式，不但能使客体接受教育主体传授的道德价值标准和思想政治观念，认同现行的社会制度和政治模式，而且还能够有效地抵制敌对意识形态的不良影响。教育实践已经证明，“一定的经济和社会环境决定着教育模式的具体形态。经济社会环境的发展，也必然引起相关教育模式的变更”②。伴随着网络技术的广泛应用，互联网已然变成了当今教育主体与教育客体获取信息和知识的一个重要渠道，上网也成为他们日常生活中必不可少的一部分。互联网的发展既给当今的思想政治教育注入了新鲜的内容，也为其提供了先进的技术和手段。但同时，这种不断发展的网络文化环境也强烈冲击了传统的思想政治教育模式。传统的思想政治教育模式的价值原则是“以物为本”，教育主体与客体在教育过程中分别被看作是一个“传声筒”和“接收器”，一个复杂的教育过程被简化为“我讲你听”“我打你通”的说教，完全否定教育客体的主体地位。相对更加重视课堂教育和社会价值的实现，忽视实践教育和个人价值的需要。在网络化时代，具有开放性的网络既使得文化的传播脱离了国家、学校、教师等权威组织和个人的控制，又促进了不同民族文化的快速传播与交流；具有平等性的网络既使教育客体获得了与教育主体完全平等的地位，而且也使教育主体实施教育的权威性不断降低；具有互动性的网络既增加了人与人之间的互动频率，也改变了人们的交往模式。这一环境的改变极大地冲击了传统思想政治教育模式。

(2)疏离了人际交往的情感交流

思想政治教育的开展，除了宣传、教育和实践活动几种方式外，离不开人文关怀和引导。人文关怀与引导要起到良好的作用，需要人与人之间面对面的交流。现实场景中的人际交流，可以通过身体语言的运用，话语语气的变化、眼神的捕捉和互动，找到情感方面的突破口，从而晓之以理动之以情的开展思想政治教育，用更加柔性和彻底的方式达到思想政治教育的良好效果。而互联网的发展，从空间上就隔开了人与人之间的距离，人际间的情感交流更多时候都被以互联网为平台的即时交流工具所替代，哪怕是说着问候的话语、真挚的关怀也会因时空的隔离而变得冰冷和疏离。而人作为社会性的群体，仍然有情

① 杨亚非：《高校思想政治教育模式的反思与重构——基于政治社会化的视角》，载《吉林师范大学学报》(人文社会科学版)2011年第6期，第94-96页。

② 王冠中：《近年来大学生思想政治教育模式研究述评》，载《山东省青年干部管理学院学报》2006年第1期，第41-44页。

感宣泄、诉求被倾听和满足的需要，网络环境中各种视频、直播、资讯、文章就成为了新型的情感满足、获得即时快乐的替代品，在网络中发表言论成为了宣泄不满、压力的新的出口。可以说，网络文化改变了思想政治教育的场域环境，剥离了最能从情感层面进行思想政治教育的有效途径。

## 三、网络文化对思想政治教育环体的影响

思想政治教育环体，又称为思想政治教育环境，“是指与思想政治教育有关的，对人的思想政治品德形成、发展产生影响的外部因素”。① 网络文化的发展也不例外地对思想政治教育环境造成双重影响。

### （一）网络文化对思想政治教育环体的积极影响

网络文化拓展了思想政治教育的环境，使思想政治教育同时拥有了现实环境和虚拟环境两个教育环境。传统思想政治教育由于技术条件落后，受时空限制，要求把受教育者安排在同一地点，确定在同一时间，进行同一主题的思想政治教育，内容往往来源于论文、图书、报纸、电台、电视等传统媒体，形式比较单一，信息容量小，内容相对滞后，思想政治教育的空间、覆盖面有限。网络文化使思想政治教育突破了时空的局限，扩大了思想政治教育的覆盖面。

1. 将各种媒体的思想政治教育信息融为一体

网络文化背景下，通过交互式多媒体能有效地将分散在各地的通信系统融为一体，使之成为高速度，大容量的数据传输系统，思想政治教育的信息可以有效地传播。网络媒体在信息传播方面具有及时性，海量性、交互性、连续性、多样性等诸多优势，通过网络可以轻松找到电视，报纸等媒介关于党和国家的政策方针、重大政治事件、先进典型人物的事迹等最新的，有说服力的信息，便于将其及时添加到思想政治教育的内容中去。

2. 将不同地域的思想政治教育信息融为一体

网络文化背景下，思想政治教育信息具有公开性、共享性的特点，决定了存储于网络上的思想政治教育信息对于需要的人来说都可轻易获得和拥有。不同地域、不同国家的思想政治教育的组织和个人，既可以共享思想政治教育的资源，又可以在网上开展思想政治教育的讨论和交流，使思想政治教育信息变

① 张耀灿、郑永廷、吴潜涛等：《现代思想政治教育学》（第 2 版），人民出版社 2006 年版，第 240 页。

得更为多样和开放。

3. 有利于形成思想政治教育合力

通过网络传播，利于将国家、社会对受教育者的要求，教育目标与家长的期望三者有机统一，充分整合社会、家庭与教育机构资源，共同作用于受教育者，形成思想政治教育的合力。受教育者可以参加远程教育学习，在家里按照自己的时间安排学习；可以通过网络了解社会变化发展，明了国家和社会的需求。家长通过网络与教育机构联系可以随时了解受教育者的思想，学习、生活动态，共同做好受教育者的思想工作。这扩大了高校思想政治教育的覆盖面，“从而使原先相对狭小的思想政治教育空间变成了全社会性的、开放性的思想政治教育空间”①，使思想政治教育能够以更灵活的方式在更广范围内发挥作用，有利于增强思想政治教育的时效性和实效性。

**（二）网络文化对思想政治教育环体提出的新挑战**

1. 网络文化环境的开放性造成思想政治教育认同困境

网络文化给人带来选择的开放性，使思想政治教育在去除了强制性后，在众多选择面前失去了魅力。在传统现实生活中，由于时间和空间限制，思想政治教育在相对封闭的环境下进行，这为思想政治教育及其所宣传的价值观念的认同提供了环境上的保障。此外，思想政治教育一般是在相对固定的时间和地点，针对相对固定的人群进行的，这种形式的思想政治教育具有一定的强制性，在舆论等的监督下，人们相对自觉地接受思想政治教育。然而，网络拓展了人类的生存环境，将人的生存与发展置于更加开放的环境下，人们在这个开放性空间中的活动和行为完全取决于个体意志、爱好，兴趣，这使得传统的相对单调和枯燥的思想政治教育在去除强制性后，在网络文化的形式活泼、内容多样的特点面前丧失了魅力，从而导致了思想政治教育的认同困境。同时，价值与文化冲突，使思想政治教育所宣传的价值观念和意识形态受到冲击和质疑，也会导致思想政治教育的认同困境。在传统的现实世界里，人们主要通过书刊和音像资料等获取信息资料。网络文化所带来的诸多多媒体技术，使思想政治教育信息与非思想政治教育的信息共同存在，使思想政治教育的生态环境更为复杂，为其传播造成了一定的困难。并且，在虚拟空间中，世界各个国

① 冯素玲、冯莉莉：《网络载体在高校思想政治教育中的社会功能探析》，载《经济研究导刊》2009年第10期，第216-217页。

家、地区的价值观念、社会思潮交融碰撞，尤其是西方资本主义国家利用技术优势在虚拟空间中通过多种方式对我国进行意识形态的渗透，一定程度上造成了价值观念的冲突和文化冲突，使得部分人动摇了社会主义的共同理想，思想上放大了中国特色社会主义建设中的困难与难题，对思想政治教育所宣传的价值观念和意识形态产生怀疑，一定程度上导致了思想政治教育的认同困境。

2. 网络文化环境的复杂性增加了思想政治教育目标达成的难度

在网络文化的背景下，思想政治教育不但要面临现实社会生态环境中的诸多问题，而且还需要面对网络文化环境的污染对人的思想品行带来的负面影响，从而增加了思想政治教育的负担。网络文化环境的污染主要有以下几方面：第一，虚假信息泛滥。网络文化具有隐匿性，信息发布方式的简单化以及传播速度的快捷性，很容易导致虚假信息充斥虚拟社会环境。第二，垃圾信息大量存在。垃圾信息主要是指未经人们事先同意，通过网络技术手段的强行手段，将电子广告、电子刊物以及各种形式的电子宣传品等发送到网络空间，干扰了其正常的生活。随着网络技术的发展，网络垃圾信息的泛滥之势越来越严重，严重污染了虚拟社会环境，大量的垃圾信息对网络文化生态环境带来严重的影响。第三，计算机病毒、网络侵权行为、黑客行为、网络犯罪行为等也使人们的网络文化生态环境遭到破坏，对人们的思想和行为产生误导，从而增加了思想政治教育的负担。

3. 网络文化的超时空性加大了思想政治教育过程的难度

网络文化的超时空性对思想政治教育的负面影响主要体现在三个方面：首先，超时空性引发了虚拟与现实的矛盾，增加了思想政治教育过程难度。由于网络文化具有现实传统文化无法比拟的一些特点与优势，尤其是其开放性、共享性、娱乐性、低限制性、自由性等，吸引着越来越多的人融入其中，一定程度上造成了信息异化与网络异化，使部分人颠倒了虚拟与现实的关系，沉溺于虚拟环境中而无法自拔，对人的日常生活、工作和学习产生了极为不良的后果，增加了思想政治教育的负担。其次，网络文化的超时空性使受教育者的存在变得模糊，体现为受教育者存在方位的模糊，在场与不在场的模糊，受教育者年龄、特征、层次的模糊。这无形中使得思想政治教育的难度加大。同时，网络文化的超时空性打破了传统思想政治教育时间和空间的相对固定性，使教育过程难以掌控，加大了思想政治教育的难度。传统思想政治教育一般在相对固定的时间和地点进行，思想政治教育主体对整个教育过程具有较强的掌控性，能够较为及时地了解受教育者的思想和行为状况以及思想政治教育的效果。网络文化的超时空性拓展了思想政治教育的时间和空间，使思想政治教育以更为隐形的方式展开，整个教育过程与教育结果难以把握，从而加大了思想政治教育的难度。

## 第二节　思想政治教育对网络文化的优化

### 一、顶层设计引领价值走向

#### （一）全面建设文化强国的战略要求

“文化兴国运兴，文化强民族强。”在文化强国战略的大背景下，21 世纪国家文化战略既是国家文化发展计划的内部规程，更是全球化进程中国家文化软实力的建设规划。党的十九届五中全会明确将建设“文化强国”“国民素质和社会文明程度达到新高度，国家文化软实力显著增强”的文化战略目标纳入“到 2035 年基本实现社会主义现代化远景目标”中，这是基于高度凝练中国。文明认同型国家文化比较优势而提出的“十四五”时期及未来国家文化发展方向和政策路径的基本策略。党的十八大以来，党和国家高度重视社社会主义文化建设，“一个国家、一个民族的强盛，总是以文化兴盛为支撑的，中华民族伟大复兴需要以中华文化发展繁荣为条件”。党和国家立足于为实现中华民族伟大复兴的中国梦提供思想保证、精神力量、价值支撑，提出了坚定文化自信、发展社会主义精神文明、加快建设社会主义文化强国等一系列战略设计，形成了相对完整的国家文化战略布局。

而网络文化作为信息时代催生的一种新的文化形态，是中国特色社会主义文化的重要组成部分，也是建设社会主义文化强国的重要阵地。因此，以创新的精神积极引导和培育中国特色网络文化，是新时代全面建设文化强国的战略需要。思想政治教育无论是其理论基础、教育内容，教育目标，还是价值引领，都能为网络文化的发展能够顺应全面建设文化强国的战略要求提供指导。

#### （二）依法治国与以德治国相结合的客观需要

习近平同志在主持中央政治局第三十七次集体学习时指出：“改革开放以来，我们深刻总结我国社会主义法治建设的成功经验和深刻教训，把依法治国确定为党领导人民治理国家的基本方略，把依法执政确定为党治国理政的基本方式，走出了一条中国特色社会主义法治道路。这条道路的一个鲜明特点，就是坚持依法治国和以德治国相结合。”我们必须深刻把握法治与德治的辩证关系，认真汲取中华优秀传统文化的智慧养分，坚持一手抓法治、一手抓德治，把法治建设和德治建设更加紧密地结合起来，实现法律和道德相辅相成、法治和德治相得益彰。法律是成文的道德，道德是内心的法律。法律有效实施有赖于道德支撑，道德践行也离不开法律约束。那么，要使得法治和德治相互补充、相互促进、相得益彰，需要构筑具一个有较高的道德素养、拥有积极向上的价值取向的社会人文环境。在信息化时代，净化的网络文化对营造风清气正的社会人文环境具有重要作用。思想政治教育无论是从教育领域的课程建设与落实来说，还是社会层面的思想政治工作的开展来说，对于净化网络文化，从而营造风清气正的社会人文环境都具有指导性的作用。

## 二、基础建设强化实践效益

### （一）加强各类网络文化领域的监管

要保证网络文化的社会主义方向和积极向上的价值导向，需要以思想政治教育的价值标准为要求，不断加强对网络文化各领域的有力监管，主要完善网络的法律体系，建设网络文化的制度环境。

网络虽然是虚拟性质的空间，但虚拟并非虚假，也不仅仅是现实空间的数字化模拟。网络环境虽然具有开放性的特征，但开放不是没有规范，不是允许人们可以肆意妄为。网络社会作为一种新形态的社会，不是社会的法外之地，应该运行在法治的轨道上。可见，要建设一个良好的网络文化环境，最为根本的，也是最为关键的对策，就在于要加强网络法制建设，继续完善网络的法律体系，实行依法治网与依法管网。发达国家网络治理的经验已经表明，虽然利用技术管理手段也可以收到比较好的治理效果，但是有序的网络秩序的建立，最终还是需要依赖于网络的法治建设。如今，兼具自由性与开放性特征的互联网，已经成为我国民众体验畅所欲言的新平台。但是由于我国网络法制建设的滞后，有些网民的网络表达变成情绪的无限制宣泄，网络讨论也变成了恶语相向。还有些人由于缺乏法治意识，借助网络的现代技术大肆传递恶俗性网络信息，甚至不管基本事实，热衷于制造和传播网络谣言。这些有害的网络信息和失范的网络行为在网络空间之所以屡禁不止，既与我国网络技术管理手段的滞后发展有关，更与我国网络的法律体系不完善有关。并且如前所述，我国虽然也开启了网络的立法进程，但网络文化管理等方面的法律法规的体系还不够完善。因此，首要要加快推进网络文化的立法进程。我们需要根据网络文化的发展趋势，做好网络文化立法的顶层设计，将网络文化立法尽早纳入国家的立法规划。同时，应早日制定网络的基本法，为制定网络文化的法律法规提供重要依据。其次，要完善网络文化的法律体系。我国的网络文化环境建设是一项非常复杂的综合工程，不仅需要加快其立法进程的推进，也需要一个长期的发展过程，这就是要不断完善其法律体系。因为我国网络文化的发展导致了民众公民意识的不断觉醒和增强，其政治参与热情不断提高，但同时也诱发了其网络参与行为的失范。我国虽然制定了有关网络信息安全的法律制度，但这些法律制度都存在着原则性太强、可操作性低的问题，不能很好适应网络文化的发展变化。因此，在网络基本法颁布之前，我们依据网络文化环境的新特点，一方面不断完善现有的网络法律法规，另一方面可以制定一些单行法，并根据实际情况的变化，不断进行修订与完善。最后，要加强立法的国际合作。由于网络具有无国界性的显著特点，各种文化信息的跨国界传播，给发展中国家的意识形态建设增加了很大的难度。特别是诸如网络煽动、网络诈骗、网络侵权和网络黑客等一些网络性犯罪，如今已经呈现出跨国性的发展趋势。因此，在全面建设我国网络环境时，我们需要开展国际合作，认真研究网络立法的国际发展情况，借鉴其优秀的成果。同时，也要提高我国在国际信息网络安全领域的话语权，确保网络法治建设的公平与合理，有力打击网络的跨国犯罪，真正实现我国的网络安全。

**(二)加强网络核心技术的自主创新**

习近平总书记强调："关键核心技术是国之重器。"核心技术的突破，只有通过自主创新才能实现，技术创新是建设网络强国的和灵魂内在要求。所以，要想核心技术在自己的手中，就必须提升网络核心技术创新能力。

1. 强化技术创新发展战略引领

要构建积极向上的网络文化，杜绝一切不利于社会主义意识形态和文化领域健康发展的错误思潮、思想观点、恶意误导的言论，需要从基础方便扎实推进。这里所指的基础除了网络领域的法律法规、监管平台，还需要有强大的网络技术基础，只有拥有扎实强大的网络技术基础，才可以从根本上杜绝一切不利于网络文化健康发展的渠道。

第一，利用战略指导，优化资源，促进社会创新，快速完成"中国制造"

“中国创造”“中国智能”三项目标。快速实现安全可控的信息技术体系，促进中国自主可控方案的产生，推动大数据、云计算等重要领域的创新，完成TUM通信、核心芯片、大数据、云计算等核心技术的突破，解决一系列“卡脖子”的技术壁垒。第二，对高级人才的引入与重点培养。科技是网络强国的核心，人才是科技的核心。为完成网络强国建设，应对网络信息技术专业投入更多精力、有更多政策倾斜以及对高级人才的重点培养。就国家层面来说，要完善信息网络人才储备的计划。同时，发挥新媒体人物的领军作用，使其带动网络强国建设的积极性。第三，企业要在网络信息创新中发挥主导作用。国家对网络信息技术产业给予充分的支持与帮助，从而培养一批有知名度的网络信息企业，为实现网络强国建设提供有力保障。

2. 加强网络安全体系的建设

目前，世界强国重点的竞争领域是网络空间，网络空间的争夺已成为各国的首要目标。习近平总书记提出：“网络和信息安全涉及到国家的安全与社会的稳定，是必须面对的挑战。”因此，对网络安全体系的建设具有重要意义。发展以安全为前提，没有网络安全，国家就得不到保障。建设网络强国，必须把网络安全作为基础。加强网络安全体系的建设，一方面，要完成网络安全核心技术的建设，通过筑牢网络安全核心技术，做到筑堤、闭门、堵后门，使安全可靠的信息在网络中正常传播，杜绝境外或分裂组织突破网络安全屏障，发布恶意造谣、或带有攻击性的信息在网络传播；另一方面，要加强与网络信息发布相关的法律法规建设，尤其是针对自媒体账号的信息发布与运营。自媒体信息已成为当前网络文化中重要组成部分，自媒体的特点：一方面强化了个体的创新创造，能够带动各类产业的创新和蓬勃发展。另一方面，自媒体的自由性决定了很多信息的发布，是未经筛选和滞后监管的。因此，针对自媒体的信息发布与传播立法，显得尤为重要。

3. 加强网络的国际结合

当今世界是一个相互联系的社会。互联网信息技术的发展，促进了人们之间的交流与联系，在国际社会形成一个你中有我，我中有你的新局面。根据互联网本的性质，要求各国之间应该加强合作。习近平总书记指出，中国在网络建设上愿意与各国协调发展。有许多不公平的现象依然存在国际网络空间治理中。发展中国家的利益并没有得到保障，世界范围内的敌对分子在网络上宣传恐怖主义，其影响着互联网信息的建设与发展。面对新的机遇与挑战，各国应共同努力，维护世界网络空间的稳定发展。习近平总书记提出了加强合作，交流的思路，参与制定解决世界网络治理问题的有关规则，为破解世界互联网难题提供参考依据。在第三次互联网大会上，习近平总书记的计划得到了积极响应，并建议所有国家遵守网络治理行为的公约。只有这样，才能促进全球互联网的可持续性发展，促进中国网络强国战略的顺利发展。

**(三)提升网络文化传播主体的素养**

1. 塑造高素质网络文化传播主体

意识形态教育和理想信念教育是思想政治教育的重要内容，也是其区别于其他教育的重要体现。网络文化的开放性、自由性、全球性、隐匿性，造成了信息过剩，各种信息纷繁复杂，良莠不齐，多种文化和价值观相互碰撞，更加凸显了意识形态教育和理想信念教育的必要性和紧迫性。

首先，思想政治教育可以通过多种网络形式和途径，用马列主义、毛泽东思想、邓小平理论、“三个代表”重要思想、科学发展观、习近平新时代中国特色社会主义思想等理论武装人们的头脑，使网络文化传播主体树立起科学的世界观、人生观和价值观，坚定政治立场和政治态度，提高政治觉悟，坚定共产主义的理想信念，从而自觉抵制西方国家对我国的意识形态渗透和文化侵略。其次，思想政治教育可通过形式多样的网络宣传活动向网络文化传播主体宣传党的路线、方针、政策，并通过直观形象的数据与事实展示社会主义制度的优越性，展示我国改革开放以来的成就，使网络文化传播主体坚定社会主义信念，正确认识与看待社会主义建设过程中遇到的问题与难题，坚持中国特色社会主义的共同理想。并且可以充分利用网络文化传播中的多媒体技术、虚拟现实技术等，开展对于重大节日和重大历史事件的纪念活动，使网络文化传播主体在了解历史，了解国情中增强爱国主义情感，集体主义价值观、自我责任感与使命感，将个体理想与社会共同理想有机联起来，使网络文化传播主体理性看待网络文化给人的发展带来的机遇与挑战。

2. 把关网络文化的精神生产

我国是人口大国，拥有 14 亿多人口，随着互联网的迅速发展，由于我国人口基数如此之大，导致我国产生了一个巨大的网民群体。随着改革开放的不断深化，外国的文化产品纷纷涌人我国，其中文化产品的内容品质良莠不齐。而我国的文化产品实力不足，竞争力有限。文化产品不足体现为一个国家的文化生产力不足或者精神生产不足，而这种文化生产力的不足体现为精神文明受到外来国家，尤其是资本主义国家的侵蚀，以及受到文化霸权主义影响。精神生产作为整个社会生产的基本组成部分，本质上是人对自然和社会力量的精神掌握和人的创造力发挥的体现。在社会主义市场经济条件下，精神生产是精神文明建设的重要环节。精神生产是一定的社会价值观、思想观念和行为规范，包括法律、道德、风俗习惯等物质外化的过程。在国家宏观调控下，以某种精神产品的形式，向广大人民群众提供反映社会主义道德观和法律精神的思想、观念和原则，使人们在消费精神产品、满足精神文化需求的过程中，逐步提高思想道德素质和现代法律意识，为经济发展创造良好的社会环境。

在网络环境中，作为思想政治教育的传播者，应该充分发挥其主导作用，创造更多的适合我国社会主义的、本土的、具有中国特色的社会主义文化产品、精神产品。并且积极发挥其在网络中承担的教育功能，营造一种积极健康、风清气正的网络文化环境，激发广大网络传播主体创造文化产品的积极性，使人人参与、共同投身于精神产品创造的过程。

3. 提升网络参与者的网络使用素养

提高网络参与者的素质，使他们习惯于网络信息技术的融合，为思想政治教育与网络结合发展提供了保障。一方面，要提升思想政治教育主体的网络修养。互联网信息技术与思想政治教育的结合，转变了传统意义上思想政治教育静态和平面的发展趋势，实现了动态和立体的发展。教育主体要改变传统的教育观念和方法，实现创新与传统的结合，树立更有针对性的思想政治教育目标，实现形式与内容的统一，充分利用现代信息技术的优势，真正做到思想政治教育效果的理想化。具体来说，为了适应网络信息技术飞速发展下的思想政治教育工作，思想政治教育主体不仅需要更好的思想政治知识，而且需要有运用网络信息技术的能力和敏锐的信息意识。能够将这些能力与思想政治教育工作相结合。为提高思想政治教育水平，应充分利用相关网络信息技术，开展具体的思想政治教育。另一方面，要努力提高教育客体的网络素养。网络时代的社会应用引发了教育客体更高的人际危机。移动网络中的社交应用软件非常丰富，具有较强的隐蔽性和快速性。为了赶上潮流，教育客体往往积极参与其中。在大多数情况下，教育客体在网络世界中的自我表达与现实世界中的自我表达有很大的不同。此外，网络社会交往参与者的素质参差不齐，缺乏认同能力，容易使教育客体上当受骗。从长远来看，很容易导致教育客体在人际交往中出现双重人格、缺乏信任等心理问题，导致教育客体在移动网络时代出现更高的信仰危机。在移动网络环境下，教育客体与信息资源之间无障碍、直接、亲密的接触，缺乏必要的过滤和约束，导致垃圾信息、错误思想、殖民文化等负面因素对教育客体的思想观念产生较大影响。逻辑和行为，导致教育客体价值观的错位。政治信仰的缺失和文化追求的困惑不容忽视。因此，大力提高教育客体的网络素养，帮助他们提高科学利用传播资源的能力，合理利用媒体资源，是对教育客体进行思想政治教育的前提。

## 三、内容结合优化网络资源内容

### （一）用思想政治教育的内容净化网络文化环境

净化网络文化除了杜绝具有危害的言论与行为，更需要通过有目标的引导营造良好的网络文化环境。首先，要全面加强创建思想政治教育的主题网站。思想政治教育主题网站既是推进思想政治教育走向网络、进行网络思想政治教育的重要载体，也是传播建设主流文化、弘扬社会主旋律的重要阵地。例如建设一个综合的、有效的、数字化的思想政治教育文化资源中心，并且对资源中心的所有文化信息进行分门别类的建设，如马克思主义原理资源库、毛泽东思想资源库、中国特色社会主义理论体系资源库、法律知识资源库、国家政策理论数据库等，以便于网民的查阅，强化网民对社会主义意识形态的认同，自觉抵制资本主义意识形态的侵略。其次，通过网络强大的传播力与影响力，增加思想政治教育信息的输出量，扩大思想政治教育网站的感召力和渗透力。

### （二）强化网络文化资源的思想政治教育功能

网络文化资源的特点即海量且更新速度快，也正是缘于这些特点，使得网络文化对受众具有较强的吸引力和影响力。而网络文化资源具备两面性：一方面积极向上的网络文化资源能带动形成良好的网络文化氛围，引导积极向上的价值观，另一方面不加筛选的网络文化资源，尤其是包含别有用心的意识形态导向或不当价值观引导的网络文化资源，对受众的不利影响甚至是危害也是巨大的。因此，筛选、监管网络文化资源，使其能成为对受众具有积极向上引导力的文化资源，强化思想政治教育功能和目标的实现显得尤为重要。

强化网络文化的思想政治教育功能，具体来说需要注重以下几个方面：首先，要进一步丰富强化优秀网络文化资源。随着时代的发展进步，社会各领域的变革日新月异，可利用的网络文化资源只会越来越丰富，为了强化思想政治教育功能，开辟、筛选优秀的网络文化资源，并不断对其进行完善、组合，不断形成强化思想政治教育功能的合力。例如通过多渠道开辟具有显著思想政治教育功能的学习资源与平台、完善各类发表言论信息的准入规则与机制、对于网络文化中出现的积极向上资源和具有反面意义的资源要奖惩分明等。其次，要通过现代信息技术手段和人为筛选的方式，杜绝和删除网络文化资源中的有害资源，做到防微杜渐。例如：通过网络信息技术，设定网络监控关键词，一旦涉及敏感词汇甚至是内容，可以第一时间予以警醒与追踪，确认所涉及的内容资源有问题，可以迅速做出反应和处理。

# 第五章　网络文化与青少年思想政治教育

网络在给社会带来全方位的变化的同时，作为最尖端的信息传播媒体，也为作为网络使用主体的青少年的发展带来了机遇和挑战。一方面网络为青少年提供了丰富的信息资源，便捷快速的查询方式，不但开阔了视野，为想象力创造了良好的条件，也为青少年德育智育的发展提供了最现代化的先进手段。另一方面，网络信息的鱼目混珠良莠不齐，网络环境复杂又缺乏有效的管理和保护，加之青少年身心发育尚未健全，缺乏辨别是非的能力和判断力，很容易使正在成长中的青少年深陷其中不能自拔，不仅身心健康和全面发展受到影响，也让身边的人受到伤害。因此，如何利用好网络这个新兴媒体，使之更好地为青少年的思想政治教育工作服务，促进青少年的全面健康地成长，成为教育者面临和正在实践中不断探索的重要课题，也是思想政治教育工作领域所要探讨的重要内容。

## 第一节　网络文化对青少年价值观的影响

网络上的各种文化也在不断冲击着人们的价值观与思维方式。对于青少年而言，由于青少年的价值观并没有完全成型，其价值观尚在构建与完善过程中，网络文化大量涌现无疑给我国青少年的价值观造成了冲击与影响，这种影响既有消极的一面，也有积极的一面，这就需要对青少年进行引导，并在网络环境下对其价值观进行重构。

### 一、青少年价值观及其特点

要厘清网络时代下青少年价值观教育的问题就必须清楚地剖析价值观系统中的一些基本范畴和概念体系从而更准确地把握研究对象的本质。在本节主要按照“价值—价值观—青少年价值观”的逻辑对价值、价值观、青少年价值观等概念和范畴进行阐述从而更准确地把握研究对象的本质。

**1. 价值、价值观、青少年价值观**

什么是价值，在马克思主义劳动价值理论中价值被理解为“凝结在商品中的一般人类劳动”。显然仅从劳动价值理论的角度还不可能全面、合理地解释其他非劳动产品的价值，如名誉价值、品牌价值、阅读价值、收藏价值等。在现实社会生活中，价值这个概念被经常和广泛地运用，不同的领域、不同的层面、不同的角度，人们对其理解是不同的。马克思曾指出价值这个普遍的概念是从人们对待满足其需要的外界物的关系中产生的。根据马克思的这一论述，价值的普遍概念应产生于主体的人与客体的物或者人的相互关系中，客体对主体的积极作用。如果从这个角度来认识价值，还应包括以下三方面的理解：第一，价值的主体是人。价值离不开人，一切价值都是对人而言才成为价值的，一个没有人存在的世界，就是一个没有价值的世界。世界上的一切事物，离开了人就无所谓有用和无用，也就无所谓价值。只有在人与客体之间，才谈得上价值。而且人是一切价值的需要者、享用者和评价者。第二，价值是主体和客体之间一种客观实在的关系。这种实在的关系表现为客体功能对主体需要的满足关系。价值不是客观事物本身，也不是客观事物的某一特征。如果一个事物有着满足人的需要的可能，但不与人发生任何关系，也无所谓价值。第三，价值是客体对主体的积极的作用。在主体与客体的相互关系中，一是表现为主体人对客体的作用，二是客体对主体人的作用。但主体对客体的作用不是价值，只有客体对主体的作用才可能是价值。另外，客体对主体的作用是多种多样的，但客体对主体的消极作用，则不能称为价值。价值是客体对主体需要的满足，是对主体的积极作用。总之，价值是主体在社会生活和实践活动中，客体的存在和属性，对主体需要的适应与满足所表现出的效益、效用、作用和意义。在主体与客体的相互作用中，无论从哪个层面对价值进行认识或理解，“有益、效用、作用、意义”都是体现价值的关键所在。

从内容上看，价值观一方面表现为价值取向、价值追求、价值目标，另一方面表现为价值尺度、评价标准，成为主体判断客体有无价值及价值大小的观念模式和框架，是主体进行价值判断，价值选择的思想根据，以及决策的思想动机和出发点，对于主体的价值行为具有普遍的指导意义；从形式上看，构成价值观所特有的思想、观念、精神形式，主要是指人们头脑中的信念、信仰、理想系统。价值观主要不是表明人们“知道什么，懂得什么、会做什么”，而是表明人们究竟“相信什么，想要什么、追求和实现什么”，是人们在知识的基础上进行价值选择的内心定位；从功能上看，价值观在人们的价值取向中发挥着行为导向、情感激发和评价标准的作用，但最重要的功能就是成为人们心目中的评价标准。价值观具有相对的稳定性和持久性，在特定的时间、地点、条件下，人们的价值观总是相对稳定和持久的，对某种事物的好坏的看法和评价，在条件不变的情况下这种看法不会改变的。换句话说，人们关于任何价值的信念、信仰和理想一旦形成，它就会成为人们心目中用以评量事物之价值轻重，权衡得失弃取的“天平”和“尺子”。当然，随着人们的经济地位的改变，以及人生观和世界观的改变，这种价值观也会随之改变；从类型来看，理性价值观，是以知识和真理为中心的价值观，具有理性价值的人把追求真理看得高于一切。经济性价值观，是以有效和实惠为中心的价值观，认为最有效、最实惠就最有价值政治性价值观，是以权力地位为中心的价值观，这一类型的人把权力和地位看得最有价值社会性价值观，是以群体和他人为中心的价值观，把为群体、他人服务认为是最有价值的。宗教性价值观，它以信仰为中心的价值观，认为信仰是人生最有价值的。

概括地说，价值观是关于价值和价值关系的一般观点和根本观点，是人们在处理各种价值问题所持的立场、观点和态度的总和。青少年价值观就是青少年对其生活中的各种事物、现象和对自身价值的认识、评价、决定取舍所持的最基本的观点。一般来说，青少年时期是价值观形成并逐步稳定的关键时期。它是青年在自身发展过程中处理其行为与社会、他人或自身需要的关系时产生的思想观点，是社会意识的一部分，是社会存在的反映，青年价值观的变化很大程度上反映着社会经济和文化生活的变迁。

**2. 影响青少年价值观形成的因素**

影响价值观形成的因素是多方面的，涉及个体的全部内外环境，既包括生理因素和心理因素等内部环境，也包括自然因素和社会因素等外部环境。首先，青少年生理、心理的发展是价值观形成的基础。到了青少年中期，无论是身体内部各系统的结构与机能，还是身体外部的形态，都有了充分的发展。这些变化促使青少年以新的方式去感知自己的生理面貌，心理上也随之发生明显的变化。他们可以在内心深处萌发一种强烈地对“自我”意识的评价，引起他们开始思考个人在社会中的地位。其次，自然环境和社会因素对青少年价值观的影响。自然环境的特点和变化是价值观形成中不可忽视的因素。人们日常生活中所接触的自然因素，如山川、空气、水等，对人的影响具有恒常性的特点。而一些自然环境中较大的变化，如地震、火山爆发、水灾，则可能使人的价值观产生较大的变化。在社会因素影响下，班都拉的社会学习论给我们提供了很好的借鉴作用。他认为，青年所具有的知识经验、社会规范、思想观念态度等，与其说是直接经验学得的，不如说是通过观察学习得来的。而供青少年效仿和学习的有很多，其中包括政治、经济、法律、宗教、大众传媒、风俗以及科学、文化艺术等方面。特别是，电影、广播、电视、网络、报纸杂志、书籍等大众传播媒介对青少年的影响有着不可估量的影响，因此也会对青少年价值观产生重要影响。

青少年作为一个特定的群体，相对于儿童、成年和老年来讲具有明显的特征，其价值观具有自己特点。第一，强烈的主体性。随着青少年自我意识的发展，他们逐步具有了独立、自主的能力，“成人感”愈来愈强烈。个体的自我意识进入到了一个新的阶段。随着社会交往的扩大和人际关系的深化以及社会地位的提高、文化知识的丰富，青少年的独立意识日益增长，表现出强烈的主体性。第二，显著的变动性。心理学家霍尔把青年期比作是“疾风怒涛”的时期，这时的特点是动摇、起伏，出现一些非常显著地互相对立的冲动。因此，青少年自身的特点和社会的变化决定了青少年价值观呈现出显著的变动性。在这种情况下，使青少年的价值评价、价值取向和价值目标呈现出不稳定的态势。第三，明显的可塑性。青少年的生理、心理都还处于成熟的过程中，他们在人生历程中必将遇到许多新的问题，加上现代社会是处于急剧变化的过程中，青少年的价值观也会处于边形成边变化的过程。正是由于青少年价值观具有的可塑性，才使我们引导、矫正和培养青少年价值观成为可能。第四，广泛地从众性。在价值认识、审美意识、消费方式方面普遍存在从众心理，追赶着群体的标准和潮流。青少年群体上述特征，自然会对反映在他们价值理念、价值认知、价值取向上，并在他们价值观形成方面产生出显著的特点。

**3. 当代青少年价值观形成的特点**

新中国成立以来，青少年价值观的发展，大致可以分为三个阶段“文革”以前，“文革”中和“文革”以后。新中国成立初期，人们对新中国普遍怀有深厚的感情，当时青年的价值标准是社会、集体的利益高于一切，认为集体主义精神是崇高的，个人主义、利己主义是卑鄙的。“文化大革命”时期是青少年价值观大变动的时期，其间青年经历了由盲目崇拜，狂热追随、信仰动摇，到坚定地走上独立的道路的过程。党的十一届三中全会对于当代青少年的价值观形成新的特点具有重要意义。在三中全会发出解放思想、实事求是的号召后，青年们开始认真、系统地思考人生观、价值观的问题。1980 年，《中国青年》杂志载刊登了笔名为潘晓的文章《人生的路呵，为什么越走越窄》后，开展了人生价值大讨论，这次讨论反映了我国青年的价值观走上了重新确立的道路。进入 20 世纪 90 年代以后，我们所面临的世界正在发生着巨大的变化，在高科技的推动下，全球化和网络时代已经大踏步地来到我们面前。信息技术革命与互联网的发展正在促使经济全球化的不断加快，而全球化的发展又促使信息技术在网上的广泛使用。全球化进程的加快和网络时代的来临将给青少年的生活方式、价值观念等带来巨大的变革。

(1)价值选择的多元化。随着经济全球化进程的加快，国际互联网在中国的迅速发展，当代中国青年，越来越处于一个具有最大选择空间的环境之中。在这种环境中，新与旧、保守与开放、民族性与现代性交织在一起，增加了他们选择的机会。在互联网时代，网络媒体采取的是一种上下交互的方式，体现的是双向的和多级的传播。它彻底改变了拉斯韦尔的“五”模式是线性模式，即信息的流动是直线的、单向的。①在价值选择的标准上，权威价值标准面临着严峻的挑战，价值标准的不稳定性大大增强。从价值主体的角度看，网络时代是一个中西文化充分交融、碰撞的时代，所形成的网络文化在一定程度上影响着当代青少年。在价值悬殊背景下的文化冲突使得青少年的价值选择处于一种动态、开放的环境中。当代的青少年不再像我国 20 世纪五六十年代的人那样，坚持一个真理、固守一种价值观，而是在各种价值观的冲突中，选择自己认可的价值观，产生多样化的价值追求。美国心理学家霍尔就曾经把青少年发展的特征概括为十个相互矛盾的方面，诸如“保守与激进之间穿梭”“自私与利他轮替”“好行为和坏行为的交错”等。这种生理、心理的特点也反映出价值选择的多样性。

(2)价值评价的不稳定性。价值评价是价值观的重要方面，它对人们价值观的确立、维持或改变以及相应的社会态度和行为起着调控的作用。世界经济的融合与一体化，带来了文化的交流与互补，但是不同文化的冲突和碰撞，则严重地冲击和动摇着我们用几十年时间修筑起来的思想堤坝。一些人特别是未成年人，本来就不太牢固的价值观，被拍打得支离破碎。在新的文化背景下，各种不同价值观的较量，人们很难凭借经验去判断其好坏优劣、更不能根据自己的好恶去臧否孰是孰非。网络是一张无边无际的“网”，内容虽丰富却良莠不齐，青少年在网络上频繁接触西方国家的宣传论调、文化思想等，于是各方面的观念将大量充斥其间，暴力、金钱、色情、享乐主义、拜金主义等消极、颓废的内容也将被大量渲染，其中不少是内容不健康、格调低下乃至黄色淫秽的东西，对青少年的危害极大。这使得他们头脑中沉淀的中国传统文化观念和我国主流意识形态形成冲突，使青少年的价值评价体系发生动摇，摇摆不定，甚至盲从西方。

(3)价值理想的虚幻性。理想、信念是人生的支柱。任何时代的理想、信念无不打上了时代的烙印。在网络系统中，人与人是平等的，人在网络中只是一个符号、一个代名词。一方面，现实的、活生生的社会人在符号的遮掩下可以自由自在地表达自己的欲望、情感以及需要。网络时代一个很明显的特点是，网络上的自由发泄一方面使人更接近真实的自我，另一方面，人变得不切实际起来，对生活、对现实的期望，对自我的期望值往往过高。①在这种情况下，青少年的价值理想往往带上虚幻性、泡沫性。这种特点集中表现在把对友情、爱情的想象、幻想带到现实中去，在现实中进行泡沫式的操作演绎。其结果必然带来理想和现实的尖锐冲突。青少年正处于人生发展阶段的浪漫时期，这种浪漫经过网络的强化使价值理想的虚幻性、泡沫性在他们身上体现得更加充分。

## 二、网络文化对青少年价值观的积极影响

早在20世纪80年代初，电脑对于中国还是个稀罕物的时候，邓小平同志在参观上海市展览馆举办十年科技成果展的时候，就提出“计算机的普及要从娃娃抓起”。这是邓小平同志在信息时代来临时，向全体青少年发出的倡议和号召。伟人的一句话，标志着一个时代的开始，随后，在全国上下掀起了学习电子计算机的热潮，人们通过计算机、互联网、电子邮件、网络游戏、网络聊天，充分享受到了信息时代的快捷与便利。计算机和网络技术的飞速发展，使广大极易接受新鲜事物的青少年率先融入了一个新的时代—网络时代。然而，任何事物都具有其两面性。互联网的发展一方面为青少年的学习、生活、娱乐提供了自由、宽广的空间，但是另一方面，对缺乏自律能力的青少年身心健康和价值观的形成也产生种种不良的影响。

**1. 网络媒体的开放性，开阔了青少年价值认知的空间**

互联网是全球性的，它连接了世界各地的广域网和局域网，把地球"一网打尽"，即时、无界的互联网，就像在北京奥运会开幕式上所唱的"我和你，心连心，同住地球村"。人类为了共同的梦想，把世界变成了一个村子，而我们都是生活在一个地球村，在和的转换之间，把你和我紧紧地联系在一起。人们可以不受时空的限制，在极短的时间内取得地球上任何地方的信息。这种开放性的特点，有助于开阔青少年价值认知的空间。

(1)有利于民主价值观的培养。网络媒体的传播方式消解人们对权力中心和集权控制管理模式的认可，强化人们关注个体、尊重平等的意识，促使"个体话语"和"小众话语"的活跃和分权，网络媒体为民主化进程提供了强有力的技术支持。根据《中国青年报》的相关报道，71.9%的公众认为网络表达将成中国式民主建设新通道，2008 年被称为互联网引导舆论元年。从奥运火炬传递时 MSN 上的"红心照耀中国"到汶川地震时的"网络爱心集结"，网络媒体以其便利性和互动性，正日益成为被广泛接受的民意通道。从中央到地方，许多官员开始尝试电子政务在线办公。"这表明政府肯定了网络在表达民意方面的积极作用。"北京大学政府管理学院教授燕继荣认为，政府在努力寻找人民表达权实现的新途径。1919 年的五四运动，中国迎来了德先生和赛先生，即科学和民主。可以说，不管是哪一个时代的青年都特别关注民主化的程度，经过了近一个世纪，中国民主化进程在不断地得到发展。网络的出现为当代青少年建立民主观念创造了一条很好的路径。通过网络媒体青少年网民不仅表达了民主需求，同时也及时了解到民主供给的情况，在民主需求与民主供给中寻找到一个平衡点。互联网确实能让更多的青少年参与到国家民主建设当中来，从近两年网上曝光的诸如"周老虎"，"香烟门"等事件来看，从这些事情的揭露，到引起有关方面的关注，到最后的依法处理，都是在网络舆论的监督和推动下完成的，而这在传统媒体时代几乎是不可能的。在中国的民主建设进程中，政府一方面可以通过网上推行"民意调查""了解网民的心声"等活动来倾听民意另一方面，也可以通过在网络上公开政府信息来避免暗箱操作。政府信息的公开不仅可以让更多的人了解公共事件的真相，从而对政府起到监督制约的作用，同时也可以让更多民众参与到政府政策的制订中来。

(2)有利于平等价值理念培养。在网络世界中，没有权威和特权的影响和干预，人与人之间不存在社会地位、性别、职业等方向的差别，从而使得每一个人能以平等的身份参与交往活动中来，这将有助于平等观念的建立。麦克卢汉在20世纪60年代就曾经预言，“信息技术的发展将使地球变成一个村落—地球村，每个人都可以享受到网络的强大功能和丰富资源，人们都将充分分享信息，享有平等的话语权”。所表现为信息使用的平等、参与的平等。互联网就如同一个没有疆域的信息海洋，任何人可以在任何时间、任何地点以任何身份获取自己所需要的信息，它破除了少数人控制、垄断信息传播的局面，打破了不同人享受不同信息的情况，青少年可以通过Google、Baidu找到所想要的任何相关信息。网络媒体为信息资源平等共享提供了必要的前提，而信息共享又为人们平等参与社会活动、政治活动提供了便利条件。在校园里，青年学生可以通过网络投票选出“我心目中的好老师”“校园十佳学生”。在校园外，我们同样可以参与“当代读者最喜爱的100位中文作家”“抗震救灾英雄少年”的评选。不管是每一个网上投票活动，还是每一篇网络评论，都体现着自由与平等，即自由发挥的网络使用权和自由发言权。

(3)有利于创新理念的培养。人本主义心理学家马斯洛说：“创造性首先强调的是人格，而不是其成就……自我实现的创造性强调的是性格上的品质，如大胆、勇敢、自由、自主性、明晰、整合、自我认可，即一切能够造成这种普遍化的自我实现的东西，或者说是强调创造性的态度、创造性的人。”可见培养创新意识，提高创新者心理素质多么重要。互联网的开放性和非中心权威性的特点，有利于青少年创新精神的培养。中国文化是世界上最古老的文化之一，这种经过几千年积淀的古老文化极易形成一种封闭僵化、崇尚权威、墨守成规的民族文化心理定势，束缚了人们的创新思维和创新能力。网络媒体为创新的想象力提供了前所未有的源泉。首先，在计算机网络领域举办比赛，利用网络技术培养青少年创新意识。如学生网页制作比赛、课件制作比赛等，使学生充分运用了声音、动画等多媒体技术，进而不断创造和探索。其次，网络教育激发创新精神。网络的时代特征，给传统教育观念带来了挑战，也构成了激发自主创新意识的各种平台。教育者和受教育者同样受到激发，面对网络，教师已经无法垄断“话语权”，他们与学生是平等互动的关系。网络时代改变了传统的教学方式和陈旧的教学内容，从而达到真正激发学生自主创新意识的最终目标。

(4)有利于全球意识的培养。随着科学技术的迅猛发展，交通和通信技术的革命性创新，尤其是以计算机为基础的数字化光纤网络通信和卫星远程通信技术革命，大大突破了传统的时空局限，使人类居住的地球缩小了。人类已经全面进入全球化的阶段。所谓全球化是指当代人类社会生活的活动空间正日益超越民族国家主权版图的界线，在世界范围内展现出全方位的沟通、联系、交流与互动的客观历史进程及趋势。因此，人类社会的发展要求必须对青少年进行“全球意识”培养。在过去，由于地域不同、语言有别，人们长期居住在一个生活相对稳定的环境中，因受种种条件的制约，使得人们的某些观念受到局限。而网络媒体的出现，使得人们的眼界豁然开阔。由于网络超越了国界，出入境无须办理手续，更不须等待特别机关的审批，因此，在网络上不同国域的网民的联系变得十分便捷，鼠标一点，你就可以足不出户访问国外网站，与素不相识的人们探讨共同关心的问题，交流不同的看法和意见。随着世界全球化进程的日益加快，出现了很多“全球性”的总问题，如人口爆炸问题、全球气候变暖问题、资源利用问题、毒品问题等。全世界的青少年可以利用网络的开放性和全球信息、资源共享的特点，共同关注、共同努力。从而使青少年具有开阔的心胸和开放的态势，培养青少年的世界公民意识。

**2. 网络信息的丰富性，拓宽了青少年价值认知视野**

网络是一个巨大的信息资源宝库，是一个吸纳、承载人类过去、现在、未来的大平台，可以说是包罗万象，应有尽有，这为思想活跃，求知欲强，对新事物、新观念有敏捷反应的广大青少年了解更多的未知领域提供了极大的方便。网络媒体所提供的信息是全方位、多元化的，更囊括了不同国家，地区的不同文化形态和思想观念。这种信息的多元化的特征，能够激发青少年网民的想象力、求知欲和创造性，对他们思维的活跃与拓展是极为有利的，自然也就有利于青少年网民开阔视野，增长知识，促进其拓展青少年的价值认知的视野。

人脑与电脑的结合，加深了青少年对外部世界的认知。未来学家托夫勒在他所著的《第三次浪潮》中曾指出，人类在经历了两次社会记忆的革命后，现在正面临着第三次革命。而第三次一记忆革命是以计算机处理数据而变得丰富又活泼，计算机及其互联网为人和人之间、人和周围智能环境之间的交往，为人类记忆空间和时间上的延伸，提供了强大的硬件设施基础。根据计算机的第一定律—摩尔定律它指出半导体芯片所能容纳的晶体管数量，是以每一年半至两年为一个周期，逐期倍增，人类的记忆能力将随着计算机的辅助记忆功能的不断增强而不断提高。网络媒体给我们传输了丰富的信息量和新奇的事物，青少年正是人类综合智力开发的高峰时期，青少年智力的发展水平与其生活、学习和工作有着极其密切的关系，面对着网络可能产生大量的新理论、新思想、新概念、新见解等，青少年的观察力、记忆力可以得到充分的培养和训练。

网络时代，促使青少年学习知识的深度和广度提高。网络媒体是一个信息极其丰富的百科全书式的世界，为青少年提供了一个新天地。通过网络，青少年学生可以学到很多书本上没有的知识，网络有助于他们了解社会，在网络虚拟的世界里他们可以仿真练习、模拟现实，还可以随时有针对性地获取所需的信息，增加自己的信息量。网络信息的丰富性和快捷性，大大拓宽了青少年学生的求知途径，有助于青少年开阔视野、促进学业网络可以为青少年提供一种自由、轻松、没有压力的学习环境，有助于青少年培养和发挥创新。从某种程度上来说，网络不只是为青少年打开了认识世界的一扇窗，而且是为他们创造了另一个求知的广阔空间。在世界各个，数百万青少年通过一张名叫“卡门圣地亚哥究竟在哪里”的地理游戏光盘学到地理的基础知识，青少年读者选择的一个任务可以有两个小时以上的交互时间，从中跨越近个背景现场和各国家，最终通过与电脑的一些对话完成某一阶段的探索，从而了解到很多相关的知识。我们可以利用世界上最好的教师在网上授课用最简单、新型、交互、愉悦的学习技巧，将我们的才智与世界上最好的专家连接起来。互联网已成为青少年获取信息的主要渠道，其信息量大、传播速度快、瞬时性、可下载性、可储存性的特点，决定了它具有书本等传统媒体无法比拟的优越性，为广大青少年自主选择，主动学习，接受教育，进行交流和娱乐提供了一个广阔的活动空间，从某种程度上说拓展青少年受教育的空间是改变了过去以教师、课堂为中心的教学模式，确立了学生在受教育过程中的主体地位。

**3. 网络文化的多元性，丰富了青少年价值观交流内涵**

网络技术的广泛使用使得网络文化应运而生，内容总量激增、样式更加丰富，给人们的精神生活带来了许多新的感受和体验。互联网给文化发展带来了新的生产和传播方式，其中最具代表性的是传播方式的改变。在网络社会中，单一的传播者的地位被动摇，传播者呈现出多元化的特征，因此，传播内容也就是多元化。

网络文化的多元化有利于拓展青少年价值思维。与传统媒体比较，互联网上所包容的信息虽然多，但却缺乏导向性。同一条信息，通过不同的传播方式传达给青少年的信息与思想是不一样的，从这个角度讲，多种信息的不同价值取向可以有效地拓展青少年的价值思维，让他们学会多层次、多角度地思考和看待问题。进一步而言，面对种种多元化的信息，青少年必须学会自己思考，从中筛选出符合自己价值观的有用信息。网络媒体双向或多向的传播方式，使受众主体性意识增强，并通过双向或多向的交流体现主体的意志、情感和态度，从而使受众主体的价值追求、价值理想、价值思维的表达更具有多元性、多向性。通过这一过程，青少年不仅锻炼了自己独立思考问题的能力，而且也提高了自己对事物的分析力和判断力。网络媒体通过互联网互动平台，没有中心，也没有统一的管理者，网民必须"自己为自己做主""自己管理自己"，自觉地做网络的主人。在这个比现实世界更为广阔的空间中，青少年可以自主选择自己喜好的学习内容和形式，自主决定要访问的网站，自主接受不同的信息，主动进行分析比较，这种方式将大大地促进青少年独立意识的发展。网络媒体的互动性不仅迎合了青少年强调个性、崇尚个性、不盲从、有自己独立见解的特点，有助于青少年走向人格独立和思想的成熟，而且网络媒体为青少年网民开创了一个自由参与、自由探索、自由创造的空间，他们可以在网上大胆地表达价值追求和价值主张，必然促使他们价值思维方式变得多样性、多元化。

网络媒体对开发青少年内在的潜质有着无可比拟的优势。青少年作为特定的一类群体，一个显著的特征在于可以挖掘的潜质和潜能十分巨大。而我国中小学教育一向"重知识，轻能力重分数，轻素质重智力，轻情感教育"，他们忽视对学生潜质的挖掘，忽视了学习动机、兴趣、情感、态度、意志、毅力等方面的引导。"潜能"，广义解释为潜在内部未被开发的能量或能力。"潜质"如果按字义可理解为"潜在的素质"。如何发掘青少年潜在的能力和素质，就要按照陶行知先生所言的"六大解放"，即"一是解放学生的头脑，使他们思想；二是解放学生的双手，使他们能干；三是解放学生嘴巴，使他们能问；四是解放学生的眼睛，使他们能看；五是解放学生的空间，使他们能到大自然大社会里扩大知识和眼界，获得丰富的学问六是解放学生的时间，使他们学一点他们渴望要学的知识，干一点他们高兴干的事情"。只有做到了这"六大解放"，青少年的潜质才能充分发挥出来。网络媒体的出现为青少年学生潜质的挖掘开辟了一条重要的途径，在浩瀚的信息海洋中学会了独立思考，并可以不断地扩充自己的知识量，了解自己感兴趣的知识。而网络文化的丰富性和多元性，使得网络成为了一个无边无际的广阔空间，存在着许多新鲜和未知的事物，出于青少年好奇心的特点，他们往往会不知疲倦地积极探索这些未知领域，通过这种探索和创新，青少年所具有的潜质和潜能就被有效地开发出来，也由此开发出了价值观念交流的内涵。

## 三、网络文化对青少年价值观的消极影响

### 1. 网络信息的复杂性，造成青少年价值认知的偏差

“信息高速公路将会通往许多不同的目的地”登录因特网，走向天堂还是被拖下地狱全在一念之间，这是由网上信息的复杂性决定的。随着国际互联网的迅速发展，信息全球化、网络化已经成为现实，而且开始深刻地影响青少年感知、认知世界的方式，对社会规则的内化以及他们的世界观、价值观。数字化生存之父尼葛洛庞蒂就将因特网称为“地球上最肮脏的地方”。网络信息以其个性化、自由化、匿名化，以自我为中心，蔑视权威、追求平等，强调权利，忽视义务和责任等复杂内容，极易被处于价值观形成时期的青少年所接受，对青少年的价值认知造成误导和偏差。对青少年造成价值认知偏差的最直接因素是虚假信息和色情信息。

虚假信息。在 2008 年“第八届中国网络媒体论坛”上，中国国务院新闻办公室主任王晨列举了网上不诚信问题的十种表现，其中第一种表现就是“发布虚假信息、扩散小道消息、发表不负责任言论，干扰网上信息传播秩序”。首先由于网络特有的复制、粘贴功能使得网络信息具有极大的复制性，而验证信息的真实性却需要大量的时间和精力。同时网上信息的发布又呈现出无序的状态，其筛选和把关很难控制，这些都为网上虚假信息的传播提供了足够大的时间和空间。其次，网络为人们提供了一个自由发布信息的平台，时下最为盛行的是“博客”。博客，英文 Blog，即“Web log”(网络日志)的简称。博客是在网络上的一种流水记录形式，是一种没有技术门槛、操作简单的网络信息载体，具有记录和报道的功能。博客是网络媒体的中继 E-mail、BBS、ICQ 之后的一种交流方式，“Blog 是每周 7 天、每天 24 小时运转的言论网站，这种网站以其率真、野性、无保留、富于思想而奇怪的方式提供无拘无束的言论”。这也直接决定在博客上的信息缺乏真实性。再次，网上信息为了迎合绝大多数年轻受众的需要，进而提高点击率，极力追求新鲜、前卫、刺激，把新闻标题和内容语言做得极为夸张和耸人听闻。吸引青少年眼球的目的到达了，却远远背离了新闻的真实性原则。青少年的是非判断能力，自我控制能力和选择能力还不足

以抵御这些不良信息的负面影响，很容易在不知不觉中成为不良信息的“污染”对象，从而使价值认知产生偏差。

色情信息。青少年网民既是网络黄赌毒感染的“高危人群”，同时又是网络黄毒传播的主流人群。网络色情之所以对青少年的色情行为起着直接的诱发作用，原因是极其复杂的，除了网络所提供的客观情景环境以外，青少年自身心智上的不成熟也是一个重要因素。一方面，由于青少年时期是自我意识迅速发展并走向成熟的关键时期，此时他们的身心发展尚未定型，遇事缺乏冷静的思考，易冲动，更没有建立起成熟的性爱和性道德观念，容易受到外部条件的不良诱惑。心理学研究告诉我们，行为动机的产生有两大前提条件一是内在需要，二是外界刺激。从根本上说，网络色情正是满足了青少年个体内在的低级需要，并使他们的感官及肉体欲望高度膨胀，直至不能自拔。另一方面，青少年模仿能力强，易受外界因素影响。青少年的模仿并不是盲目的，而是有选择的，那些新奇的、刺激的、令人羡慕或感兴趣的事物往往是青少年模仿的对象。在这种情况下，具有一定安全性和匿名性的网络，便成为青少年探索性知识、排解性冲动的一种途径，使性意识刚刚萌芽的青少年成为“虚拟性爱成瘾”的高发群体。网络媒体传播的色情信息，容易导致青少年产生性罪错或性犯罪的病态心理。有关资料显示，目前互联网上大量的黄色电脑软件和黄色网站。互联网上各种色情信息的泛滥，加上青少年生理、心理发育期的特殊情况，如果缺乏有力引导，很容易诱发青少年实施卖淫嫖娼、强奸等违法犯罪行为。

**2. 网络交流的隐蔽性，造成青少年价值取向的混乱**

在网络空间里，任何事物都不具有现实空间里的实体性，往往是看得见摸不着，听得见却看不着，具有一定的隐蔽性。在网络环境中所有的参与者之间的身份、地位都被忽略，每一个人都可以按照自己的意愿，把自己虚拟成任何一种身份，彼此进行对话、聊天，任意点击鼠标，把自己置身于隐蔽的环境中。在这样一个具有隐藏性的网络世界里，对于正在成长中的青少年来说，由于思想和道德的不够成熟，在好奇心和求知欲的驱使下，往往沉溺于其中不能自拔，极易导致价值取向混乱的现象。具体表现在：

(1) 网络信息传播的隐蔽性，影响青少年伦理道德的构建。首先，道德主体意识方面，个人主义彰显。从新中国成立以来，我国大众媒体积极倡导社会主义主流价值观、主张奉献精神，并积极宣传“集体主义”。然而，网络媒体出现后，很多唯利是图的人利用网络信息传播的隐蔽性，在网络上发布虚假信息，甚至宣扬“个人主义”。从 2004 年在网络上迅速蹿红的“芙蓉姐姐”到 2009 年的“快乐女生”，都在网络中过分地强调个人的利益，表现出自私自利，以自我为中心而不顾及受众的感受。在没有起点和终点，没有中心与边缘，没有强制与服从的网络，每一个网络主体都把自己当成是中心，在网络上率性而为，随心所欲，而不顾及别人的评价与感受。长此以往，不仅弱化了青少年的道德意识，对良好道德品质的形成产生强大的冲击，使尚处在身心发展关键阶段的青少年价值取向偏离健康的轨道。其次，道德主体行为方面，道德失范、行为越轨甚至违法犯罪的行为增多，造成青少年道德行为缺乏约束力。由于网络媒体中道德约束缺乏，青少年心智尚未成熟，在面对网络“没有政府、没有警察、没有军队、没有等级、没有贵贱、没有歧视”的“世外桃源”，难以保持清醒的思维，在网上想说什么，就说什么，不顾任何后果，甚至把将网络当作发泄自己不满的窗口，什么不文明的话都敢说，毫无自律意识。对于沉湎于网络媒体的青少年，会因为网络的隐蔽性而滋生的不道德的行为表现为撒谎、冲动、暴戾。在网络上，谎话变得极为普遍，很多年轻人以在网上撒谎为乐事。在网络中浮躁的言辞和画面的刺激，常常导致青少年网民遇事不冷静的冲动心理，在网上互相对骂甚至在网下见面斗殴，以致伤人的事件已不鲜见。

(2) 网络媒体对意识形态传播的隐蔽性，造成青少年信仰危机。邓小平同志曾经说过“可能是一个冷战结束了，另外两个冷战又已经开始。一个是针对整个南方第三世界的，另一个是针对社会主义的”。21 世纪以来，“大中东和平计划”的推行、“颜色革命”的接连发生，证明了邓小平当年预见的正确性。事实上，西方社会从来没有停止过对我们的政治图谋和意识形态的渗透，由于网络媒体传播的隐蔽性，使得这种图谋和渗透变得更加阴险、尖锐、现实和复杂。美国等西方发达国家利用其网络技术的隐蔽的形式将本国的价值观念、意识形态沿着网络畅通无阻地输送到社会主义国家。网络媒体在信息传播中，具有很强的意识形态功能。一是政治宣传，二是价值观引导，三是思想传播，四是行为“控制”。克林顿任美国总统时，就在“国家信息基础结构行动”计划中宣称，“要开辟一个新的战场，其目标就是西方价值观统治世界，实现思想的征服”。在美国等西方发达国家利用网络媒体，采用多种方式对他国的意识形态、政治制度、文化思想和价值观念进行“西化”，特别是对社会主义国家进行渗透、诋毁和攻击，就如同一场“没有硝烟的战争”。而青少年的价值观正在形成的过程中，在强大意识形态的攻势下，一些青少年表现出了对社会主义和共产主义信仰不坚定、认为社会主义和共产主义信仰是极“左”时代的产物，即所谓的信仰危机。当今青少年尤其不能没有信仰，不能没有科学而合理的共产主义信仰，因为没有远大的共产主义理想和信仰的人必然会眼界狭隘，精神萎靡，从而滋生出拜金主义、享乐主义和极端个人主义。

**3. 网络“虚拟世界”，造成青少年现实价值观的扭曲**

虚拟世界与现实世界的偏差，导致青少年现实价值观的扭曲。在信息社会中，网络具有虚拟性的特征，其主要表现在三个方面网络空间的虚拟性、网络行为的虚拟性和网络行为主体身份的虚拟性。其中，所谓网络空间的虚拟性，是指网络空间是人为设计和构建的社会信息世界，不同于人类凭借感性和理性认知的现实世界。互联网在促进了人类生活方式和社会组织结构的深刻变革，甚至形成于现实世界并行的“虚拟世界”。在这个“虚拟世界”，青少年对真正的需要难以确定和把握，什么是真什么是善什么是美什么是正确的人生观、价值观，常常被虚拟的网络环境扭曲。比如，在网络游戏里，杀人虽然只是虚拟的，但可以获得一种快感。虚拟世界的生命成为一种符号，一种随时可能被消灭的符号，游戏者在处置这些符号时毫无怜悯之心。他杀死了一个又一个符号，但都没有犯罪感，因为一个符号没有必要为另一个符号负责，这种杀戮练习造成了我们称之为“零度情感”的心理定势。比如，青少年在玩一些以暴力、色情、邪魔等西方游戏时，西方文化价值观与民族文化中倡导的仁、义、礼、信、智、忠、孝等会产生激烈的价值冲突。而青少年出于对游戏的热爱，会不自觉地以“适应”西方的文化，并在这过程中被西方文化异化。在网络媒体创造得非常宽松的虚拟世界，可以随意地杀人、放火，可以结婚、恋爱，而这一切都不必承担任何后果和责任等，这类潜藏在游戏中的价值观会直接造成青少年现实价值观的扭曲。

网络交往的虚拟性，使青少年的现实婚恋观受到挑战。自从有了网络，人与人的交往又多了一种方式，那就是通过网络进行交流。网络交流的方式有很多种，如 QQ 聊天、E-mail 电子邮件、BBS 留言等，但由于交流主体不明确、交流方式虚幻性、交流内容缺乏真实性等弊端，常常会影响青少年交友观，特别是青少年的婚恋观。通过网络进行人际交往网络聊天就是在网上与素不相识的所谓网友闲聊，涉世不深的青少年极易受不健康话题的影响，引发心理和生理上的不良反应，也易受居心叵测人的诱惑。首先，网恋催生“早恋”。通过网络聊天而进行虚拟的恋情，这是很多青少年网民曾经或正在面对的问题。但网恋并不等同于浪漫和真情，网络是冒着很多危险进行的。爱情是美好的，也是现实的，但在网络的虚拟空间中，人和人性被套上了虚假的面具，导致这一本是真实情感往往遇上了种种的陷阱。事实上，这并不是爱情本身有错，而是网络的虚拟性与网恋现实相悖所惹得祸。这样的相关报道非常多。而由网恋引发的婚姻家庭纠纷，在本世纪初就已经初露端倪了。很多原本是非常恩爱的年轻夫妻，由于其中一方深陷网恋而提起离婚诉讼的案例很多，甚至出现家庭暴力及伤害事件时有发生。

虚拟的网游世界，成为青少年价值错位的重要诱因。网络游戏被一些专家学者称为“电子海洛因”。这种丰富多彩、五光十色、自主交流的网络游戏，正好符合青少年的好奇心理和渴望接受新事物的特点。再加上网游中玩家可以在基本上不受约束的氛围中自由交流，也同青少年成长过程中的孤独感的心理相吻合。因此，青少年就会沉迷于其中而不能自拔。在游戏世界里，所有问题都可以用武力解决。当青少年熟悉这种方式之后，在现实社会中遇到冲突，便会采用这种最熟悉的方式来解决。而大多数网游都充斥着谩骂、诈骗、PK、杀戮，使得沉浸于其中的青少年不能从虚拟的世界里面走出来。在网络游戏里，杀人虽然只是虚拟的，但可以获得一种快感。虚拟世界的生命成为一种符号，一种随时可能被消灭的符号，游戏者在处置这些符号时毫无怜悯之心。

总之，在网络媒体开放、自由的天地里，各种新奇的想法、虚拟的对象都强烈地吸引着青少年，在这网络世界中，接触不同国家、地区的不同的宗教信仰、价值观念、风俗习惯和生活方式，接触各种西方论调及文化思想，接受着来自各方的内容庞杂、良莠不齐各类信息，必然造成青少年思想上的混乱和迷失，并在潜移默化中直接影响现实价值观念、行为方式，甚至把部分虚拟的价值取向会转化为现实取向。

## 第二节 网络文化对大学生思想政治教育的影响及对策

网络为人们提供了多如繁星的各类文化信息，与此同时，一种借助网络新兴媒体广泛应用与传播，并以此为载体和手段，以网民为特定的接受对象，具有不同于传统文化特点的新型文化——网络文化悄然勃兴。同网络的双重影响一样，网络文化也是一把双刃剑，使大学生思想政治教育积极与消极共生，机遇与挑战并存。

## 一、网络文化对大学生思想政治教育的正面效应

以网络技术的广泛应用为标志的信息化时代的网络文化，推动了思想政治教育的不断变革与创新。开放的、便捷的网络文化不仅带来了教育手段和教育方式的信息化与现代化，也带来了教育理念和教育内容的科学化与民主化。它为青年大学生创造了一个全新的学习和生活环境，也为高校思想政治教育的发展带来了新契机。

**1. 增强了思想政治教育的吸引力**

一直以来，大学生思想政治教育的效果都不尽如人意，当代大学生对于谈话、听报告等纯粹说服教育式的教育模式并不是很感兴趣，也提不起精神，甚至有些大学生已经产生厌烦心理。而网络文化通过声、光、色、图等鲜活多样的表现方式吸引大学生参与其中，有效地增强了思想政治教育的吸引力。网络文化是以文字、画面、声音、图片等多重表现形式为载体的新兴文化，其丰富的表现力刺激了大学生的多重感官，改变了以往以听为主的单一的教育方式，使思想政治教育走向视听结合的多重感官刺激的教育模式。网络文化传播中图文并茂、声像结合等丰富的表现形式使文化的传递更加形象而生动，这大大增添了思想政治教育的感染力，吸引了更多大学生主动接受教育。同时，立体的图像、虚拟的声音和感触使大学生的多重感觉器官受到刺激，有一种身临其境的感觉，激发了大学生浓厚的学习兴趣和参与的热情，促进其在潜移默化中自主学习，提高了学习效率，取得了以往教育手段所无法比拟的效果。除此之外，在网络文化环境下，教育者借助虚拟传播技术，运用美轮美奂的图像、动态的画面、极富情趣的声音等手段，设置多样的、变换的思想政治教育情境，为受教育者创设一个理想的受教育环境，丰富了思想政治教育内容，使其更加生动、形象，具有感染力，寓教于乐，吸引了大学生的注意力。同时，网络文化的主体的开放性和自由性，也使大学生可以自由地通信、交友、聊天，也可以就热门话题发表意见和看法，使他们主动参与到思想政治教育的活动中，并通过主体的感知、经历、体验，促进其个人素质不断提高，提升个性品质，使思想政治教育的形式更加灵活多样，为思想政治教育注入了新的活力，增强了思想政治教育的吸引力和说服力。

**2. 提高了思想政治教育的针对性**

思想政治教育一直强调要尊重受教育者的主体地位，但是仅仅依靠原有的传播条件是不行的。以往高校思想政治教育大多通过座谈、听报告、复印学习文件等形式，无论是在内容、形式、还是覆盖面积上都有一定的局限性，忽视学生的个性发展，缺乏层次性和针对性。网络文化背景下，思想政治教育主体的思维活跃、思想状况复杂，他们崇尚个性化发展，对社会事物有着不同层次的内心需求和个人见解，尤其是近年来，高校不断地扩招，青年大学生的人数不断增多，各种教育资源已经远远不能满足学生主体的实际需求。而网络文化的传播是建立在平等的基础之上的网络用户之间多对多的交互沟通方式，其核心就是“人—机—人”的互动。网络文化平等性使教育着和受教育者在网络文化面前处于同等地位，消除了种族、家庭地位、文化背景等限制，从而使思想政治教育主客体双方的信任度提高。教育者可以通过 QQ、Email、MSN、BBS、博客等途径与受教育者及时沟通，交流思想，了解和掌握学生的学习、生活、人际交往等状况，促进教师和学生更好地交流，达到心灵相通、教学相长的良好效果，使大学生思想政治教育更具针对性。教育工作者通过收集、整理、分析这些网帖，及时反馈教育信息和教育与管理等方面的问题，并建立预警机制，尽可能地把问题解决在萌芽之中，从而有效地开展思想政治教育，提高高校思想政治教育的时效性和针对性。

**3. 促进了思想政治教育的社会化**

社会化是人能动地接受社会物质文化、精神文化、制度文化等多种文化形式的过程，它是人的生物性向社会性转化的过程，也是个人适应社会生活的整个过程，这一过程伴随着人类社会发展的始终，并随着社会的变化不断赋予其新的内容。网络文化这一新生事物的出现加快了社会化进程，促进了高校思想政治教育的社会化，也为高校思想政治教育的社会化注入了新的内容。网络文化的广泛传播，为大学生进入社会提供了条件，它突破了以往思想政治教育的时空界限，拆除了高校与社会之间的一道道“围墙”，将大学生带到一个更为广阔的天地。丰富的网络文化资源为大学生的学习和娱乐提供了平台，他们在与网络文化接触碰撞的过程中不断交流思想，沟通情感，获取知识与信息，在这一过程中，大学生开阔了视野，更新了思想观念，这些都有利于思想政治教育社会化的实现。同时，网络文化多样与便捷的传播方式也促进了思想政治教育的社会化，它通过网络课程、主题网页、特色网站等多种形式将家庭、社会组织和政府的相关部门有机联系在一起，发挥了思想政治教育中家庭与社会的力量，实现了更广泛的思想交流与沟通。思想政治教育从内容上到形式、从指导思想到实际操作，都将更贴近大学生思想动态和现实生活，更符合大学生的实际需要，这有利于形成高校思想政治教育的巨大优势，使大学生思想政治教育工作取得更好效果，从而最大限度地实现高校思想教育的社会化。

**4. 扩大了思想政治教育的影响力**

网络文化的出现为思想政治教育注入了新的力量。网络文化的快捷、开放的传播方式为大学生思想政治教育工作者提供了大量新颖的教育思想、鲜活的教育内容和专业化的教育手段，使思想政治教育可以做到大容量、大口径的信息输出，传播速度快，操作便捷，极大地提高了思想政治工作的实效。传播效果及覆盖面，能够实现思想政治教育工作由“人力密集型”向“科技密集型”的转变。网络文化的共享性使高校思想政治教育可以占有网络市场，通过网络对大学生进行教育，这在一定意义上克服了传统思想政治教育影响面较小的弱点，使大学生思想政治教育课堂得到无限延伸，不再仅仅局限在教室这一封闭的空间。教师面对的也不仅仅是固定的学生，它还包括了数量庞大、多样的教育网站和网页，突破了时间和空间的局限。同时，网上远程教育也成为了一种崭新的教育形式并日益凸显出其独特优势，开辟了国内外思想政治教育学术交流、科研合作的新场所，极大地丰富了思想政治教育的内容。可见，网络文化交互性的传播形式与多样的资源共享性，拓宽了大学生思想政治教育的渠道，丰富了思想政治教育的方式与方法，扩大了大学生思想政治教育的影响力。

## 二、网络文化对大学生思想政治教育的冲击与挑战

网络文化的出现是人类文化发展史上的一个里程碑，是人类文明的重要成果。在网络文化背景下，教育环境更加开放、教育过程的互动性和教育对象主体性得到体现，这些都对思想政治教育提出了新的要求，也带来了新的挑战。

**1. 挑战思想政治教育方法和手段**

目前，高校的思想政治教育基本还是沿用“一支笔、一本书、一块黑板”的课堂教学方式，或者是采用听报告、开大会等摆事实，讲道理的方法。教育者在固定的时间、固定的地点，通过课堂宣讲、个别谈心、座谈、讨论等面对面的方式，对受教育者进行说服、启发，而受教育者则在一个相对封闭环境中被动地接受“灌输”，通过这种长期的思想政治教育工作，在潜移默化中逐步

对受教育者产生积极影响，以达到思想政治教育的目的，取得一定的教育效果。然而，随着信息化、网络化的发展，大学生将不用按照传统的教育方式在规定的时间和固定的地点接受教育，因为，只要有一台联网的电脑，学生就可以随时获取所需的知识，迅速了解国内外的政治、经济、社会生活等各方面的信息。原来相对封闭的、狭小的教育空间，将被开放性的、全球性的教育空间所取代。以开放和共享等特征为表现形式的网络文化在大学生的思维方式、生活方式和交往方式等方面都产生了一定的影响，也使“面对面”的传统的思想政治教育方式面临更大的挑战。互动性的网络文化传播方式促使思想政治教育必须走向更为广阔的时空，以往通过报告、汇报学习、开大会、谈话等封闭的、固定的教育方式已经不能适应网络时代的要求，教育的时效性和持久性都受到质疑。如何应对网络文化的冲击，变革传统的教育方式与教育手段，实现教育方式和手段的现代化，是当前高校大学生思想政治教育必须不断解决的问题。

**2. 促使思想政治教育过程复杂化**

思想政治教育的过程是带有一定的目的性、计划性、组织性的思想品德的形成过程。为了让受教育者符合一定的要求并达到一定的教育目标，而这一目标往往是通过教育者对受教育者的传授来实现。一直以来，我国高校都非常重视对大学生进行正确道德观的培养与教育，在教育过程中，教育者掌握了知识传播的话语权与主动权，处于主动地位，他们可以凭借自己的身份及年龄优势，对受教育者、教育内容和教育情景等加以控制。教师通过讲解、说服、榜样示范等方式系统地将正确的价值观念、道德标准灌输到大学生的心灵深处，并运用奖、惩等激励手段培养他们优良的道德品质，有效保障了教育过程的顺利进行，提高了教育的实效性。可以说，这种教学模式在我国高校思想政治教育中发挥了重要作用，也取得了显著的成效。而网络文化自其产生以后就对大学生思想政治教育教学过程产生了一定的影响，使其变得日益复杂化。在多元化的网络文化环境下，大学生既是信息的接受者，也是信息的发布者。开放的、交互的、匿名的网络文化使得大学生获取信息的方式更加多元化，视野更加开阔，改变了以往教育过程中被动接受的地位。在网上教育者的权威身份与受教育者的学生身份同时被消解，受教育者能够与教育者平等地进行交流，同时，匿名的网络文化环境也使思想政治教育对象更加广泛，思想政治教育环境也更为复杂，可控性降低，从而带来了思想政治教育过程的复杂化。因此，在网络文化的多重影响及冲击下，大学生思想政治教育的过程不能是教师简单地灌输给学生的过程，而是需要师生、生生共同针对问题进行质疑、探索和交流的过程。

**3. 影响思想政治教育对象身心健康发展**

近年来，我国青少年参与网络活动人数逐渐攀升，他们越来越成为接受网络文化的主力军。网络文化为大学生提供了更广泛的信息来源，为大学生的成长创造了机遇；但同时网络文化环境下，大学生的种种网络问题逐渐凸显。

再次，网络文化的不断发展及其虚拟性，使得越来越多的大学生沉浸在网络的虚拟世界，忽略了现实中的人际交往，从而诞生了一种新的“网络交际关系”。这种虚拟的网络关系使得人与人之间的交往不必再像现实中一样需要面对面交流，只要通过网络工具就可以实现，缩短了时间和空间距离，也改变了人们的生活方式。同时，在大学生生活中网络已经是主要的沟通交流方式，他们通过网络结交“朋友”，但是长期沉溺于这种虚拟的“人际交往”中，会使他们在现实生活中与他人和社会的交往能力越来越差，从而导致网络人气暴涨。但是现实人际关系疏离。更有一部分大学生群体长期沉迷于网络世界，脱离了现实生活，把自己封锁在网络世界里，不屑于现实人际交往，致使他们人际关系过冷，甚至在现实中与人交流出现障碍。也有些部分大学生面对现实生活时，会表现出对社会的不适应，甚至会诱发他们的破坏欲望。上述这些情况在很大程度上增大了思想政治教育的难度，影响了大学生思想政治教育实效性的发挥。

最后，由于网络文化具有很强的自由性，充斥着大量良莠不齐的信息。大学生长期处在这种环境下就会受到一定的影响，从而使他们道德意识不强，道德人格缺失，道德行为失范。在网络文化开放而自由的环境中，大学生的网络道德可控性下降，削弱了大学生思想政治教育的效果。网络最大的特点就是言论自由、公开公正、迅捷高效，由于当前的部分大学生正处于世界观、人生观和价值观的形成时期，心理发育还不够成熟，缺乏对事物的认知力、是非辨别力、判断力以及对各种诱惑的抵抗力，自律性也比较差。因此，在虚拟网络文化环境的视野下，部分大学生很容易受到多元文化的影响，使其政治信仰、价值观念和行为规范出现偏差，对他人、对社会缺乏最基本的信任感，分辨不清是非善恶；社会责任感缺失，集体观念意识淡薄；奉行享乐主义价值观，利己主义价值观，拜金主义价值观；行为偏激，人格扭曲，道德沦丧，甚至有些还会走上违法犯罪的道路。

**4. 对思想政治工作者提出新要求**

在传统的思想政治教育中，教育者在信息掌握上处于优势地位，通过这种优势，教育者能够在受教育者中树立威信，得到尊重和认可，这有利于思想政治教育工作的开展。而开放的、交互的网络文化，使高校师生间知识储备的不对称优势失去了。过去教师所占有的知识、信息，学生往往是不具备的，而在网络文化环境下，信息发出的一瞬间师生几乎处于同一个起点上，在文化信息发接受与运用上都处于平等的地位，这在一定程度上降低了教育者的权威地位。也由于教育工作者的工作时间和其他条件的限制，有时候可能思想政治教育工作者还没看到，但学生已经掌握了信息，这样就使思想政治教育工作者处于劣势地位，教育的说服力大大降低。同时，网络文化的交互传播方式使知识的更新速度加快，思想政治教育主体与客体已没有明显的界限，在文化信息接收面前主体也可能是客体，客体也可能成为主体，这也使传统的师生关系在网络文化面前面临结构，对思想政治教育工作者提出新的要求。当今社会随着手机通讯技术和网络传播速度的加快，大学生接收信息的来源更加广阔，速度更加快捷，往往在事情发生的一瞬间通过微博、日志、论坛等形式，迅速传播。因此，教育者不仅要熟悉网络、更新观念，而且要掌握新的技术。如今，微博作为一种新的文化现象已经逐渐扩展到教育领域，并将逐渐影响人们的学习方式、教学方式甚至是教育理念。目前温州、辽宁等地已经将教师开微博作为晋升职称的重要条件之一，这是一种具有前瞻性的教育决策，也是对教师素质的又一新的要求。所以，网络信息时代教师务必紧跟时代潮流，努力提升自身素质。

总之，网络文化是一把“双刃剑”。一方面，网络文化作为一种全新的文化形态，具有开放性、便捷性、匿名性等特点，其覆盖面逐步扩大，形式多元，影响深远。这有利于高校师生迅速获取信息，广泛吸纳信息，也为高校思想政治教育工作创造了新的途径，开辟了新的阵地，拓展了新的空间。另一方面，网络文化的传播与共享无论从内容上还是形式上，都给思想政治教育带来了许多新的问题，也增加了大学生思想政治教育中对舆论导向的监控与管理难度，使思想政治教育环境更加多变，思想政治教育过程日益复杂化，给高校思想政治教育工作带来了负面的冲击与挑战。因此，面对网络文化带来的冲击与挑战，思想政治教育工作者应积极探究，分析网络文化给大学生思想政治教育带来的双重影响，提出新时期加强和改进大学生思想政治教育的有效措施，以应对网络时代的双刃剑效应。

## 三、网络时代加强和改进大学生思想政治教育的对策

在互联网日益普及与发展的今天，思想领域的斗争尤为激烈，这也对大学生思想政治教育提出了新的挑战和要求。因此，在网络文化环境下，我们必须根据网络文化的特点和大学生的实际，在继承和借鉴中不断丰富和发展思想政治教育，拓宽思想政治教育的路径。

**1. 注重网络舆论的调控与引导**

在网络文化环境下，大学生上网发表言论、意见、抒发情绪等，已经成为他们生活的重要部分。特别是由于网络文化传播形成了一定的网络舆论，这些公开表达的网络舆论往往就具有了一定的影响力，带有一定的倾向性，如果处理不好很有可能会对大学生的思想观念、价值观念及行为方式等造成不良影响。因此，网络思想政治教育必须注重对网络舆论的调控与引导。一方面，加强网络论坛(BBS)的舆论引导。网络论坛是社会或单位焦点问题的意见集散地，不同的人齐聚于此，并在这里传播信息，自由发表观点、意见，展开交流、讨论。网络论坛的开放性使得各色网民参与其中，对社会热点、难点和重大问题等展开讨论，从而形成一定导向的舆论力量，因此，切实做好网络论坛的舆论引导是网络舆论引导的关键，要注重对网络舆论信息的掌控和引导，针对有较大影响的突发事件和重大事件，以及舆论中涉及的问题，及时澄清并说明事实真相，消除误解，切实做到政务公开，满足民众的知情权。另一方面，针对网络舆情动态进行网络舆论引导。要及时了解和掌握准确的网络舆情动态，从中敏锐捕捉一些具有一定倾向性、发展性的问题和讯息，并采取相应的措施对网络舆论进行正确引导。努力消除其负面影响，对于无事生非、恶意造谣、歪曲事实、混淆视听的言行，一定要果断予以删除。组织网民倾听正确的声音，不给有害信息以传播放大的机会，从全局出发，适度适量地选择登载的信息内容，帮助、引导网民树立正确的认识。从而为思想政治教育提供和谐的舆论氛围，为网络思想政治教育的进一步展开奠定思想基础。

**2. 加强网络道德教育**

随着网络文化的迅速发展，人们在享受丰富网络文化成果的同时，也遇到了一些难以回避的道德问题。如：网络“恶搞”、揭露他人隐私、偷看他人信

箱、盗用他人虚拟财产、网络黑客、网络欺诈等网络问题，这些问题给网络秩序和网络道德规范造成沉重的打击，这不仅破坏了网络文化的健康环境，也不利于网络文化的进一步传播与发展。同时，在一定程度上，也对大学生的审美情趣和人生态度产生影响，不利于大学生正确的政治态度与道德观念的确立，影响良好行为模式的形成。大学生是祖国的希望，民族的未来，他们的网络道德素质如何将关系着整个社会和民族的发展。因此，网络文化环境下必须要加强网络道德教育，并将其作为大学生思想政治教育的一项重要内容，使他们成为网络文化时代文明的先锋者。

根据当前我国大学生运用网络的现状和已存在的一些网络问题，可以把以下几个方面作为网络道德教育的重点。首先，加强网络道德知识教育。注重在掌握网络技术知识的同时，学习网络道德知识，将二者放在同等重要的位置上。加强网络道德修养的学习、坚持不做黑客、不抛网络垃圾、不毁坏他人信誉，进而有效地培养大学生的网络道德意识、道德意志和道德责任，促进网络道德价值的实现并逐步内化为个人行为，进而提高大学生网络道德的自我教育能力。其次，加强网络自律教育，规范网络行为。运用先进的网络传媒积极倡导网络文明，做到不在网上发表不负责任的言论，不制造和传播网络垃圾；对一些反动、迷信甚至色情的网络信息，应自觉不看、不听、不信；通过先进人物的榜样示范作用，宣传和加强网络自律；进而使大学生的网络行为符合规范，以增强其自律的能力。最后，加强正确网络意识的引导。注重通过中国德育教育网、德育之窗等优秀的网站和网页，树立良好的网络风气，营造积极向上的网络文化氛围。通过网上征文、网络交流和参与讨论等多种形式，传播网络文明，净化网络环境，引导大学生树立正确的网络意识。使大学生学会能够用科学的方法论来关注并能更好地驾驭网络信息，以保证自己在网络中自由出入，做到能正确运用网络为自己服务，而又不迷恋网络，提高自身对网络信息的判断力，增强对不良信息的免疫力，抵御不良网络文化信息的侵蚀，进而避免“网络成瘾”等网络问题的产生，从而树立正确的网络信息意识，提高自身的网络安全和意识。

**3. 完善网络立法**

法律法规体现着国家的意志，从这个意义上讲它能够有效地保证思想政治教育的顺利开展，为教育工作进一步展开提供最坚实可靠的法律保障。然而，计算机网络的出现，使信息活动超出了传统教育环境的限制，在虚拟的、开放的网络环境中网络行为的监管更加难以控制，导致网络犯罪不断出现，在这种情况下，仅仅依靠道德的力量加以约束是不够的，还需要法律来调控和维护，而传统的法律体系已经完全不能适应信息时代的发展需求。因此，必须加快网络立法，建立全面的、有效的、结构严谨的法律体系。目前，我国在网络立法方面已取得了一定的成果，自 1994 年进入互联网至今，我国相关部门已经相继颁布了《中华人民共和国计算机信息网络国际联网管理暂行规定》《中国公用计算机互联网国际联网管理办法》《互联网信息服务管理办法》《关于维护互联网安全的规定》《中国互联网络信息中心域名争议解决办法》等几十部网络法律、法规，这些具体的法律、法规和政策比较全面地对互联网的安全、管理、文化、保密等方面内容进行了规范和控制，初步结束了我国在互联网建设与管理等方面无章可循、无法可依的局面，使得网络违法、网络犯罪等行为受到严格的控制和应有的处罚，有利于约束网民的网络行为，在一定程度上遏制了网络文化的种种负面影响，使我国网络文明建设日趋规范化、法制化。

可见，我国在网络法制建设上已经取得了很大的进步，网络法律框架体系也日渐形成。但是，网络发展的迅猛性，使很多新的网络问题层出不穷，网络法律法规在某些方面还无暇顾及，特别是在预防和惩治网络犯罪的立法方面还存在着疏漏之处。因此，在这种形势下，我国相关部门必须下大力度、加快脚步，在已有的网络法律、法规的基础上制定一部全面的、系统的网络法律，以规范网络社会的种种不文明行为，维护网络世界的安全与稳定。尤其是当网络已经成为思想政治教育重要阵地时，为规范网络行为，避免网络犯罪，保证网络阵地和谐与健康发展，必须采取强制性手段和措施对网络进行管理和控制。

**4. 研发思想政治教育软件**

随着多媒体技术和网络技术的发展，网络作为一种全新的教育手段逐渐扩展到教育教学领域，网络思想政治教育在全世界兴起，方兴未艾，推动了思想政治教育的变革与发展，而思想政治教育软件的开发与应用是促进这一变革的重要推动力量。良好的思想政治教育软件能够向大学生宣传科学的世界观和方法论，加深他们对马列主义、毛泽东思想及中国特色社会主义理论体系的认识和理解。为此，我们要着力研发思想政治教育软件，为网络思想政治教育提供一定技术保障。第一，要着力开发网页型、平台型教育软件。努力创建思想政治教育专题学习网站、教育教学网站与网页，并在网站上设置“时事热点讨论”“素质教育”“爱心园地”“法律之窗”“价值观探讨”“心理健康咨询”等大批主流板块，使大学生可以随时在网上获取自己感兴趣的信息资料，并在浏览网页的过程中接受生动的、系统的思想教育，使这些网站真正成为大学生文化的精品。开辟红色网站等特色网页，弘扬中华民族优秀文化，引导大学生树立正确的世界观、人生观、价值观。第二，着力开发网络课程软件。将思想政治教育课程搬上网络，并设置“在线修课”“同步视频”“资源下载”“在线学习”等模块，充分利用网络开放、快捷、生动等优势丰富思想政治教育的内容，使更多的大学生被其吸引并主动参与和使用，从而达到情景交融、寓教于乐的目的。第三，积极推进思想政治教育信息资源库建设。大力开发资深的信息资源，“建立适时的思想政治教育信息数据库，使思想政治教育信息的搜索、存储、管理真正实现信息化、网络化。软件的开发要将权威性、指导性、可读性、服务性有机结合起来”。开辟思想政治教育空间，创新思想政治教育手段，为广大思想政治教育工作者和大学生思想政治教育提供便捷实用的在线服务与支持。

**5. 优化和调控高校网络文化环境**

网络作为一种先进的技术载体已经悄然走进了大学校园，“网络的教学、管理、休闲、娱乐等方式，正全面而深入地影响着当代大学生的校园生活”。这为高校校园生活的信息化创建了平台。同时，优越的校园网络文化环境也为大学生的学习和生活提供了先决条件。如今，上网已经成为大学生校园生活的重要组成部分，他们对网络的了解和依赖程度也远远超出了我们的想象，在这种形势下，大学生思想政治教育只有主动占领网络这一重要阵地，才能适应大学校园乃至整个社会信息化发展的需求。因此，要充分开发和利用好校园网络文化资源，优化和调控校园网络环境，为推进大学生思想政治教育进网络创造条件。具体讲高校应做到以下几方面。

首先，加快校园网络建设。要坚持运用先进的技术，拓展网络覆盖面，有效地将学校的各种 PC 机、工作站、终端设备、局域网和广域网连接起来，逐步形成结构合理、内外相通的校园网络系统，建立起覆盖高校教育场所、生活场所、活动场所等领域的网上思想政治教育平台，从而为文化信息资源的传播与共享提供必要的路径和手段，为网络思想政治教育的全面展开奠定基础。

其次，加强校园网站建设。高校要深入研究网络文化，坚持以学生为本、为学生服务的原则，建设一些特色的、吸引力强的、优秀的校园网站，并不断加强思想政治教育网站与网页建设，充分发挥这些网站在网络思想政治教育中的重要作用。将网络文化与校园文化相结合，运用校园新闻资源、校报、广播、电视台等，多种宣传媒体搭建校园网络立体化平台，发挥网络文化对校园大众宣传教育媒介的有效整合作用，使学生从视觉、听觉等多个角度受到教育影响，进而提高思想政治教育的效果；运用声音、图像、影像等新兴网络载体，以事实为依据，以理论为支撑，建立专业性的学术主页，并开辟网上图书馆、阅览室、电子期刊、杂志等栏目，对专家访谈、优秀讲座、学术报告等活动进行网上直播，以缓解活动规模与学生普遍参与的矛盾，减少实践中可能发生的冲突；探索大学生参与的多种形式，开展一些有教育意义的网上征文、网络调查、网上讨论等大学生感兴趣的活动，以吸引大批学生参与其中，使他们在参与活动的过程中不断展示自己，获取知识，规范自身的行为，使思想政治教育取得与传统教育手段相比更为显著的效果。

最后，注重校园网络安全监管。高校要努力整合调动各种力量，对校园网络进行监督和管理。一要制定校园网络规章管理制度。从学校的实际出发，结合教育、教学新情况和本校大学生的自身特点，制定严格、系统、可行的规章制度，使校园网络运作与管理有章可循，更加规范化、制度化。二要建立一支网络安全管理队伍，定期对局域网进行清理和排查，并通过必要的技术手段，对一些迷信、暴力、色情的内容坚决予以剔除，对一些不健康的文化信息和部分不文明的行为进行严格检查处理，阻止各种不良信息进入校园，真正建立起一道校园网络安全的“防火墙”。三要构筑防线，提高大学生的网络素质和心理调适能力。用社会主义核心的价值体系积极引导大学生，帮助他们正确看待和使用网络，提高大学生的网络素养。在此基础上，建立心理咨询网站，解决大学生的心理困惑，疏导大学生的心理问题，促进大学生身心健康成长。

**6. 统筹网下教育资源**

(1) 调整和改善思想政治理论课教学。思想政治理论课是科学地、系统地对大学生进行马克思主义理论教育和思想品德教育的主渠道和主阵地，肩负着培养新时期全面发展人才的重任。因而，思想政治理论课的教学效果将直接影响我国人才素质培养目标的实现。新时期思想政治教育理论课教育面临新特点、新问题，尤其网络技术的传播与发展，给传统的思想政治理论课教学方式带来全新挑战。因此，面对新形势必须调动一切积极因素，努力改善思想政治理论课的教学方法与手段。

首先，在教育观念上，要树立教师主导，学生主体的教学观念，充分发挥教师在教学中的主导性，激发学生学习的积极性和主动性，充分考虑学生的接受性，让学生变被动为主动，发挥他们对马克思主义理论认知的主观能动性，变教师为主，为教师主导的教育观念，从而体现学生的主体性地位，以促进课堂教学观念的有效转化。

其次，在教育方式与方法的选择上，要坚持从学生实际出发，创造符合学生的学习特点，遵循教育教学规律的教学方法；要变灌输型为渗透型，提倡启发式、案例式、互动式、参与式教学。增加自主学习、案例学习、讨论和辩论等形式多样的教育活动，使理论教学与实践教学相协调，互相促进。通过多种方式的相互协调与配合，实现师生互动、以促进教学相长的良性循环。

最后，在教学手段上，要大力推进多媒体和网络技术的应用，实现教学手段的现代化。在教学过程中充分运用多媒体网络技术，运用直观生动的图像和影音资料，为学生提供新的视、听体验，促使学生自觉参与、积极思考，使教学过程更具的灵活性、动态性和交互性，从而大大提高课堂的实效性。

(2)提高思想政治工作者网络素质。随着网络文化的发展，大学生网民逐渐增多，运用网络文化信息进行学习和娱乐已经成为高校大学生的重要生活方式。然而，网络文化的传播也给大学生思想政治教育及教育工作者带来了严峻挑战。网络文化环境下，思想政治教育工作者也必须具备一些新素质。

一方面，思想政治工作者要提高运用网络技术的能力。教师要熟练地掌握网络技术，利用和依靠网络这一新的媒介，及时获取最新的时事信息动态，运用先进的网络教育软件，如 Email、BBS、ICQ、博客(blog)等新的交流方式与学生沟通交流，以文字、声音、图画、影像等方式，使学生的视觉、听觉、触觉等多重感官接受刺激，达到感知、激励、教育的目的，深化思想政治教育的效果。

另一方面，思想政治教育工作者要具备一定的信息素质。信息素质(Information Literacy)，即明确信息需求、选择信息源、检索信息、分析信息、综合信息、评估信息、利用信息的能力。网络文化时代，思想政治教育工作者要不断提升信息意识，主动发现并捕捉新的文化信息，并有效地将这些零散的、具有渗透性的信息集中起来，逐渐将其运用到思想政治教育过程中，进而用新的知识和信息武装大学生的头脑，扩展大学生的视野，促进大学生科学思考。同时，还要有经常触网的意识，经常性地主动走进网络，运用微博、邮箱、qq 等互动形式与大学生进行沟通交流，引导大学生正确查找和利用网上信息，并通过网络收集和整理大学生在网上的活动状况和思想动态信息，及时发现问题并帮助他们解决思想上和生活上困惑。为此，高校应加大资金投入，为大学生思想政治工作者每人配备一台电脑，以促进大学生思想政治教育的顺利实现。

(3)营造积极健康的校园文化环境。校园文化是在学校发展过程中形成的，具有独特的校园风格和文化底蕴的精神产品和物质财富的总和。它是一种特殊的育人载体，可以有效引导大学生的思想观念、价值取向和行为方式，净化学生的心灵、陶冶学生的情操，减少网络信息垃圾和各种社会思潮对大学生的不良影响。因此，高校必须时刻关注各种文化的变化与发展趋势，努力加强和改进校园文化建设。建设和完善图书馆、体育馆、训练馆、科技馆等校园文化活动设施，不断满足大学生成才的需要。同时还应重视山水、湖泊、亭台楼阁等自然校园文化景观建设，努力创造一种客观环境，促进大学生健康文化活动与人际交往，形成健康心理状态和积极向上的精神状态，养成高尚的品格，促进大学生全面发展。

(4)开展形式多样的社会实践活动。社会实践是大学生思想政治教育的一种重要形式，是课堂教学的重要补充，是促进大学生健康成长的重要途径，也是应对网络文化冲击与挑战的必然选择。网络文化的开放性使各种社会思潮充斥其中，青年大学生由于思想不成熟，对社会的巨大变化和思想的碰撞感受敏锐，面对网络上各种思想意识的并存与冲突，很容易思想偏激，片面认识问题，产生一些错误倾向，知与行脱节，从而影响正确价值观、人生观的形成。对于当代大学生来说，基层实践是他们了解社会、了解国情、认识社会、磨练意志、增进情感、汲取知识的最好课堂。因此，面对网络文化条件下大学生思想政治教育的新情况、新问题，社会和学校应努力创造条件，积极引导大学生走出校门，参与社会实践。

第一，要让大学生深入到基层中去，使他们在最基层的岗位上躬亲实践，亲眼看到社会主义改革开放和现代化建设的艰难玉成就，亲耳听到英雄模范人物的先进事迹，亲身参加生产劳动以及志愿服务，能够唤起大学生的强烈的心理共鸣，理智地确定自己成才的社会坐标，促进其理想与信念的进一步升华，增进其对自己的国家和本民族的热爱，提高他们进一步分析和解决问题的能力，加深他们对中国特色社会主义的认识，坚信中国共产党、坚信社会主义。

第二，要在社会实践中不断洗礼和锤炼，将理论学习与社会实践相结合，有利于促进大学生的全面发展。社会实践从多个角度、多个层次使大学生接受教育，帮助大学生剔除思想中不符合实际的因素和错误的观念，增强社会责任感和使命感引导大学生树立正确的世界观、人生观、价值观，使大学生在理想与现实之间做出符合实际社会需求的选择。

第三，积极参加社会实践有利于不断提升大学生的认知和判断能力。大学生通过参与社会实践，能够不断提高自身的思想觉悟和认知水平，通过多样的实践形式改造客观世界，同时也在实践和体验中改造自己的主观世界，从而使他们在社会实践中养成良好的行为，提升自身的素质。为此，高校要应充分发挥社会实践在教育教学中的作用，使其成为课堂教学的重要补充，以加强大学生对理论知识和社会现象的认识与理解，使其能够更好地运用理论知识指导实践活动。除此之外，学校还应有效组织大学生承担社会工作，参与社会公共服务，承担社会责任。因此，学校应积极探索多种形式的社会实践活动，丰富社会实践的内容。如：生产劳动、公益活动、参观考察、学术研讨、知识讲座、勤工助学、影视评论、业余党校、社会调查、社会服务、“红色之旅”“三下乡”和“四进社区”活动等，使大学生能够走出网络，摆脱网瘾，拒绝网络不良因素的影响，避免网络犯罪行为的发生，从而正确认识自己和社会，提升大学生的综合素质，增强思想政治教育的针对性和实效性。

## 第三节 网络文化对中小学生思想政治教育的影响及对策

网络文化背景下，中小学思想政治教育的困境存在诸如中小学思想政治教育的复杂性增加等困境，其产生的原因在于网络本身的复杂性等方面。为此，需要从中小学思想政治教育目标的创新等方面去寻找对策。

### 一、网络文化对中小学生思想政治教育的影响

中小学生思想政治教育是指为了中小学生的健康成长，通过教育、引导、熏陶，使中小学生形成良好的道德习惯和政治觉悟，并形成正确的世界观、人生观和价值观。中小学生思想政治教育工作不仅是关系到党和国家存亡、民族兴衰的大事，而且是关系到我们中华民族能否振兴、能否屹立于世界民族之林的大事，更重要的是为中小学生的健康成长打下良好的基础，使每个中小学生在将来都有一个幸福的生活和快乐的一生。我国中小学生的整体面貌总体上说

是积极的，但是随着网络的出现和发展并在中小学生生活学习中的大量运用，致使在网络文化背景下的中小学生思想政治教育学校思想学校某些工作不到位、不及时；家庭思想政治教育工作常错位、无准备；社会整体思想政治教育环境有污染、无针对。这些都构成了网络文化对中小学生思想政治教育工作的挑战。然而，我们应该看到，网络给思想政治教育工作带来挑战的同时也给中小学生思想教育工作带来了机遇。

**1. 网络文化为中小学生思想政治教育工作带来机遇**

我国电脑和网络的普及化程度越来越高。现今，在某些地方的小学一年级就发有关电脑知识的图书，教学光盘也需要电脑播放；小学三年级开始安排上电脑课程；中国每个大学都安装了宽带，即便是大学生自己没有电脑，学校也会有电子阅览室之类为学生提供网络服务。网络已经渗透到中小学生学习、生活的方方面面。网络文化以其超越传统思想政治教育手段和方式的优势作为中小学生思想政治教育的一种载体，给中小学生思想政治教育提供了新的空间，带来了难得的机遇。我们至少要有这样的观念："网络不仅传播着知识技术，而且也传播着思想文化价值观念。网络社会不是人的真空地带，也不是人的思想的真空地带，因而，也不可能是思想政治教育的真空地带。"

(1)网络开创了中小学生思想政治教育的新方式。思想政治教育工作的进行离不开一定的方式和手段。传统思想政治教育工作的开展以学校和家庭为主，辅助以社会实践和共青团等组织的活动。可以说在学生的主要活动范围都放在学校和家庭这两个区域之中时，这种教育方式是良好的、效果也是明显的，其基本涵盖了中小学生思想政治的各个方面。在教育过程中充分融合了家庭、学校、组织、社会各方面的力量，形成一个完整的教育体系。并且教育过程都是在特定的时间和空间内进行，一般具体的教育都是限定在一定的人数范围内的。

网络在中小学生人群中的普遍应用使传统的思想政治教育工作的方式和手段受到冲击，并以其强烈的比较优势，进入思想政治教育工作者的视野。网络具有的开放性、互动性特点可以使中小学生自觉地主动教育和被动地接受教育同时进行并很好地融合在一起。网络还具备及时性特点，因此在紧急场合宣扬正确的舆论导向以正中小学生视听，使其接受正确的信息并接受引导，进行有针对性的教育提供了可能性和可行性。网络中的信息丰富，并且不需要很大的空间，亦无严格的时间限制，信息具有高度的可获得性，因此利用网络完全可以实现大规模的教育。教育者和被教育者都可以足不出户就能获得大量信息，就能互相交流。在很大程度上克服了传统教育的时效性、空间性的限制和影响人群小的不足。如果在强调通过网络进行思想政治教育的同时，抓紧传统的思想政治教育工作的开展，可能收到更好的效果。

(2)网络提高了中小学生思想政治教育工作的效率。在网络被引入思想教育工作方式之前的传统思想政治教育工作通常都是填鸭式的说教或者号召、命令。教育者和被教育者之间的关系式纯粹的单向教育。教育者以居高临下的姿态对被教育者进行灌输。实践证明，这种方式往往易引起中小学生反感，并对思想政治教育产生抵触心理。不仅使思想政治教育工作的效果大打折扣，而且使教育者和被教育者在一定程度上对立起来。网络的互动性和开放性完全可以摒弃传统的教育方式，以一种全新的方式达到教育的目的。比如，教育者和被教育者可以通过及时通讯工具交流、可以用电子邮件、可以在BBS或者社区就某一话题或者事件进行讨论、也可以在聊天室集体讨论等。这些方式都较传统的教育方式更为柔和。由于网络上的匿名性特点，被教育者完全可以将自己顾及面子的一些问题拿出来交流。这就给做好中小学生思想政治教育创造了良好条件，可以大幅度提高思想政治教育工作的效率。

(3)网络突出了中小学生思想政治教育工作的效果。传统思想政治教育的内容主要是马列主义、毛泽东思想、邓小平理论及党的基本路线、方针、政策，一般都是以理论的形式直接传授。由于这些理论的抽象性和理论性，教育过程比较枯燥，学生兴趣不好调动。再加上传统思想政治教育以填鸭式的方式强行灌输，学生心理上有一定的抵触心理，接受程度不是很高，教育效果不是很好。这是传统思想政治教育工作的一大缺点。

网络的出现不仅可以将思想政治教育的内容由单纯的理论讲授和抽象演绎，改变为具有形象性和趣味性的图形、课件，还可以将抽象理论通过具体的视频音频或者动画等形式展现出来。将抽象理论变为生活中常见的现象和实例，将枯燥的内容转变为趣味性的内容，被教育者从心理上会更容易接受。对于中小学生普遍关注的社会或者学生事件，思想政治教育工作者可以在网络上广泛收集学生的意见和观点，进行整理、分析，并可就特定事件与中小学生在网上讨论、交流。已达到正确引导和教育中小学生的目的。这样做无疑也会扩大中小学生思想政治教育工作的效果。

**2. 网络文化给中小学生思想政治教育工作带来挑战**

科学技术从来都不是中立的。任何一项科技的发明都是一把“双刃剑”。网络文化给中小学生思想政治教育工作带来机遇的同时，也带来了挑战。这些挑战是全方位的，包括思想政治教育者的素质、思想政治教育工作的模式和方法，乃至整个教育的目的和意义。

(1)网络文化给思想政治教育工作模式带来挑战。在网络被引入思想教育工作方式之前的传统思想政治教育工作通常都是填鸭式的说教或者号召、命令。教育者和被教育者之间的关系是纯粹的单向教育。教育者以居高临下的姿态对被教育者进行灌输。教育的内容和方式都有教育者决定，受教育者没有丝毫选择的机会。教育者传达和灌输的信息都是经过自己喜好的过滤，并依据授课安排裁剪或者加工所要教授的内容。这种方式至少能保证目的的清晰和明确、保证思想教育工作的顺利进行和教育目标的实现。

在网络世界中，每个用户都是信息的获得者和使用者，因此网络信息是庞大的，再加上没有一个审核和控制的机构，致使网络上的信息非常驳杂，信息质量良莠不齐。信息的传播很大程度上依靠信息的内容，而非信息是否真实、正确。中小学生经常接触网络，其能够获得的具有思想政治教育功能的信息远远超过原来单纯依靠教授得到的信息量。由于信息的质量得不到保证，这种教育是不可靠的。况且，中小学生的鉴别能力和自制能力都没有发展完全，很难辨清其所接触的信息的真伪，更容易使自身处于迷茫和不知所以的状况之下，难免吸收一些不健康、非主流的信息内容。

由此观之，在网络文化环境下，传统的填鸭式的思想政治教育工作及工作方法势必难以展开或难以奏效，因为受教育者获得或可获得的信息量远远超过教育者依靠传统思想政治教育工作模式灌输给他们的信息量，并且还可以找到众多与教育者教授内容相左的思想、观点，致使思想政治教育工作的效果必定大打折扣。因此在网络文化背景下，思想政治教育工作的模式已经不是填鸭式的灌输，而应当是提高中小学生的鉴别能力和选择能力，教会他们在众多的信息中选择正面性、积极性的信息，在各种思想、观点的碰撞中发展形成自己的、符合历史的观点和思想。

(2)网络文化给思想政治教育工作者带来挑战。无疑，思想政治教育说到底是通过思想政治教育工作者来完成的，思想政治教育工作者的能力、态度和素质在很大程度上决定思想政治教育工作的成败。在网络文化为中小学生接触以前，思想政治教育工作能够在填鸭式的教育模式中进行并完成既定目标，很大程度上源自于教育者和被教育者的信息不平等、不对称，思想政治教育工作者利用这种不平等、不对称带来的话语权完全可以推动教育的进行。而如今，思想政治教育工作者掌握的信息，被教育者完全可以掌握，只要被教育者愿意，他可以在网络上得到各种信息，无论是大众消息，还是小道消息。在这种环境下，如果思想政治教育工作者不转变观念，积极适应这种变化，不去了解并掌握网络知识，思想政治教育工作可能很难取得良好效果。而我们面临的恰恰是这样一个情况：现实中确实有不少思想政治教育工作者思想观念陈旧、计算机和网络知识浅显，对新事物、新观念的接受能力差，接受程度低，往往跟不上中小学生的思维和信息的掌握程度。造成教育者的知识和水平比受教育者的知识更差，受教育者却成知识和信息的优势者的尴尬局面。由此观之，在网络文化背景下，思想政治教育工作者必须具备更高的素质，才能从容面对网络文化对其提出的挑战。

(3)网络文化给思想政治教育工作方式带来挑战。传统思想政治教育的方式主要是针对多数讲授、个别交流、特定宣传的方式进行的。具体而言，对多数中小学生的思想政治教育和普通上课没有区别，教育者在台上讲授，被教育者在台下听讲，针对个别中小学生，采取谈心、座谈等面对面的交流解决他们出现的个别问题，除此之外还有一些特定的宣传教育，比如黑板报、宣传栏等。所有的教育内容都经教育者事先的精心筛选和整理，将众多的材料信息传达给受教育者。帮助受教育者提高认识、解决问题。不过这些方式在网络文化背景下展现出很大的缺陷。其一，课堂讲授，受教育者的人数和范围受到时间、地点的限制，每次教育过程只能针对特定的问题在特定的场合针对一定范围的中小学生进行，并不是在任何时间、任何地点都可以讲课。个别交流也有这样的缺点。其二，由于教育者选择的内容完全凭借自己喜好主观决定，对于那些对讲授内容不感兴趣的中小学生而言是不起作用的。其三，传统思想政治教育的效果持续时间短。网络的出现和在思想政治教育工作中的应用可以很好地改变传统思想政治教育方式的这些不足和缺陷。首先，通过网络进行思想政治教育可以不受时间、地点、场合的限制，并且其教育的人群数量可以极其庞大。只要受教育者和教育者能够接触网络，教育就可以随时随地进行。不仅如此，教育者可以将教育内容发布到网上，受教育者就可以更方便地接受教育，任何一个可以接触网络的人都可以接受到教育。第二，教育者可以将教育内容做成多媒体课件，可以在教育过程中穿插视频、音频、图片、动画等多种内容和形式，使教育过程在轻松和娱乐中进行。同时使思想政治教育更富有趣味性，更吸引中小学生接受教育。第三，如果教育者将教育内容做成课件或者以其他形式发布到网络中，受教育者可以在随时随地接受教育，如果其愿意，可以反复接受教育，教育效果要好得多。传统的思想政治教育方式单调、乏味，并缺乏交流，很大程度上不能吸引受教育者的兴趣，在网络文化背景下，已经不适应环境的需要。

(4)网络文化给教育目的和意义带来挑战。网络的出现对人类整个文化世界都构成了强烈的冲击：它完全打破国界，使各种文化自由沟通；突破传统信息传递方式，使各种信息能够在第一时间传递全球；它拓展了人类的沟通方式和感情交流方式，使即使远在天涯的两个人也可以利用网络进行"面对面的交流"；网络联通了整个世界，联通了世界上的任何两个人，使各种信息资源得以全球共享……正是网络给人类带来的这些便利，使中小学生可以更加迅捷地接受各种信息和知识，在拓展自己视野的同时改变了自己的观念和思想，但是，正是各种信息的散布和传播致使中小学生在思想的某些方面也受到强烈的冲击甚至污染。随着网络的普及和中小学生对网络的熟悉和依赖，西方国家的思维方式和生活方式，乃至意识形态，不断侵蚀我国的中小学生。尤其是以美国为主导的"美国式"民主和价值观念、行为方式，在我国中小学生中甚嚣尘上。这都和美国的国家政策和意识形态完全不能分开的。是美国国家的故意行为，是对社会主义制度的和平颠覆。这种传播的危害性极大，现实生活中不少中小学生盲目认为只要是美国的就是好的，只要是西方的就是先进的，言必称美国，完全抛弃了共产主义理想和社会主义观念，并无视民族自尊心和自信心，恣意践踏民族尊严，对中国传统文化一概否定。这些方面无一不要求我们重新审视教育的目的和意义。

## 二、网络时代加强和改进中小学生思想政治教育的对策

新时代，网络已经渗透到中小学生生活的方方面面，新时代的中小学生肩负着实现中国伟大复兴的时代使命。因此，全方位加强中小学生思想政治教育变得十分迫切。学校要积极发挥主导作用，社会要营造风清气正的网络环境，家长要引导中小学生合理使用网络，中小学生也要自觉加强对网络的认知，多方面发挥合力使得中小学生思想政治教育工作做得更加完善。

**1. 发挥学校教育在中小学生思想政治教育中的主导作用**

学校是中小学生除了家庭以外呆得时间最长的场所，教育者本身所具有的知识和本身的能力素养与中小学生思想政治教育的效果存在很大的关联。因此，要加强中小学生思想政治教育工作队伍的建设，加强校园网站的建设和监管为中小学生营造一个良好的校园环境。

(1)提升中小学生思想政治教育工作者的网络素养。常言道，好的领导可以带出好的教师，好的教师能够育出好的学生。中小学生思想政治教育者本身具有较高的素质以及与时俱进的网络使用能力对中小学生来说是十分重要的，因此，加强教育者的网络素养十分重要。

首先，中小学生思想政治教育工作者要摆正态度，认真对待新时代网络。在新时代，教育者应该尝试着打破以往的教育理念，应该适应时代发展的要求做出相应的调整，比如说可以着眼于新时代发展带来的网络方式的变革。处于新时代背景下，教师要一分为二地看待网络，明白新时代网络形式的多样化所带来的机遇，明白它的重要性并正视其在社会发展中的地位及它所拥有的正面功能。利用它的优势去传播正确的世界观、人生观和价值观。并且客观的认识其产生的消极影响，趋利避害，对网络有一个正确的认识。

其次，努力学习网络知识和网络技能。打铁还需自身硬，教育者不仅要有稳扎稳打的理论功底，还要严格要求自己，尽可能多地去提高自己使用网络的能力。与时俱进是时代对我们的要求，作为教育者更要走在与时俱进的前面。网络使用能力是这个时代对中小学生思想政治教育者的要求。只有熟练掌握网络，教育效果才会更加显著。第一，教师通过自学或参加学校或教育主管部门的培训，学习网络最新软件使用、多媒体制作技术。教师要领会并掌握互联网技术，强化对网络的研究与学习，通过专家讲座、专题培训等方式，提高自己使用网络的能力。第二，组织教师进行网络大赛。学校应该适当的举行网络大赛，一方面提高教师使用网络进行教学的频率，另一方面，教师还可以增长经验，借鉴其他优秀教师的课堂设计，提升使用网络的积极性。第三，把网络应用能力纳入年终考核。这是一个终身成长的时代，教师也应该与时俱进，内在因素固然重要，外在的因素也不可或缺。人无压力轻飘飘，将网络应用能力纳入年终考核，在一定程度上提高了教师使用网络的动力。

(2)创新中小学生思想政治理论课的方法。习近平总书记在思政教师座谈会上指出，要推动思想政治教育理论课的改革创新。第一，坚持应用多媒体技术进行课堂讲授。随着我国进入新时代，大部分学校为适应时代发展的需要加强基础设施的建设，基本上每个教师都会配备多媒体。教育者们要适应时代发展的要求，运用多媒体技术，将网络上的内容与思想政治教育内容整合，从而提高中小学生思想政治教育的趣味性和实效性。第二，充分利用课下第二课堂活动进行思想政治教育。例如，通过学校公众号，每个工作日，发布关于身边优秀团员、党员的事迹，用案例来做镜子，激励或警醒中小学生。开设“党的讲堂”微信公众号，还可以在相关微信公众号设置签到管理等。第三，坚持显性教育与隐性教育相统一。教育者可以充分利用微信这一社交软件，通过微信群聊功能发起相关话题的讨论。教育者还可以在朋友圈里发表自己对某个热点事件的看法和建议，这在一定程度上可以引起学生们的注意，学生如果感兴趣，会在私底下搜索相关信息，了解事件发展的动态，这种交互性强的方式，值得我们借鉴。第四，课程思政与思政课程相结合。教师可以通过介绍我国近几年在科学方面取得的成就来激发学生的爱国精神。2020 年初暴发了新冠肺炎疫情，在抗疫的过程中发生了许多感人的故事、英雄事迹等，对广大中小学生而言，是一场生动鲜活的爱国主义教育。语文老师可以指导学生阅读抗疫期间出现的“最美逆行者”的英雄模范人物的文章，并在阅读之后，写下自己的观后感。生物老师可以指导学生搜索有关病毒的起源的相关文章，让同学们意识到此次疫情的危害。英语老师则可以通过小视频的方式，让同学们了解国外疫情的发展情况。第五，制作网络精品课程。学校可以利用现有的资源，邀请各个学科的特级老师参加录制，随后，可以将录制的视频，上传到校园网站，供大家学习。第六，坚持理论与实践相结合。中小学生思想政治教育者可以以班会、讲座等活动形式进行思想政治教育。如朗读马克思主义经典、举办与中国共产党有关的知识竞赛等。同时，我们所熟知的法定节假日，革命领袖的诞辰和逝世纪念日等都蕴含着宝贵的思想道德资源，比如，在马克思诞辰周年纪念日，选择主题班会活动或者开展演讲活动，激发中小学生的参与热情，在积极参与的同时，也了解了马克思的伟大。这里还需要强调一点的是，无论是组织线上还是线下活动，都要结合学生的身心特点，不同年龄段的学生采取不同的方式和方法。

(3)加强中小学生校园网站建设和维护。建立和完善中小学生思想政治教育校园网。第一，校园网站建设要坚持正确的舆论导向。校园网站管理的相关工作人员要定时发送有关正能量的人和事迹，为营造良好的校园文化氛围提供有利的条件。第二，校园网站建设要符合中小学生身心发展的特点。要坚持以中小学生为主，旨在吸引中小学生的眼球，通过开辟中小学生喜欢的栏目，加强对他们的教育。可以组织学生观看有关网络的相关视频，从而发挥其对中小学生的教育作用。山西省汾阳市第四中学校内设置有网站，网站封面是借鉴奔跑吧兄弟这个栏目，设计成奔跑吧中小学生。网络内容分为时政新闻、道德事件你来评、今天我是守护中国第一人等三个方面，让中小学生在了解时政新闻的前提下，参与到思想政治教育的实践中，采用问答、竞答的方式，增加思想政治教育活动的趣味性。另外，设置游戏打关的方式，鼓励中小学生进行知识大排雷。利用中小学生好奇的心理，设置相应的时事我分享游戏冲关模式，每过一关，得到相应的知识以及奖励，让中小学生在亲身参与过程中，自觉地完成对思想政治教育内涵的内化和外化。第三，设置校园举报制度。学生举报人可以采取网络匿名等方式进行举报，并在学校设有举报箱，自上而下与自下而上相结合，极大地加强了中小学生校园网站的建设。第四，创建校园网站论坛。校园网站的管理者通过设置，采取实名制的方式，中小学生在论坛中选择性地发表自己对于某件事的观点和看法，通过学生们的讨论，教育者可以间接了解到中小学生成长过程中的思想倾向，对他们进行针对性教育。第五，利用已有学校资源。学校可以在教学楼门、墙上的电子屏幕上循环播放有关思想政治教育的名言警句，让学生在潜移默化中受到教育。

不仅如此，学校还应该加大校园网络安全的投入。在人力投入上，学校应该聘请有关计算机专业的人员，通过对学校网站的定时维护，保证其内容的健康。同时，对于恶意的信息，我们应该从源头上就制止它的发生。比如说类似“翻墙”现象，专业人员要提前做好预防措施。北京第五十四中在这方面就做得比较好，他们开发了校园无线 wifi，旨在从源头上屏蔽低俗不良的信息，使老师和同学更为方便地浏览网上的信息。在财政的投入上，学校应该留出一部分资金用于校园网站的建设，加大对网站安全的财政投入，安装恶意信息过滤网，采用先进设备等，为校园网站的建设保驾护航。

**2. 创造有利于中小学生思想政治教育的社会网络环境**

良好的社会环境对中小学生良好的思想道德的发展发挥着重要的意义，因此要加强红色网站的建设，建立和完善社会主义主流意识形态网络宣传体系和相关部门的法律法规，同时也要加强监管部门的监督等为中小学生思想政治教育创设良好的社会网络环境。

(1)加强红色网站建设。新时代环境下，网络全球化已经成为趋势，网络全球化使得我们与其他国家的交流更为便捷，但是它也给西方意识形态入侵带来机会。“西方国家借网络对我国马克思主义意识形态带来了猛烈地炮轰。”因此，相关政府部门要加强红色网站的建设。在我国红色网站的建设并不少，但是对它感兴趣的人并不多，究其原因主要分为两个方面。一方面是因为它的宣传力度不够，导致知道它的人并不是很多。另一方面是因为它的内容不具吸引力，很难引起人们对它的兴趣。加强红色网站的建设：第一，形式要多样化。比如说可以探索更多关于红色文化的公众号、平台等形式。第二，运用 AR 技术开发网上展示馆。展示馆可以结合图片、小视频、小游戏、音频等多种吸引人眼球的表现形式去传播先进文化。“我要笑出国粹范”的活动曾吸引了众多中小学生的参与，以传统文化为主题，设置新颖的活动，增强对中小学生的吸引力，在抑制西方意识形态消极影响的同时，也弘扬了爱国主义的主旋律。第三，精心设计传播内容。针对中小学生的信息阅读与获取方式，采用生动形象的数字化作品，宣传中国共产党的最新成果，深入浅出地把深奥的理论内容讲透、讲彻底。人民日报推出的 3D 动画片《当哪吒遇上民法典》，采取形象生动的方式，深入浅出地介绍了民法典，受到中小学生的广泛欢迎。第四，发挥先进人物的榜样领导作用。通过刊登榜样人物的先进事例，使中小学生在故事中受到感染和启发，从而外化为自己的行为。第五，建立相应的机制。一方面，建立完善的组织机制。使红色网站的正常运行得到保证。另一方面，建立完备的激励机制。为了调动人们的积极性，可以设置相应的奖惩制度来提高网站工作人员运用网络的主动性。第六，加强网站人员的培训。政府部门可以制定相关的制度加强对网站工作人员的培训，提高他们的整体素质。第七，设立专门的互动版块。为人们开设与政府官员沟通的渠道，提高网站的利用率。

(2)完善主流意识形态网络宣传体系。利用新时代网络传播主流意识形态，从而提高中小学生的政治觉悟。首先，要拓展意识形态话语表达渠道。积极利用新时代网络，提高其影响力和吸引力。比如 CCTV 等诸多主流媒体入驻抖音账号，不断推送切合中小学生需求的作品，增强主流媒体的吸引力。其次，创新意识形态话语表达形式。可以通过丰富的作品、电影、主题讲座等形式，宣传主流意识形态。《我和我的祖国》这部电影的出现，让广大的网友泪目，随处可见的广告牌时时刻刻展示着我和我的祖国的片段。中央电视台推出了《祖国》系列的快闪活动，几分钟的歌舞演艺让人们感受到祖国的自豪感，激发了中小学生的爱国热情。使主流意识形态借助网络得以传播。同时，网络直播的经营者要自觉承担责任，增强自身的道德责任感。网络直播的经营者可以借鉴国外的做法，采取直播分级的做法，不同年龄阶段的中小学生可以观看的内容应该也有所不同。为了呵护未成年人的健康成长，在我们所熟知的抖音APP上设置了中小学生模式。最后，权威专家的话语往往具有温度以及深度，可能某句话在某个不经意间就点醒了中小学生，使中小学生茅塞顿开。权威专家可以采取线上答疑的方法，针对中小学生的问题，展开针对性地解答等。部分权威专家还有微博等公开号，专家时常在微博上发表自己的观点，也可以给中小学生提供便捷有效的信息。

(3)健全相关法律法规，加强监管部门的监管力度。我们所熟知的法律法规是由国家制定或认可的，是国家用来维护社会安定和人们幸福生活的一种强制性手段。新时代网络形式的多样化，在侧面彰显着社会的进步。同时，它也在一定程度上影响了社会的安定团结。因此，在新时代网络环境下，以法律、法规保驾护航的举措并不过时。随着我国进入新时代，构建社会主义法治社会是实现国家治理体系现代化和治理能力现代化的重要组成部分。近期我国出台了关于2020—2025年《法治社会建设实施纲要》，其中包含依法治理网络部分。该纲要明确指出了对于网络直播、自媒体等方面的规范管理办法，这是该纲要的重要组成部分。它还对中小学生上网现象做出要求，希望中小学生能够做到正确看待网络，真正做到理性上网。近日，教育部也印发了《关于加强中小学生手机管理工作的通知》，该通知正式将手机管理纳入学校日常的管理中，促进学生健康成长。当然，仅仅制定法律是不够的，还需要加强监管部门的监管。第一，通过设置关键词、关键句等自动识别有害信息。第二，利用网络编程，自动识别网络上出现的有害信息，随时对热搜信息进行实时监督。第三，构筑防火墙，建立不良信息防御系统。重庆市内的所有网吧都被安装上一种信息防御软件，旨在让中小学生放心地浏览网上的信息，这样的做法值得我们去效仿、借鉴。第四，积极利用年度考核、行业年检、黑名单的使用等。旨在提高新时代网站准入门槛，引导网站运营企业加强自律管理，对于那些不遵守国家所制定法律的网络运营商和一些不怀好意、谋取私利的网络生产商，应该严厉打击，屡次不改的情况下可以考虑将其拉入黑名单。为了维护网站信息的安全，国家还专门建立了不良信息举报中心，在全国各省主要网站上也都设有举报专区和相对应的举报电话。

**3. 重视家庭教育对中小学生思想政治教育潜移默化的影响**

俗语有曰："天下之本在国，国之本在家，家之本在身。"家庭是中小学生接受思想道德教育的启蒙之所，家庭良好的氛围有助于中小学生的健康成长，对他们三观的塑造也起着举足轻重的重要作用。

(1)家长要引导孩子合理利用网络。中小学生正处于人生的转型阶段，他们认知上有一些不同于成人的特点。好奇心强、求知欲旺盛是这个阶段中小学生发展的显著特点，网络信息的多样化满足了他们的好奇心。网站信息的多样化和可得性对开阔他们的视野有着很多大的帮助。然而，随着时代的发展进步，新时代环境下父母对孩子的要求也愈加严格。导致中小学生阶段学习压力大，在这样的情况下，有些学生难免会产生心理压力，更有严重者，会出现心理问题。而中小学生时期，又渴望受尊重，家长的权威地位使得中小学生不愿意跟他们交流，处于青春期的中小学生便把目光转向网络。一方面通过与同龄人沟通和倾诉排解压力，另一方面，有些中小学生由于自控能力不强，沉迷在网络游戏、网络直播中无法自拔。而且，新时代网络形式的多样化使得不少家长也沉湎其中，家长通过借助网络放松一天疲惫的心理，也懒于表达自己对孩子的关心，这样也会导致孩子也转向虚拟的世界中去寻求安慰。"与其说网络使得中小学生成瘾，倒不如说是因为家庭的忽视给网络钻了空。"上述现象的出现在如今这个时代并不少见，是大部分家长生活的常态。由此看来，良好的家庭教育对中小学生的健康成长很重要。

首先，家长要多关爱孩子，努力并发自内心地去了解处于这个阶段的中小学生的想法。中小学生阶段由于生理、心理的变化使得中小学生不愿意与父母去沟通和交流，而且以往的你说我听的交流方式使得中小学生反感，这就加剧了父母与中小学生之间的隔阂。因此，作为父母要采取平等的方式与中小学生沟通。通过交流，中小学生渐渐放开心扉，我们才能明白这个阶段的他们所期盼的理解是什么，他们的目标是什么。通过平等的谈话，帮助中小学生树立正确价值取向。对于中小学生在学习、人际交往上遇到的困惑，我们作为前辈去指点他们，并且提出有针对性地解决措施，从而形成良好的亲子关系。

其次，随着网络的日益普及化，严禁孩子上网变成了当今时代不太可能发生的事情。因此，帮助孩子养成正确对待网络的意识变成了他们的首要任务。家长应该让孩子明白网络本身并不存在好坏之分，合理地利用网络可以帮助他们扩大视野，拓宽交往的范围。家长可以做到的就是在孩子上网的时候，通过亲身示范，帮助中小学生自觉识别网站标志信息，帮助其浏览正能量的、积极向上的、对他们有利的内容。另外，培养中小学生养成良好的网络使用习惯。通过沟通和交流，告诉他们在目前求学阶段使用网络不是为了满足他们消遣娱乐需求，只要适当可以让他们玩网络稍微放松一下。主要是让他们明白利用网络可以更加方便他们搜索资料，更加方便他们的学习。山西汾阳东关实验中学的学生家长李女士就理性地分析了网络。她觉得在网络大环境下对孩子进行限制容易引起孩子的叛逆，这样会导致孩子的行为与自己的想法“背道而驰”。她积极利用网络的优势，经常与孩子分享自己在网络上的所见所闻，这样，不仅使自己没有脱离社会发展的步伐，还能够加强与孩子的沟通和交流。她不仅不像其他家长一样恼羞成怒后不让孩子上网，而是充分地给予孩子信任，让孩子养成良好的网络使用习惯，做网络的主人。在这样的基础上，孩子自觉与李女士约法三章，在完成自己作业的基础上，才去接触网络。并且在周一跟周五期间，写完作业的基础上玩手机半个小时，周末时间玩手机一个小时。这位家长的做法值得我们去借鉴。

最后，对于沉湎于网络的孩子，家长不能采取极端的方法，要循序渐进。可以通过案例分享，让中小学生明白沉迷网络的危害。可以通过家庭聚餐活动，让中小学生更多地与人交流。利用节假日，带中小学生多走走，多看看，感受祖国大好河山的同时，增强他们的强国豪情。在经济条件不允许的情况下，可以通过讲故事的方式，增加中小学生阅读的兴趣，这样中小学生就不会沉迷于网络而无法自拔。这样做，不仅不会让中小学生反感，在一定程度上，加剧了中小学生与现实生活的接触，从而树立正确看待网络的观念。如果中小学生网络成瘾的情况十分严重，可以带中小学生求助心理医生，通过咨询，了解中小学生内心的想法，从而有针对性地提出相应的措施。家长在这个过程中要始终陪伴，让中小学生感受到爱，感受到温暖。聊城市一名学生家长，他的儿子上网成瘾。由于家庭条件不富裕，她自学了200本书去引导孩子，因为她的坚持，孩子终于意识到网络成瘾的危害。迷途知返后，转变劣势为优势，他的儿子被培养成了计算机高手。这位伟大的母亲在孩子沉迷网络的时候，通过自己的努力，适当的引导，最后帮助孩子成功地戒掉网瘾。

(2)家长要以身作则。家长是孩子的第一任老师，家长的言行举止都会影响到孩子如何去效仿。新时代网络形式的多样化使得家长也成为抖音、快手等网络直播的粉丝，家长如何正确对待网络，决定了中小学生对待网络的态度。

孩子本身对自己的行为并没有其与生俱来的模式，他们都是在效仿自己父母的行为，因此，作为家长要明白以身作则的重要性。山西汾阳市市民王阿姨就很好地做到了以身作则。王阿姨的孩子正当初二，因为经常网上“开黑”导致学习成绩下降。王阿姨为了帮助自己的孩子提高成绩，和孩子约法三章。在孩子没有完成自己作业的情况下，不允许上网。并且她决定自己也在这段期间不玩手机，陪自己的孩子写作业。同时，在礼拜天允许孩子有半天的时间随意支配自己的时间，可以上网浏览自己感兴趣的东西，也可以和同学们相约一起出去玩等。经过一段时间的努力，孩子的学习成绩也得到了较大的提升。在此期间，王阿姨还经常观看新闻，关注国家大事，针对身边以及网络上出现的事件和孩子进行讨论，激发孩子观看时事政治的兴趣，让孩子在学习之余也不忘了解国家大事。王阿姨的这种做法值得我们学习和借鉴。

(3)加强家校联系。新时代背景下，为家校联系提供了更为便捷的渠道。家长不用再像以前一样去老师的办公室去咨询，通过QQ、微信等社交软件就能够与学校的任课老师进行联系，从而反馈子女在家中的网络使用情况。第一，当发现自己孩子有沉迷网络的苗头时，要主动与班主任取得联系，通过向老师反馈具体的实际情况，商量出最终的解决办法。对于孩子出现的在使用网络过程中出现的不道德的行为，切记不要慌张，要做到以不变应万变。第二，在充分信任老师的基础上，家长还可以就家庭教育中出现的难题，向老师咨询。不仅如此，通过与老师进行沟通和交流，家长还能够了解自己的孩子在学校的日常学习情况，从而有针对性地增强家庭教育的效果。老师则通过家长的反应，了解学生在学习外的情况，加深老师对中小学生的全面认识，推进学生健康发展。石家庄二十四中的家长与老师就做到了这一点，家长给予老师足够的信任和配合，当学生没有及时地完成作业任务时，老师会给予相应的惩罚。比如说学生在没有及时完成作业的情况下，要在放学之后把作业补齐。如果下节课在之前还没有完成作业，老师便根据具体情况实施相应地“处罚”，罚抄一次或者两次，以此类推。在此期间，家长不得干涉老师的做法，并且无条件支持。这无疑降低了思想政治教育工作的难度，同时让学生明白了作为一名学生的责任。

**4. 新时代中小学生要树立正确的网络观**

随着我国进入新时代，网络的形式也越来越丰富多样。这对中小学生使用网络的要求也越来越高。作为担当民族复兴大任的时代新人，要加强中小学生网络认知教育、提高中小学生网络道德素质以及网络法治教育。这是新时代培养时代新人的要求，也是中小学生与时俱进的需要。

(1)中小学生要提升网络认知水平。新时代网络存在着许多良莠不齐的信息，只有通过不断引导中小学生，使他们从内心真正意识到不良信息的危害，从而外化为自己的行为并自觉抵制。基于此，思想政治教育者要不断强化中小学生的网络认知。

提升网络认知水平，增强中小学生自身的自律意识。加强网络认知教育，让中小学生群体在自我教育中发现问题。例如在校园展开与网络有关的竞猜活动，通过猜一猜的活动价加深人们对网络的认识。开展“绿色网络文明进校园”的主题宣传活动、辩论赛等；通过宣传，动员全体师生参与到绿色网络的主题活动中，同学们可以各尽其能，各凭本事创作关于绿色网络有关的小视频、图片、黑板报、绘画等，不断强化中小学生的网络认知。同时，教育者可以在中小学生思想政治教育中加入网络教育的内容，通过对网络的详细介绍，增加学生对于网络的认识。还可以在新生入学时，制定校园网络行为规范准则。学校要充分利用校园中丰富的校园文化活动，中小学生在参加校园文化的过程中，也通过自我反思，自我评价使中小学生的网络认知得到加强。浙江余姚市录制《防诈骗知识讲座》等与网络的相关视频，并且与当地的学校取得联系，通过沟通达成一致，学校老师布置成作业要求中小学生在放学后回家观看，中小学生在观看视频的过程中，了解到网络的危害。通过写观后感，自觉意识到网络诈骗等行为的危害，从而内化自己对网络的认知。

(2)中小学生要提高网络道德素质。在网络的大环境中，中小学生群体既是网络信息的传播者，同时又是网络信息的消费者。即表现为网络传播的主体，但在另一个层面上来说又是网络传播的客体。因而引导中小学生群体自己监督自己，实现网络道德自律，是维护和谐网络环境对中小学生提出的新要求。

网络道德是时代的产物，新时代网络多样形式的出现，网络内容也变得愈加复杂。人们在网络上面临着多重的道德要求和规范，因此对于网络道德的要求便产生了。网络道德是指在网络中用了来规范人们行为的基本准则，通过人们在网络上的行为来判断其动机从而进行是非善恶的价值判断。网络道德的健康发展，离不开教育者对学生的引导。通过有意识地引导，使中小学生认识到道德不仅仅存在于现实的生活中，也存在在网络世界里，中小学生通过自我教育，自觉网络道德规范来处理自己在网上遇到的各种行为，自觉抵制网络的不良影响。《新时代公民道德建设实施纲要》也对公民做出了新的要求，我们要为网络环境的发展贡献自己的一份力量，发布与正能量相关的内容，自觉抵制低俗文化对我们的影响。作为中小学生，也要凝聚起新时代网络空间的正能量合力，营造风清气正的网络空间。

(3)中小学生要加强网络法律素养。中小学生应该明白，法律这种强制手段不仅仅存在于人们的现实生活中，还存在于网络虚拟世界，我们不仅要在现实生活中遵守法律，更要在虚拟世界中自觉约束自己的行为。中小学生应该意识到虚拟世界的不确定性以及危害性，在此基础上才能避免对于网络低俗信息的无意识传播。中小学生参与网络伦理方面的讲座，诸如“网络言论自由与法律界限”之类的讨论等，在这个活动中中小学生学生通过反思，内化成自己的意识，在活动过程中实现自我教育，提高自己的网络法律素养。2018 年互联网法律大会推出了十大案例，通过权威专家的点评，可以让中小学生更加清晰的明白法律的界限，让中小学生了解到网络犯罪的危害，促使中小学生感受法、体验法、进而知法，形成强烈的社会主义法律意识，从而提高自己的网络法律素养。2020 年新冠疫情的发展，使得网络上出现了各种各样的声音，新冠肺炎的造谣事件屡次发生，严重影响到了人们的生活和社会的安定团结。对造谣事件的当事人，国家给予了一定的行政处罚和拘留。作为中小学生也要意识到，法律不仅存在于现实世界里，还存在在网络世界中。互联网+法律，引领网络法治步入快车道，作为中小学生不仅要懂法，更要在网络世界中守法。

# 第六章　网络时代的思想政治教育创新

随着科技的不断发展与进步，人类社会以不可阻挡的步伐迈入了网络时代。人们在充分利用网络时代给我们带来的各种好处的同时，也不可避免地面临着网络时代所带来的各种困扰与挑战。作为实现立德树人关键课程的思想政治教育理应强化对于网络时代信息环境的研究，并根据其特点有针对性地进行改革创新。

## 第一节　网络时代的特征

网络时代，是把各方面信息通过网络连接起来的一个崭新时代。在这个时代中，人们通过PC、智能手机、平板电脑等一系列电子设备，来发布、获取、分享、利用由“网络”这一虚拟空间所承载的各种信息。这对人们的生产、生活方式甚至思维方式都产生了深刻的影响。我们从思想政治教育的视角，可以发现网络时代的具有许多显著特征。

### 一、网络世界现实的虚拟性

从根源上来看，构成网络世界现实的基本要素是数字。而呈现在人们眼前的网络世界的“现实”，恰恰是人们运用各种技术，将数字转化成人们通过感官能够直接感觉到的现实。如人们听到的声音可以数字合成、数字模拟，人们看到的画面也可以数字模拟、数字合成，甚至连人的思考，都可以运用数字技术来模拟。随着这些技术的飞速发展，目前人们已经可以模拟出足以乱真的虚拟现实。在这样的虚拟现实中，人们可以看到和真实世界一样的景象，可以听到和现实世界一样的声音，能够感受到和现实世界一样的温度、湿度。这样虽然可以通过更低的成本来满足人们的不同的需求，但却实实在在地模糊了人们主观意识中现实世界与网络虚拟世界的界限，更有甚者沉迷于虚拟世界无法自拔。所以，网络世界现实的虚拟性，是网络世界最直接的特征，也是其本身矛盾的根源所在。

## 二、网络时代信息传播中的“后真相”表征

“后真相”一词最早意指情感对于受众的影响大于事实，并作为年度热词在2016年被牛津词典收录，用以表明在信息的传播过程中，尤其是政治传播领域中，真相被情感与立场所替代。尽管在新闻领域中，政治性与真实性一样，构成了其基本生命线，但在当下网络化浪潮中，诸多新闻或是自媒体的信息创造往往忽视政治性，并对事实本身进行剪裁与编排，既混淆视听又不符合主流价值。这些信息传播乱象的背后正是以流量为王的资本或利益为主导，进而怀疑、拒斥乃至否定主流价值观念。在这种信息环境中，各种社会思潮借助碎片化信息传播，进一步威胁和消解价值领域中理应具有的基本原则和基本规范。

## 三、“信息茧房”与思想偏差的共谋

在当下的网络时代，尤其是在大数据算法推介技术的加持下，个人所接收的信息往往是信息平台的精准“投喂”，而非个人自由获取。在资本的逻辑之下，网络以及大数据“充分利用人类认知架构的某些特点——特别是那些用以加速信息处理进程的‘捷思法’——由此使得具有相同内容属性的信息与特定的人群之间的捆绑效应变得更为明显”。① 基于个体偏好、趣味以及公众情绪的算法推送的信息进一步构成了此等“信息茧房”。比起这种“信息茧房”，信息提供者或创造者自身所具有的思想偏差则在更为基础的层面决定了这些“茧房”的形态和内容，这体现在信息提拱者或创造者往往在思想偏差的基础之上为自身编织更为系统和严密的论据。并且这种思想偏差更隐蔽和顽固，对于主流价值之危害也更为严重。

## 四、技术赋能与观念赋权的互补

社交网络、短视频等新兴网络媒介的产生，不仅使得信息传播的能力得到了空前提高与传播的高度自由，同时也使得信息制造更为平民化。信息的碎片

---

① 徐英瑾：《人类认知与信息茧房》，载《读书》2021年第6期。

化、图像化使得那些边缘价值能够在网络上迅速聚集，进而挑动公众情绪。这种技术上的赋能反过来也强化了个体的权利观念，自由主义或新自由主义思潮也借由这种平价、便捷的技术工具侵害主流价值。对于广大青少年而言，在技术赋能与观念赋权的双重加持之下，更加容易受到各种反叛主流价值信息的影响。利用青少年群体的好奇心、同情心，以剪接的部分事实和隐藏的错误思想消解他们对主流价值观的认同，并通过泛娱乐化的方式对相关网络舆情事件进行炒作，误导广大青年学生的价值判断，混淆主流价值准则。

总之，人类社会进入网络时代，是社会发展规律的必然趋势。我们只有正确认识网络时代，准确把握其基本特征，才能够将思想政治教育理念与网络时代有机结合，使得相对传统的思想政治教育理念通过发展，适应网络时代的特征，满足网络时代人们对于思想政治教育的目标要求。

## 第二节　网络时代思想政治教育理念更新

我们站在思想政治教育的视角，分析了网络时代具有的基本特征。在此基础上，我们不难发现，传统的思想政治教育理念已经跟不上网络时代发展的节奏，无法满足网络时代人们对于思想政治教育的目标要求。基于此，在网络时代的大背景之下，思想政治教育理念亟待更新。

### 一、传统的思想政治教育理念梳理

理论上，我国学界对于思想政治教育的重要性的认识，大家的结论都还是比较一致的，都认为思想政治教育在学生成人成才的过程中起着无可替代的基础性作用。思想政治教育的目的包括两个方面，从个人的角度来看，思想政治教育是为解决学生在成长过程中的各个阶段——如从小学到中学、从中学到大学、从小学生到中学生、从中学生到大学生、从未成年人到成年人——的角色转变过程中所出现的各种思想政治素养成长问题而进行的；从国家社会的层面来看，思想政治教育是以为国家社会培养心理上健康、道德上合格、综合素质出色的劳动者与建设者为己任的。综合这两个层面的目的，思想政治教育的目的是引导学生提升思想政治素养、成人成才，并为国家社会培养合格的劳动者与建设者。

具体到思想政治教育理念上，不同的学者对于思想政治教育理念存在着不同的界定。比较有代表性的观点有“施加说”“转化说”“内化说”“发展说”“建构说”等。

“施加说”由俄国学者加里宁提出。在著作《论共产主义教育与教学》中，加里宁指出，思想政治教育是“对于受教育者心理上所施加的一种确定的、有目的的和有系统的感化作用，以便在受教育者的心身上，养成教育者所希望的品质”。① 这里所提出的思想政治教育理念是教育者通过单向的“施加”，以达到受教育者能够具备教育者所希望的品质的目的。其最显著的特点是“单向”，教育过程中的主客体相对单一和固定。

“转化说”来自《中国大百科全书》的“教育卷”，认为思想政治教育是“教育者按着一定社会或阶级的要求，有目的、有计划、有组织地对受教育者施加系统的影响，把一定的社会思想和道德转化为个体的思想意识和道德品质的教育”。② 可以发现，相对于“施加说”，“转化说”有了明显的变化，教育过程不再是简单单向的“施加”，而是由社会向个体的“转化”。可以看出，在全球一体化的大趋势下，人的社会化特征越来越显著，由“施加”向“转化”的发展，显然是顺应了这一发展潮流的。

而“内化说”“发展说”以及“建构说”则是我国学者在20世纪末21世纪初针对时代背景的变化和社会发展的特点，所提出的各具代表性的思想政治教育理念。

“内化说”是由我国学者孙喜亭在其专著《教育原理》中提出的。他认为，思想正是教育是“教育者按照一定社会的要求，通过特定的教育活动，把特定社会的思想和道德规范内化为受教育者的思想意识和道德品质的过程”。③ 在“内化说”中，教育的主客体的相对固定的状态开始松动，人们已经开始关注思想政治教育中的主体与客体以及二者关系的变化了。

“发展说”是由我国学者鲁洁、王逢贤在其专著《德育新论》中提出的。他们认为，思想政治教育是“教育者根据一定社会和受教育者的需要，遵循品德形成的规律，采用言教、身教等有效手段，在受教育者的自觉积极参与的互动中，通过内化和外化，发展受教育者的思想、政治、法制和道德几方面素质的

---

① ［俄］加里宁：《论共产主义教育与教学》，陈昌浩译，人民教育出版社1981年版，第48页。

② 《中国大百科全书·教育卷》，中国大百科全书出版社1985年版，第59页。

③ 孙喜亭：《教育原理》，北京师范大学出版社1993年版，第290页。

系统活动过程”。[①] 可见，相对于“内化说”，“发展说”则更加强调了在思想政治教育过程中受教育者的互动，并更加明确了受教育者在整个教育过程中的重要地位。一方面，受教育者的自觉积极的互动是整个教育过程中的关键环节；另一方面，“发展”二字表明了思想政治教育对于受教育者而言绝不是从“零”到“一”、从无到有的过程，而是在受教育者固有基础上，从有到优的“发展”的过程。教育者的地位逐步从绝对的主导者转化为发展的促进者。这也为传统的思想政治教育理念打开了一个新的视野。

“建构说”是由我国学者檀传宝在其专著《学校道德教育原理》中提出的。他认为，思想政治教育“是教育工作者组织适合德育对象品德成长的价值环境，促进他们在道德价值的理解和道德实践能力等方面不断建构和提升的教育活动”。简言之，思想政治教育“是促进个体道德自主建构的价值引导活动”。[②] 在此观点中，思想政治教育的主客体及其关系的传统观念被彻底打破，教育的主客体不再绝对地固定在教育者和被教育者这两种角色身上，而是相互之间出现了微妙的转变。教育者不再是绝对的主导和权威，而是转化成为对受教育者的帮助者和促进者；受教育者也不再是处于绝对被动接受的地位，而是转化为在教育者的帮助与促进下，自主构建其思想政治道德体系。对这种思想政治教育过程中主客体关系的转变的认识，是思想政治教育理念的一次关键的转变，加深了人们对于思想政治教育乃至是教育本身的认识。

经过梳理，我们不难发现，随着社会实践的不断发展变化，人们对于思想政治教育理念的认识也在不断发展变化。这也意味着，当网络时代来临，传统的思想政治教育理念必然受到冲击，从而必须得到发展以适应新的社会实践的需要。

## 二、网络时代传统思想政治教育理念面临的挑战

随着社会快速地进入网络时代，网络通讯技术的飞速发展、人们接入网络的终端设备的快速更新，都使得网络已经对人们的现实生活产生越来越深刻的影响，甚至成为人们生活中不可或缺的一部分，甚至有观点认为网络世界已经成为与现实世界并存、并行的一个独立的世界。最近“元宇宙”概念被热捧就

① 鲁洁、王逢贤：《德育新论》，上海教育出版社 1990 年版，第 128 页。
② 檀传宝：《学校道德教育原理》，教育科学出版社 2003 年版，第 6 页。

是一个典型的例子。而作为思想政治教育的参与者，不论是教育者还是受教育者，都生活在网络时代当中，不可避免地与网络产生着各种各样的联系，尤其是受教育者，甚至可以被认为是网络时代的“原住民”。在这样的大背景之下，传统的思想政治教育理念必然受到源于网络时代基本特征的全方位的挑战。

首先，网络世界现实的虚拟性对传统思想政治教育的相对固定性提出了挑战。如前文所述，传统的思想政治教育模式是比较单一的传导式教育模式。在这一模式下，教育者与受教育者的地位、权威都是泾渭分明的，通常是“指一定的阶级、政党、社会群体用一定的思想观念、政治观点、道德规范，对其成员施加有目的、有计划、有组织的影响，使他们形成符合一定社会所要求的思想品德的社会实践活动”。① 但是网络时代现实的虚拟性却打破了这种传统的单方主导的教育模式。在网络世界里，人人都可以成为教育的主体，人人也都可以成为教育的客体，教育者与受教育者之间的界限越来越模糊，二者之间的关系与地位也可以随时随地进行转换。同时，由于网络世界现实的虚拟性，网络世界参与者的参与意识与主体意识也在逐步增强。因此，传统的按部就班、单向输出的思想政治教育理念越来越受到网络世界虚拟现实这种多元互动的网络信息传递方式的冲击与挑战，传统思想政治教育中教育者对信息的优先选择权与垄断权也在逐步被打破。

其次，网络时代信息渠道的多元化与“信息茧房”之间的矛盾对思想政治教育的权威提出了挑战。信息渠道的多元化，是网络时代的基本特征。但是随着大数据技术越来越成熟、运用越来越广泛，网络运营商们为了提高自身的“流量”，通过大数据对网络用户进行“信息茧房”的精准投放。从而使得网络用户在看似多渠道的信息交换平台，得到的却是几乎一样的信息。而这些信息都是平台运用大数据根据用户自己可能都不知道的所谓“情趣爱好”而被精准投放的。正因为此，这些被精准投放的信息非常容易引起用户的共鸣从而得到用户的肯定。同时，网络平台自带的所谓的“多元性”以及用户默认的网络平台的“客观公正性”，导致用户对这些精准投放的信息深信不疑，使得自己被牢牢困于由自己的“兴趣爱好”所构筑起的“信息茧房”中而不自知。最终，“信息茧房”中被精准投放的信息就成为了用户心目中深信不疑的“权威”。而传统

① 张开芬、冯巧媚：《浅谈传统思想政治教育与网络思想政治教育的契合》，载《德育在线》2011 年第 1 期。

的单向输出的思想政治教育的内容则被屏蔽在“信息茧房”之外。

最后，网络文化对自由个性的追求对传统思想政治教育的价值观念提出了挑战。随着网络文化的发展，人们追求自由个性的欲望得到释放。网络世界现实的虚拟性与网络信息传播的多元性恰恰助推了人们对自由个性的追求。传统的整齐划一、千篇一律的思想政治教育理念不可避免地忽略了单个人的个性，追求的是整体抑或是集体价值的实现。而在网络时代的大背景下，这样的价值观念已经不能满足网络时代受教育者的要求。在网络时代，人们对自由个性的追求、对自身独特个性的发展都在呼唤着思想政治教育的变革，要求思想政治教育在强调追求整体价值的同时，用更多的注意力来关怀单个人的价值。这无疑是对传统的思想政治教育提出了最大的挑战。

总之，因为事物及其发展本身不可避免地具有两面性，网络时代在给思想政治教育提供了技术层面的便利的同时，向传统的思想政治教育理念提出了全面的挑战。要应对挑战，传统的思想政治教育理念就必须做出相应的变革，在促进自身发展完善的同时，适应社会发展趋势，从而满足新时代新背景向思想政治教育提出的新的使命。

## 三、符合网络时代要求的思想政治教育理念

为应对网络时代对传统思想政治教育理念提出的全面挑战，传统的思想政治教育理念必须做出相应变革。

首先，在思想政治教育的主客体关系上，打破传统的相对固化的教育主客体关系和地位，形成以受教育者为主体、由教育者主导的二元关系。在这样的二元关系中，取消了传统的教育者的绝对主导和绝对垄断地位，恢复了受教育者在思想政治教育过程中的主体地位，形成教育者与受教育者之间良性互动的关系。这一方面是由网络时代的基本特征所决定，信息渠道多元化打破了教育者信息传播渠道的垄断，网络世界现实的虚拟性打破了教育者与受教育者直接曾经固定的界限。所以，以教育者为主导与以受教育者为主体的二元关系理念是网络时代发展趋势的产物。另一方面，当人们意识到网络时代发展趋势对传统思想政治教育形成的冲击使得传统思想政治教育理念不得不进行变革时，理应在理念上做出积极的响应，不仅被动取消教育者的绝对主导和垄断地位，还要积极地恢复、重视受教育者的主体地位，并将教育者的主导与受教育者的主体地位整合起来，形成良性互动，使得教育者与受教育者不再是站在绝对对立

的两面，而是形成一个既对立又统一的矛盾统一体，并最终实现思想政治教育的目标。

其次，思想政治教育者的理念要更新。在我国，思想政治教育者，主要指的就是思想政治理论课的教师。为了应对网络时代对思想政治教育提出的挑战，思想政治理论课教师自身的理念需要更新。一方面，坦然接受社会发展趋势，卸下“权威”的包袱，告别自己的垄断地位，真正做到与受教育者平等交流、互相学习。从现实的教学实践来看，现在的思想政治教育现实用“教学相长”四个字来形容是再贴切不过的了。在思想政治教育过程中，受教育者往往以年轻人居多，他们思维敏捷、触觉敏锐，处理各种信息的能力强，这是教育者们需要向受教育者们学习的地方。但同时，年轻的受教育者们易冲动、易以偏概全、易想法极端，这就需要教育者们运用自己深厚的学术功底和理论功底加以引导，让年轻的收教育者们建构符合社会需要和自身成长需要的思想政治道德品质。另一方面，改被动为主动，积极投身到终生学习中去，让自己跟上时代发展的步伐。很多教育者往往会出现抱残守旧、固步自封、呆在自己舒适圈不愿意甚至是拒绝接受新鲜事物。这样不仅会让自己满满被时代所遗弃，也会逐步拉大自己与受教育者之间的距离，最终让自己的“教育”过程成为“自说自话”，无法与受教育者产生共鸣，从而根本无法达到教育的预期目标。所以，在教育者为主导、受教育者为主体的二元关系中，教育者虽然不再占据绝对权威，也没有了垄断地位，但其本身对思想政治教育理念的更新在整个网络时代思想政治教育过程当中是至关重要的。

最后，思想政治教育的价值观念更新。在网络时代，传统的思想政治教育中所传递的强调整体的价值取向受到了来自人们对自由个性追求的挑战。为应对挑战，传统的思想政治教育的价值观念就必须发生变革。在我国社会制度、社会核心价值观念的指引下，强调整体这一价值观念不能抛弃。所以，这里所提出的传统思想政治教育价值观念的更新，是在坚持整体价值取向的基础上，用更多的注意力和更深厚的关怀来关注以往在某种程度上被忽略了的个人价值。也就是说，在网络时代人们追求个性自由不可避免的大趋势下，思想政治教育在强调整体价值的基础上，理应更加关注个人的个性化的思想政治道德的成长。从整个人类社会发展的角度来看，社会分工越来越细致，“多元化”在社会的方方面面体现得越来越显著，这使得教育者们不得不去关注个人的个性化的成长需要；从网络时代的特征来看，信息渠道的多元化、网络世界现实的虚拟化等特征都在助推着个人的个性化成长。从个人的成长需求来看，受教育者主体意识的解放是社会发展的大趋势，个人自身个性化的成长需求既具有合理性，更具有现实性。这就使得传统的思想政治教育在价值观念上，不是抑制个人对个性发展的追求，从而使个人与整体站在了绝对的对立面；而是应该首先承认个人价值、承认个人对个性发展需求的正当性与合理性，并将之与传统的整体价值取向有机融合。只有这样，传统的思想政治教育的价值观念更新才是有价值的。

总之，在网络时代，传统的思想政治教育理念的更新，既是为了应对挑战的必然结果，也是为了适应社会历史发展趋势所做出的积极回应。同时，只有理念更新了，网络时代的思想政治教育的具体方式与途径才有可能在正确的方向上进行变革与创新。

## 第三节　网络时代思想政治教育方式方法创新

思想政治教育的理念与思想政治教育方式方法是对应的。有什么样的理念就会有什么样的方式方法与之相适应，从而将理念转化为实际的教学效果。为了应对网络时代对传统的思想政治教育的全面的挑战，思想政治教育理念必须进行更新。在此基础上，思想政治教育的方式方法为适应思想政治教育理念的更行也必然随之发生改变。这就需要网络时代的思想政治教育在方式方法上必须进行创行。

### 一、传统思想政治教育方式方法梳理

经过长期的教育实践探索，人们总结出许多在当时背景下行之有效的思想政治教育方式方法，如疏导教育法、比较教育法、典型教育法、自我教育法、激励感染教育法等。疏导教育法主要是指引导受教育者把各自的观点想法都表达出来，主要包括分而导之、因势利导和启发诱导三种方式；比较教育法主要是指将两种不同事物和现象的性质、特点进行比较鉴别，得出正确结论，以提高思想认识，具体包括回忆比较法、比较鉴别法和类比法等；典型教育法主要通过典型的人或事进行示范，教育人们提高思想认识，最常用的有负面典型和正面典型两种形式；自我教育法主要是指按照思想政治教育目标和要求，主动提高思想认识的方法，包括自我修养、自我管理和自我调控三个方面；激励感

染教育法主要是指通过激发人们的主观能动性来调动积极性的方法，包括目标激励、奖惩激励、竞争激励的激励方式和形象感染、艺术感染、群体感染等形式。

这些方式方法都是在传统的思想政治教育理念的指引下形成的，适应了传统思想政治教育理念的要求，能够在一定程度上将传统思想政治教育理念转化为实际教育效果，达成传统思想政治教育的目标。虽然这些方式方法侧重点有所不同，但是基本特征却具有一致性。

首先，这些方式方法都强调“控制性”说服。“控制性说服”指的是“说服者并未全面准确向被说服者展示相关信息，仅仅靠某些‘道理’来主观引导对方而使对方发生行为变化的说服”。这样的说服方式在传统的思想政治教育中非常普遍，也成为一些思想政治教育者津津乐道的教学效果的证明。但这种说服重视灌输道理，重视舆论引导，对信息的提供缺乏全面性，没有对教育对象告知所有的事实真相，教育对象行为的改变并不是自身理性选择的结果，因此，这种方法本身是不道德的，这样的教育效果也注定不能持续长久。

其次，这些方式方法都存在“智育化”倾向。目前的高校思想政治教育普遍存在“智育化”倾向。如主要采用课堂教学、政治理论学习、做报告等教育方法，重视统一的社会要求和整齐划一的教育动作，将大学生视为社会道德规范的被动接受者，强调大学生对社会规范的认知、掌握和理解，却忽视了他们的个体道德需要，忽视了他们对社会规范是否认同，缺乏对教育对象日常生活实践的关心和指导，导致了道德观念不足以支持和指导大学生的行为，思想政治教育没有最终外化为道德行为。思想政治教育是将社会思想、政治、道德规范转化为受教育者思想品德的方式、手段，它和智育不同。智育要解决的是知与不知、懂与不懂的矛盾，思想政治教育方法还要解决信与不信、行与不行的矛盾。思想政治教育者不仅要使教育对象了解知识性道德概念，更要促使其成为内在性道德观点，指导日常生活实践。

第三，这些方式方法都强调“德目主义”传统。“德目主义”主要是指直接的道德教学，是指通过开设专门的道德教育课程对学生进行道德教育。大学生思想政治教育非常重视正面的、直接的、正规的教育方法，重视完整、系统的思想道德理论知识的灌输。各个高校都是利用专门的思想政治教育机构和专业的思想政治教育工作者，在特定的教育时间中进行教育活动。“德目主义”反映了我国对思想政治教育的高度重视，在一定时期内对人们思想道德素质的发展发挥了重要作用。但也正因为如此，使得学校其他学科、社会其他部门淡化了自身的思想政治教育责任，造成思想政治教育方法和途径的单一性。在现代社会中，人们接触新事物多、信息面广，思想认识问题往往与个人利益、心理问题、人际矛盾等交织在一起，如果仅仅依靠传统的理论灌输方法，已经无法取得预期的效果。但是在实践中，或者由于教育者的喜好，或者由于客观条件的限制或者其他原因，往往会出现偏重于某种传统方法的运用，缺乏运用多种方法的自觉意识。如在高校思想政治教育大多依赖“两课”教学进行，诸如其他各类课程、行政管理、校园文化、社会实践等隐性教育途径的功能不能得到有意识的开发。

最后，这些方式方法都带有“精神胜利法”的特征。这里说的精神胜利法特指脱离社会现实，而单纯强调思想政治教育对人的精神激励作用，企图通过思想政治教育实现人的彻底转变。根据马斯洛“人的需求层次”理论，人们正常的心理需要呈现层级特征，依次是生理需要、安全需要、从属相爱的需要、尊重需要、自我实现的需要，以及求知和理解的需要、审美需要。思想政治教育主要是满足人的精神需要，精神需要属于人的心理需要的较高层次，只有在人的生理需要和安全需要能够得到满足的情况下，人才有思想政治教育的需要。当前思想政治教育方法中存在一种过分夸大思想政治教育功能的现象，认为思想政治教育能够解决人的一切困难。当前社会上存在的许多思想道德问题实际上属于社会问题，在部分人的生活基本保障还存在困难的情况下，试图用思想政治教育方法来解决，注定是行不通和失败的。

这些传统的思想政治教育方式方法曾经在计划经济时期、在社会环境相对封闭和社会意识形态相对单一的情况下发挥过巨大作用。但是如今整个世界已经进入网络时代。在这个大的时代背景之下，传统的思想政治教育方式方法中的各种矛盾都展现出来，严重影响了思想政治教育活动的效果。随着传统思想政治教育理念的更新，传统的思想政治教育方式方法也亟待进行改变与创新，否则就会影响到整个思想政治教育系统的发展与和谐运转。

## 二、网络时代传统思想政治教育方式方法面临的挑战

人类社会进入网络时代，人们的交往方式发生了深刻的变化。传统思想政治教育的方式方法面临着严峻的挑战。

首先，最直接受到冲击的是网络时代的思想政治教育者。在网络时代，现

代化的思想政治教育和传统的思想政治教育相比，在教育方法和内容上都具有更多的优势。思想政治教育者的综合素质直接影响着思想政治教育能力。网络时代下的思想政治教育工作要求教师必须非常了解网络行为的特点，还要求教师要对网络语言非常精通。目前我国思想政治教育者对网络的运用程度还不能够很好地满足学生获取知识的需要，使得网络时代下思想政治教育的工作目标还不能够很好地达成。思想政治教师队伍的专业技能还不够高，对网络的应用和对计算机的应用技术都不够灵活，不能够通过网络的形式为学生提供更多的教学内容，整个的教师队伍还不够完善。作为思想政治教育方式方法最直接的创造者和实践者，思想政治教育者对网络时代的适应程度将直接决定着其在思想政治教育过程中使用的方式方法能否满足网络时代思想政治教育的受教育者的需求以及社会对思想政治教育的目标要求。

其次，在具体的思想政治教育过程中，单纯的理论性知识灌输效果不佳。思想政治教育尽管一再被强调和重视，但在大学生的现实生活中，其所占比的课程比重和时间十分有限。在这样有限的时间之中，相关理论知识与价值的传授不可避免地与当下网络世界中异彩缤纷的信息浪潮有着较大的隔阂。理论化、学术化的教育方式在图像化、具象化的网络信息环境中自然而然处于下风。

再次，从教育的方式上看，以往的思想政治教育是“主—客”模式。施教者与受教者之间事实上表现出的是一种工具理性，即施教者教授相关的思想政治理论知识；而受教者通过学习取得学分，完成学业。此等主客关系显然也使得思想政治理论课教师与学生之间缺乏情感与价值上的共通。

最后，对青年学生而言，首先是主体权利意识、自我意识增强。其次是知识获取方式的多元化。在当下的网络时代中，知识通过图像化的处理，能以一种直观便捷的方式随处传播，这方便了学生的知识获取。但这种碎片化的知识获取往往泥沙俱下，一旦让一些错误的思想或知识先入为主，无疑将会影响思想政治教育的效果。再次是面临着更为复杂的信息环境。多元化、多样化的信息来源，社会突发舆论事件以及青年学生自身学习生活中发生的诸多问题都可能成为其思想出现偏差的原因。

总之，在网络时代当中，传统的思想政治教育理念受到了全面的冲击，而与之相适应的传统思想政治教育方式方法也面临着全面的挑战。只有当传统思想政治教育理念通过更新适应了网络时代的要求，并在此基础至上，创新思想政治教育的方式方法，才能使得思想政治教育顺应时代发展趋势、跟上时代潮流，不断满足时代对思想政治教育的目标需求。

## 三、网络时代思想政治教育方式方法创新路径

对于身处网络时代的思想政治教育而言，直面网络时代的全方位挑战，善用网络技术并将之融入到网络时代的思想政治教育方式方法的创新之中，才能使“网络”这一“变量”变为思想政治教育的“增量”。

第一，教育内容凸显对现实生活的关注，突出政治引导和价值认同。首先，利用好网络资源实现思想政治教育资源线上线下的联结。网络时代在带来海量资源的同时也产生了一些高质量的教育教学资源，各种自媒体的产生创生出了新形式的网络思想政治教育资源。红色文化的线上展示以及相关党史视频可以作为思想政治理论课的有益补充；而那些错误的社会思潮与不良信息亦可作为反面教材融入青年学生的思想政治教育中。贴合现实社会现象或事件，从正反两方面融入线上线下的思想政治教育内容，能更好地贴合当代青年的学习生活。其次，有针对性地对相关错误社会思潮和社会理论进行批判和引导，不断提升学生辨别各种信息的基本能力。历史虚无主义、新自由主义等西方社会思潮的批判需要站在社会主义核心价值体系的层面加以分析。提升思想政治教育的理论深度和理论高度才能更为有效地分辨各种信息及其背后隐含的思想偏差。通过这种整体性、思辨性思维的培育提升青年学生对于网络信息的分辨和识别能力。再次，坚守灌输论，强化思想政治教育的政治引导和价值认同。尽管在网络时代，“灌输论”受到一定程度的挑战，但正如列宁所说：“工人本来也不可能有社会民主主义的意识。这种意识只能从外灌输进去。”事实上，不仅是“工人”，正确的思想和科学的理论也同样不可能自发产生于“人”脑之中。而这种“灌输”事实上就是要遵从习近平总书记所说的，“知识是载体，价值是目的，要寓价值观引导于知识传授之中”。这种价值便是要以人民群众的需要和利益为根本标准，突出社会主义核心价值体系的政治引导，如此才能更为有效地提升当代青年的政治意识。

第二，教育方式向显性教育与隐性教育的结合转变，突出情感认同。首先，不断提升思想政治理论课教师的媒介素质。习近平总书记说，办好思想政治理论课关键在教师。网络时代思想政治理论课教师首要任务便是正确认识到当代青年所处的信息环境，而这就要求提升高校思想政治理论课教师的媒介素

质。一方面需要思想政治理论课教师自身要关注现实，使其话语体系从文本世界走向文本与现实相结合，以一种更为亲和当代青年的话语方式去传导相关的思想政治理论知识；另一方面也需要高校有针对性地培养思想政治理论课教师的媒介素质和网络技能。其次，打通各门思想政治理论课课程之间的壁垒，并通过思政课程和课程思政的结合，使得高校思想政治教育更为整体和全面。这不仅需要承担思想政治理论课的相关教研室之间加强彼此之间的沟通，有针对性地突出不同思想政治理论课之间的重点，使得思想政治理论更加具有整体性、系统性；还需要在相关专业适当地融入思政元素，在课程思政建设中隐性展开思想政治教育。思想政治理论课在当代大学生学习生活中所占的有限比重显然不能很好地完成思想政治理论课所承担的艰巨任务，这就需要以其他相关课程作为补充。再次，教育话语要"虚实"结合，凸显情感认同。网络时代的思想政治教育的话语转化要注重对于青年学生及其非理性因素的关注。课堂教学的"实"与网络信息资源的"虚"要求思想政治教育话语既要言之有理，又要言之有情。情感认同的培育既需要施教者与受教育者之间建立真诚互信的关系，又需要施教者能够通过真诚的表达使其话语更具感染力和亲和力。网络时代所带来的自由扩张、平等意识的增强以及去中心化的趋势也要求思想政治教育的话语需要融入交往理性，以此来规避主客体之间的"双重失语"。

第三，善用网络资源和网络技术，实现教学方式和教学评价的多样化。首先，利用好网络技术，打造思想政治教育的网络平台。新冠肺炎疫情期间，由教育部社会科学司与人民网联合举办的"全国大学生同上一堂疫情防控思政大课"便是通过网络技术的运用，有效开展网络思想政治教育的有益尝试。此等形式的思想政治教育也有助于凝聚广大青年学生的共识，帮助他们进一步理解和认识到中国共产党和中国特色社会主义制度的显著优势。网络技术的使用也为思想政治教育提供了更为多元化的教学方式，相关网络课程以及优秀网络资源的推介与使用也能够更好地引导青年学生提升其思想的深度和准确识别网络信息的能力。其次，建设和完善校园网络，保障网络思想政治教育的展开。进一步建设和完善校园网络思想政治教育，牢牢占据思想政治教育的这块前沿阵地，以便实现校园内思想政治教育的全面覆盖。这就要求通过校园网络的建设，提升校园网络对于当代青年的吸引力，使其作为其日常生活的重要网络社交平台；同时，思想政治理论课教师可借助此等校园网络的搭建实现与学生的互动，以便及时有效地发现问题，并引导学生培养正确的世界观、人生观和价值观。这也需要高校构筑良好的校园文化，在引入新的网络文化元素的同时，也不断寻求传统文化的当代表达，引导当代青年的历史认同，提升整体素质。再次，通过对学生网络行为的调研，不断完善和深化思想政治教育方式和评价方式。作为实现立德树人关键课程的思想政治理论课也需要及时通过网络调研等方式了解当代大学生真实的认知状态、心理状态和思想状态，以便适时调整思想政治教育的针对性。同时把握当下学生所关注的热点问题，从学生所关心的和热议的问题着手，提升思想政治教育的吸引力和引领力。对于高校思想政治教育的评价方式，尤其是对于当代大学生的思想认知水平的评价也应更加多元，不仅仅是通过思想政治理论课的单门成绩给以考量，也应该充分利用多种形式使得大学生思想政治教育过程全面化和立体化。

总之，高校思想政治教育应该利用好网络平台和网络技术，不断寻求思想政治教育方式方法的守正创新，唯其如此才能真正实现将互联网这个“最大变量”转变为思想政治教育的“最大增量”。

# 第七章　网络文化与思想政治教育的融合发展

随着信息时代的来临，人类迈进网络时代，网络将世界连接成一个“地球村”，网络平台逐渐成为思想文化交流、意识形态争夺的重要阵地。因此，网络文化的建设和发展，也逐渐成为当今世界各国共同关注的重要课题。中国也不例外，中共中央政治局曾针对网络文化工作一年之内在不同场合多次提及。可见，网络文化建设的重要性和急迫性。新时代如何全面准确地认识我国网络文化建设与发展的现状，深入研究网络文化对当代青少年发展的影响，构建适应网络时代要求的、具有中国特色的思想政治教育体系，对于促进青少年成长成才具有十分重要的意义。

## 第一节　我国网络文化建设与发展的现状

### 一、网络文化建设与发展的历程及成就

#### (一)网络文化建设和管理的新纪元

2007 年，是我国网络文化建设与管理工作的新纪元。2007 年 1 月 23 日中央政治局进行第三十八次集体学习，第一次将“世界网络技术发展和我国网络文化建设与管理”作为中央政治局集体学习的内容，胡锦涛总书记在集体学习中发表讲话。他指出“加强网络文化建设和管理，充分发挥互联网在我国社会主义文化建设中的重要作用，有利于提高全民族的思想道德素质和科学文化素质，有利于扩大宣传思想工作的阵地，有利于扩大社会主义精神文明的辐射力和感染力，有利于增强我国的软实力”。他强调要充分认识互联网发展带来的深刻影响，切实增强推进网络文化建设的紧迫感和使命感。

2007 年 4 月 23 日，中共中央政治局召开会议研究加强青少年体育工作和

网络文化建设工作。会议要求，大力发展中国特色网络文化，加强网络文化建设和管理，充分发挥互联网等信息网络在我国社会主义文化建设中的重要作用。会议还强调，所有宣传文化单位都要努力提高网络文化产品和服务的供给能力，创作生产出更多体现和谐精神、讴歌真善美、群众喜闻乐见的网络文化作品。网络文化单位要自觉担负促进社会主义核心价值体系建设的责任，大力推动马克思主义中国化最新理论成果的网上传播，增强理论宣传的吸引力和影响力。要大力发展网络文化产业，发展网络文化信息装备制造业。要大兴网络文明之风，深入开展文明办网、文明上网活动，特别是要为青少年成长创造文明健康的网络环境，在全社会树立良好的网络道德风尚。各级党委和政府要加强对网络文化建设和管理的领导，加大保障力度，加强队伍建设，完善工作机制，促进网络文化建设和管理法制化，推动中国特色网络文化繁荣发展。

2007年中央多次发文谈及网络文化的发展和建设，这在网络文化领域则是第一次，可以看出，国家对于网络文化发展和建设的重视。2007年10月，党的第十七次代表大会顺利召开，第一次将“加强网络文化建设和管理”写进了党的代表大会报告。网络文化受到如此高层次的重视，传递出一个明确的信号：网络文化已经进入了党中央、国务院的视野，是今后推动科学发展，促进社会和谐，夺取全面建设小康社会新胜利的过程中必须特别加以重视的一项工作。

**(二)网络文化建设和管理的蓬勃发展**

党的十七大以来，我国网络文化建设和管理进入蓬勃发展的阶段，随着中国特色网络文化事业、文化产业的快速发展和蓬勃兴起，网络文化的建设和管理凸显得越来越重要，为了维护网络文化的健康和谐发展，中央和地方不断出台方针政策，依据“积极利用、科学发展、依法管理、确保安全”的原则方针，大力推进网络文化的蓬勃发展，使得网络文化创作生产的热情空前高涨和活跃，网络文化产品和服务日益多元和丰富，网络文化阵地不断扩大，网络文化产业臻臻日上，成为我国文化产业非常重要的组成部分。网络文化的吸引力、影响力越来越强，在推进经济社会发展，构建社会主义和谐社会和全面建设小康社会的进程中发挥了积极作用。

1. 重点新闻网站及各级各类商业、文化网站平台新格局逐步建立

2007年以来的十年间，党和国家战略、路线、方针、政策的宣传渠道逐渐由传统的报纸杂志转向新型的互联网媒体，我国由此开启不断加快重点新闻

网站建设的步伐，近几年像新华网、人民网、中共中央网络电视台等一批宣传和传达中央声音的网络媒体平台进入快速发展阶段，成为党和国家重要的网络舆论阵地和网络文化建设的中坚力量。另一方面各级地方政府网站、商业网站、专业的文化类网站也因为差异性的服务如雨后春笋般相继成立，共同推进网络文化建设的生动局面，形成了网络文化建设新格局。

可以说，在2007年后的十年间，中央重点网站和媒体，见证了十年间中国经济社会政治的发展变革，参与了中国经济社会政治等一系列社会发展和变革的重大事件。比如2008年北京奥运会，2009年新中国成立60周年，上海世博会，改革开放30周年，西藏民主改革50周年等重大事件的重点跟踪报道。在一系列突发事件中，主流媒体也发挥了重要作用，发布权威信息，引导社会舆论，正面宣传和传达党中央、国家的声音，在服务党和国家的大局中发挥了重要作用。据《党的十七大以来我国网络文化建设综述》一文统计，中央重点新闻网站共发布庆祝中国共产党成立90周年专题报道稿件达450万篇，图片180万张，音视频10万余条，专题网页总访问量达30亿人次，在网络上营造出良好的宣传和舆论氛围，有力地团结全国各族人民，创造出团结进取的大好局面。中央重点新闻网站每日页面访问总量达7.2亿，与2003年相比增长了8倍多，体现了网络时代，人民群众利用网络平台关注国家发展、社会变革的强大需求。

另一方面，许多有实力的盈利性质的网站也积极投身网络文化产品的开发与服务，越来越多的社科、文学、艺术、教育、科技类的专业网站逐步建立，为人民群众提供丰富多样、不同精神需求层次的文化产品。这样的一批非官方性质的网站媒体，在一系列重大自然灾害的报道现场，积极承担社会责任，利用网络平台，帮助受灾群众获得社会帮扶和救助，充分展示了网络文化凝聚人心的作用。一批社会性媒体网站通过选题策划，深入基层社会，挖掘出“草根典型”的事迹和故事，在网络上引起广大网友的热议和共鸣，社会性媒体挖掘出的“典型人物”贴近群众，贴近生活，他们可亲、可爱、可敬、可信，“典型人物”身上所体现出来的高尚的道德情操和社会责任感正是社会主义核心价值体系所弘扬和赞颂的。通过树正面典型，在社会上形成了一股学习优秀典型的热潮，营造了良好的社会氛围，有助于社会主义核心价值体系的传播和弘扬。

2. 多样化、多层次的网络文化产品的开发和服务格局逐渐形成

网络文化产品的开发和服务重点打造的是中国传统文化的网络推广，促进

中国优秀传统文化的创造性转化和创新性发展。党的十七大以来，全国各地众志成城，积极推动中国优秀传统文化的数字化、网络化传播，不断建设网上图书馆、网上博物馆、网上展览馆、网上剧场建设，为人民群众提供丰富的精神文化产品，使发展的成果通过更便捷的方式为全民共享。据统计，全国已建成1万多个文化信息资源共享中心和服务点。2011年，国家数字图书馆工程在全国开展了首批实施的15个省级馆和52个市级馆推广工作。截止到2011年6月，国家数字图书馆数字资源保有量已达560TB。除了国家数字图书馆建设外，各地数字图书馆建设也蓬勃发展，目前全国已有20多个省规划和建设省级数字图书馆。

一批红色网站也逐步建立，成为宣传和推广马克思主义理论及其最新成果的前沿阵地。比如中国共产党新闻网的建立，《求是》《党建》等传统理论刊物实现网络同步出版。各个主流网络平台专门推出“红色中国”“红色博客”等专栏宣传“红色文化”，加强主流意识形态的宣传、推广和教育，让马克思主义理论的传播覆盖面、理论影响力日益扩大。一些政府部门组织策划的大型网络文化互动活动，通过在网络上造势、营造热点话题、征集活动图片、文章等方式，吸引了海内外数亿的网民积极参与互动，创造出生动活泼，积极健康的网络文化产品。

一方面网络文化的产品丰富多彩，百花齐放；另一方面网络文化产业发展势头迅猛，大批新兴文化产业，如网络游戏、网络动漫、网络音乐、网络影视等互联网新兴文化产业成为我国文化产业的重要支撑，大大增强了我国文化产业的总实力。据统计，我国网络广告市场始终保持约30%的年均增长速度，2009年市场规模200多亿元人民币，2010年达到321亿元，增长速度高达60%，可以想见网络广告市场的活力和需求。2009年网络游戏市场规模为258亿元人民币，2010年已达到349亿元，增速也高达40%。网络文化产业的繁荣拉动起电信业务的增长，多家新兴互联网公司分别在海内外上市，提高了网络文化产业规模化、集约化、专业化水平。一批具有中国气派、中国风格的网络文化品牌和产品的影响力、市场占有率不断提高，形成了网络文化繁荣发展的良好局面。

3. 中国特色的网络文化管理体系初步形成

2011年5月，国务院正式批准成立国家互联网信息办公室，这是中国特色网络文化管理的国家机构，统筹网络文化管理的各项工作。首先，建立健全网络文化平台的法律法规，制定相关法律、行政法规、司法解释和部门规章制度共计30多部，形成了专门立法和其他立法相结合、涵盖不同法律层级、覆盖互联网管理主要领域和主要环节的互联网法律法规体系，为新形势下依法管理网络文化平台提供了法律依据，我国互联网法律法规体系基本形成。

其次，加强网络文明建设，大力净化网络文化环境。随着互联网行业的快速发展，网络上一些低俗淫秽、非法暴力的信息不断涌现出来，严重影响了网络文化平台的健康发展。针对网络文化中的不文明行为，中央外宣办、工信部、公安部等部门联合起来，重拳出击整治互联网低俗之风、网络暴力的行为、非法网络公关以及涉性用品药品非法信息等行为，据统计，联合专项行动关闭非法网络公关网站7000个、非法涉性用品网站160个，有效地遏制了网络文化平台的不文明现象和非法行为。同时，我国成立中国互联网协会、北京网络媒体协会、互联网违法和不良信息举报中心、12321网络不良与垃圾信息举报受理中心等行业协会，发布《中国互联网行业自律公约》，号召全行业和公众监督举报互联网违法行为，也倒逼网络文化产业加强自律，维护上互联网上的公序良俗，办文明网站，做文明网民，倡导文明表达，共创网络文明良好环境。

最后，加强网络舆情管理，利用互联网平台，为群众参政议政提供新渠道。2008年、2009年胡锦涛总书记和温家宝总理先后通过人民网、新华网与网民互动交流，“亲密接触”，这是党中央第一次通过网络了解民情、汇聚民智，充分体现了党中央对民情民意的高度重视。每年两会召开之际，新华网、人民网等中央重要媒体网站都会开设“我为两会献一计”“我向两会建议”等栏目，收集群众意见，群众参与国家建设的热情空前高涨。政府部门还不断完善沟通机制，开设问政平台、热线沟通、网络自动回复机器人等网络文化平台，问计于民，互联网的快速发展促使政府部门转变工作方式和管理职能，从“网络问政”到“网络行政”，积极利用互联网平台，开展群众网络监督工作，提升政府部门的执政能力。政府部门针对群众在网络上提出的各种社会问题，积极取证调查，努力解决网民的诉求，提升社会管理的效能。利用网络文化平台开展政务工作，逐渐成为政府部门转变执政方式、创新执政能力的重要举措。十七大之际，我国已经建立政府门户网站4.5万多个，75个中央和国家机关、32个省级政府、333个地级市政府和80%以上的县级政府都建立了电子政务网站，中国政府网被网民称为“24小时不下班的政府”，各级政府网站日益成为政府信息公开的第一平台，进一步提升了我国政务公开水平，公民参与程度有了大幅提高。

总而言之，党和国家积极探索依法管理、科学管理、有效管理网络文化的途径和方法，初步形成法律规范、行政监督、公众自律、社会教育、技术保障五者相结合的中国特色网络文化管理体系。在新形势下，我国将不断健全完善网络文化建设和管理体系，为中国特色网络文化又好又快发展提供坚强的保障和基础。

### （三）网络文化建设和管理的共享共建新格局

网络文明是现代社会文明进步的重要标志。党的十八大以来，习近平总书记提出建设网络强国战略的重要思想主张，提出要加快网络文明建设，要把我国建设成现代化的网络强国。

1. 网络文化建设和管理的顶层设计逐步形成

网络强国战略是我国全面建设社会主义现代化国家的重要任务之一，党的十八大以来，在习近平新时代中国特色社会主义思想的指导下，我国网络文化建设和管理颁布了一系列重大法律法规，加强对网络文化的建设和监管。党的十九届五中全会作出了“加强网络文明建设，发展积极健康的网络文化”的重要部署，为“十四五”时期网络文明建设搭建制度框架。

2016年出台《中华人民共和国网络安全法》，该法律是我国第一部全面规范网络空间安全管理方面问题的基础性法律，是我国网络空间法治建设的重要里程碑，是依法治网、化解网络风险的法律重器，是让互联网在法治轨道上健康运行的重要保障。《网络安全法》确立了网络空间主权原则、网络安全与信息化发展并重原则、共同治理原则等三条基本原则。《网络安全法》提出制定网络安全战略，明确网络空间治理目标，提高了我国网络安全政策的透明度。并将监测预警与应急处置措施制度化、法制化。

2019年国家互联网信息办公室审议通过《网络信息内容生态治理规定》，该规定集中体现了习近平总书记关于“网络安全工作要坚持网络安全为人民、网络安全靠人民，保障个人信息安全，维护公民在网络空间的合法权益”的重要指示精神，以网络信息内容为主要治理对象，以建立健全网络综合治理体系、营造清朗的网络空间、建设良好的网络生态为目标，突出了“政府、企业、社会、网民”等多元主体参与网络生态治理的主观能动性，重点规范网络信息内容生产者、网络信息内容服务平台、网络信息内容服务使用者以及网络行业组织在网络生态治理中的权利与义务，这是我国网络信息内容生态治理法治领域的一项里程碑事件。

2021 年中共中央印发《关于加强网络文明建设的意见》，《意见》指出我国未来加强网络文明建设的总体要求、加强网络空间思想引领、加强网络空间文化培育、加强网络空间道德建设、加强网络空间行为规范、加强网络空间生态治理、加强网络空间文明创建、组织实施八个部分。加强网络文明建设要坚持以习近平新时代中国特色社会主义思想为指导，贯彻落实习近平总书记关于网络强国的重要思想和关于精神文明建设的重要论述，大力弘扬社会主义核心价值观，全面推进文明办网、文明用网、文明上网、文明兴网，推动形成适应新时代网络文明建设要求的思想观念、文化风尚、道德追求、行为规范、法治环境、创建机制，实现网上网下文明建设有机融合、互相促进，为全面建设社会主义现代化国家、实现第二个百年奋斗目标提供坚强思想保证、强大精神动力、有力舆论支持、良好文化条件。加强网络文明建设的工作目标是进一步巩固马克思主义意识形态在网络文明建设中的指导地位，巩固全党全国人民团结奋斗的共同思想基础。以习近平新时代中国特色社会主义思想统领互联网内容建设，引领网络空间思想，推动党的创新理论走深走心走实。

2021 年 6 月颁布《中华人民共和国数据安全法》，数据安全事关公民个人权益、产业健康发展甚至国家安全。《中华人民共和国数据安全法》将个人、企业和公共机构的数据安全纳入保障体系，保护规范行业组织和科研机构等主体的数据安全，确立对数据领域的全方位监管、治理和保护。近年来，我国不断推进网络强国、数字中国、智慧社会建设，数据安全法的施行在规范数据活动的同时，将充分发挥和保障数据在公共机构中的基础资源作用，促进公共服务水平提升。2021 年 8 月颁布《个人信息保护法》，它的立法目的不仅是“保护”个人信息，而是“保护”和“利用”同步推进。同年还颁布了《互联网用户公众账号信息服务管理规定》《关于加强网络直播规范管理工作的指导意见》《互联网群组信息服务管理规定》等网络治理系列政策法规。

2. 网络综合治理体系逐渐完善

首先从网络文化培育的角度上讲，早在 2011 年，中央十七届六中全会就审议通过了《中共中央关于深化文化体制改革推动社会主义文化大发展大繁荣若干重大问题的决定》，《决定》中提出，要加强和改进网络文化建设和管理，加强网络舆论引导，实施网络内容建设工程。推动优秀传统文化瑰宝和当代文化精品网络传播，制作适合互联网和收集等新兴媒体传播的精品佳作，鼓励网民创作格调健康的网络文化作品。比如，近期开展的“五个一百”活动，该活动是由中央网信办主办，中央网信办网络传播局、中国互联网发展基金会、央视网承办，人民网、新华网、中国经济网、光明网、中国日报网、中国新闻网、中国青年网、环球网，主要商业网站平台协办，评选出“五个一百”网络正能量精品。通过好的文化精品工程，凝聚亿万网民奋进新时代的强大精神力量。

其次从网络空间道德建设方面讲，2019 年中共中央、国务院印发《新时代公民道德建设实施纲要》，对如何抓好网络空间道德建设提出指导意见和举措，这是新时代抓好网络空间道德建设的纲领文件。一方面，新时代网络空间道德建设不断强化网络主体、参与者的网络道德自律和自觉，网络从业人员、机构、传播平台要依法依规经营，履行主体责任，承担社会责任，不做损害他人、侵犯他人知识产权、隐私权的行为，自觉维护网络空间的道德生态。另一方面，政府机构要制定完善的网络主体行为的道德准则和文明条例，明确网络主体的对错、是非观，帮助网络主体确立正确的网络道德规范，不断加强对网民网络空间道德素养的教育和培训，引导和教育网民树立正确的网络道德观念，理性上网、理性表达观点，自觉远离不良网站和网络信息。

最后，从网络空间生态治理来讲，中央网络信息管理办公室联合公安部，全国“扫黄打非”工作小组办公室等部门持续开展网络专项整治行为，尤其是针对人民群众关心的突出问题，重拳出击，绝不手软，坚决打击各类网络犯罪活动，集中整治网上各类违法和不良信息，重点清理网上对未成年人具有不良影响的负面内容，网络生态治理取得显著成效。2021 年，国家网信办和全国网信系统以“清朗”网络空间为目标开展的“清朗”专项行动，主要任务是整治网上历史虚无主义、整治春节期间的网络环境、打击网络水军、流量造假、黑公关，治理算法滥用行为、整治未成年人网络环境、规范网站账号运营、整治 PUSH 弹窗新闻信息突出问题、整治网上文娱及热点排行乱象等，随后“清朗”专项行动扩大到在全网全国范围内开展“大扫除”，为构建清朗网络空间打下坚实基础。陆续又开展了针对危害青少年身心健康的不良内容的“护苗”专项运动，以及打击网络电信诈骗的“净网”专项行动，使人民群众在享受网络文化带来的辛福感的同时，获得更多的安全感。

3. 全民共建共享网络空间文明的新风尚逐渐成熟

党的十八大以来，政府相关部门积极开拓创新，培育网络文化新风尚，拓展道德建设新空间，构建网络行为新秩序，打造文明创建新品牌，广泛凝聚起网络文明向上向善的社会共识，让网络文明深入人心。

当前，互联网是一个社会信息大平台，亿万网民在上面获得信息、交流信息，这会对他们的求知途径、思维方式、价值观念产生重要影响，特别是会对他们对国家、对社会、对工作、对人生的看法产生重要影响。现实社会和网络空间相互影响，网民和公民相互重叠。让每位好公民成为好网民，对于加强网络空间治理、促进网络空间生态良好尤为关键。习近平总书记在网络安全和信息化工作座谈会上的讲话，阐明了为何要“培育中国好网民”，首要原因是实现“两个一百年”奋斗目标，需要全社会方方面面同心干，需要全国各族人民心往一处想、劲往一处使。如果一个社会没有共同理想，没有共同目标，没有共同价值观，整天乱哄哄的，那就什么事也办不成。我国有 14 亿多人，如果弄成那样一个局面，就不符合人民利益，也不符合国家利益。凝聚共识工作不容易做，大家要共同努力。为了实现我们的目标，网上网下要形成同心圆。

为深入贯彻落实习近平总书记关于培育中国好网民的重要指示精神，中央网信办网络社会工作局联合中华全国总工会深入实施中国好网民工程。据悉，“好网民”活动分成 8 个子项目：《网络安全法》宣传和网络安全知识竞赛；“网上练兵”、网上劳动和技能竞赛；公益广告设计；“科技创新 · 劳模展示微视频”征集；“画面故事”征集；“网络好职工”读书征文；“网言网语”征集；“五年发展 · 点滴印记”分享展示。2018 年一年间累计吸引 1. 6 亿职工参与，活动组委会共收到各基层单位优中选优报送的各类图文来稿 100 余万篇(幅)、视频作品 10 万余个。各子项目专题网页和微信公众号累计投票数 500 余万次，活动页面总浏览量突破 2 亿人次。可以说，培育中国好网民工程作为营造清朗生态、共建网络文明的重要抓手，品牌效应不断提升，在校园、金融、职工、青年、巾帼等各行各业涌现出非常多的好网民典型人物，他们发挥模范带头作用，教育和引导广大网民共建积极健康的网络文化，在网络空间有力凝聚起唱响主旋律、弘扬真善美、传播正能量的浓厚氛围。

2021 年，国家网信办、国家发展改革委、商务部、市场监管总局、湖南省人民政府指导，中国网络社会组织联合会、湖南省网信办、长沙市人民政府共同主办中国网络诚信大会，旨在健全网络诚信制度，积极培育网络诚信文化，积极营造守信互信、共践共行的良好社会氛围。为弘扬诚信文化、倡导网络文明、营造清朗网络空间贡献力量，网络诚信建设取得新的进展。

诸如此类的活动还有自 2018 年英雄烈士保护法施行以来，各地深入开展“网上祭英烈”活动，引导广大网民崇尚英雄、捍卫英雄。助力青少年健康成长，组织开展“青年网络文明志愿行动”，打造《中国好青年》《青年网络公开课》等系列品牌产品，在广大青年网民中产生良好反响。中央网信办违法和不良信息举报中心、中国文明网、中国互联网发展基金会和中国互联网联合辟谣平台联合发布《“抵制网络谣言　共建网络文明”倡议书》，倡导全社会共管共治网络谣言，共建共享网络文明。这些活动激荡思想，汇聚共识将为全面建设社会主义现代化国家、实现第二个百年奋斗目标凝聚起强大的精神力量。

党的十八大以来，在习近平总书记关于网络强国的重要思想和关于精神文明建设的重要论述指引下，我国扎实推进网络文明建设，网络空间正能量更加充沛，法治保障更加有力，生态环境更加清朗，文明风尚更加彰显，全社会共建共享网上美好精神家园的新格局正在形成。

2022 年《中国网信》杂志全文刊载了习近平总书记《彩云常在有新天——习近平总书记指引清朗网络空间建设纪实》一文，总结了近十年来我国网络文化建设和发展的成果，认为过去十年的网络文化建设和发展成功地将我国网络空间的被动局面扭转过来，中国通过互联网发出了自己的声音，世界通过互联网读懂了一个新时代的中国。网络空间主旋律高昂、正能量充沛，社会主义核心价值观深入人心、滋养网络空间，网络生态惠风和畅、天朗气清。防范和化解一系列重大风险隐患，打赢了一系列网上重大斗争，互联网这个最大变量日益成为党和国家事业发展的最大增量。网络空间涌动着信息时代媒体融合发展的血液，创新产品迭出、成果丰硕，中国互联网发展不断造福人民群众。

## 二、网络文化建设面临的挑战

网络文明是伴随互联网发展而产生的新的文明形态，是现代社会文明进步的重要标志。加强网络文明建设，成为加快建设网络强国、全面建设社会主义现代化国家的重要任务。

目前，我国网民人数较多，互联网普及率高，人均每周上网时长比较长，构成了全球最大的数字社会。对很多人而言，网络社会与现实社会已经深度融合，称为“第二生存空间”也不为过，网络社会愈显重要，愈发需要加强治理。想要在网络社会大力弘扬文明新风，建好共同的网上精神家园，给我国网络文化建设和管理提出了许多挑战。

**（一）探索具有中国特色的网络文化**

1. 警惕“技术沙文主义”对人的异化和控制

网络文化的建设和发展本身要为人民群众幸福生活的获得感服务，网络技术手段要为人民群众便利的生活服务。但是随着网络文化的大力发展，网络技术日益控制和主宰人的生活空间，为我国网络文化建设和发展提出了巨大的挑战。网络文化毕竟是一种具有新质的文化，一方面它促使人们的思维方式由一维向多维、由平面向立体、由线性向非线性、由收敛型向发散型转变。变革人们的文化价值观、信息观、交往观、时空观、等级观、实体观，产生一种新的认知模式，凸显人机协同性、即时交互性和动态创新性。人可以通过网络平台获得她所需要的任何满足个体需求的物质和精神产品，强化人对网络平台和网络文化的依赖性。另一方面网络文化又通过一定的观念模式和理论形态导致技术理性的横行，对人的控制，使得技术沙文主义有了滋生的土壤，造成人文价值理性的失落和遮蔽。

网络技术在现实生活的各个方面满足人们的需求，发挥着控制大众意识、诱导大众行为的操纵功能，用标准化、复制性的文化产品把自己设定的理解世界的方式强加给大众，甚至通过大数据的消费模式，精准地推送定制产品，投其所好，达到控制人的消费心理和消费行为的目的；另一方面在精神生活领域，千方百计抬高“技术的艺术性”以打造“艺术的技术”，用技术手段改变人们对艺术的认知方式和感悟方式，修正传统的艺术观念，消解乃至摧毁人文的审美创造性，影响艺术的“出场”和功能范式。

因此，我国网络文化的建设和监管要警惕“技术沙文主义”对人的异化和控制。网络文化依赖的是网络技术的变革，网络技术是为网络文化发展而服务，不能成为限制人的自由发展的枷锁。我国网络文化建设和监管不仅要发挥好网络技术的工具理性的最大价值，而且要发挥好网络技术创造和谐网络文化的人文价值理性。

2. 高度关注中西文化之间的矛盾与冲突

民族文化是一个民族独立的重要力量和标志，是一个民族发展和独立的重要根基。一个民族的文化是在本民族长时期的生产实践、社会实践、审美实践中形成发展起来的，是一个民族的人文精神、价值观念、民风民俗、文化心理结构的集大成。过去，由于地理环境等因素的制约，不同文化之间只进行有限的往来，或者因为空间距离、政治制度、宗教信仰等原因，根本就不往来。而在信息社会中，因特网使全球相连，完全打破了传统的物理上的空间概念，各国之间的真实的地理距离不复存在，世界变成了"地球村"。网络上的文化传播不再是单一的文化传播，而是跨文化的传播，网络成为了各国民族文化交流的一个平台，进一步促进了文化的碰撞与交融。但另一方面，不同的民族文化、中西不同的意识形态、价值观念在网络平台相互竞争，多元的文化传播在网络上出现从未有过的激烈竞争的局面。传播的全球化与新的文明冲突成为网络传播的重要特征，而且随着网络的发展，这种文化冲突更加频繁，冲突的范围也会不断扩大。

网络文化还成为某些西方国家进行文化渗透和意识形态入侵的便捷手段。尽管文化全球化的题中之意是实现文化信息全球一体化与文化本体个性化的统一，而不是文化的殖民化。但在全球信息一体化过程中，某些国家通过网络进行文化渗透的客观现实则是存在的。美国微软公司总裁比尔·盖茨说过："信息高速公路将打破国界，并有可能推动一种世界文化的发展，或至少推动一种文化活动、文化价值观的共享。"①目前，许多西方发达国家的政治团体甚至政府都开始利用网络进行意识形态渗透，攻击和颠覆持不同政治立场的团体或政府。在网络上，意识形态的冲突既变得"隐蔽化"，又变得复杂化，各种组织和个人都可以在网络上发布自己的政治观点，形成网络信息多样化的态势。网络上各种思想尖锐对立，形成网络信息的"世界大战"，虽然没有硝烟，但它所造成的影响却是深远的。

因此，我国网络文化的监管和建设要防止西方国家利用网络平台、全球信息一体化的潮流对中国进行文化殖民和文化渗透。要突出本民族文化在网络文化中的地位，尤其是中华优秀传统文化的创新性发展和创造性转化，将本民族文化与网络文化结合起来，创造出具有中国民族特色的网络文化产品，增强民族自信心、提升民族文化的吸引力。

3. 规避多元价值选择的迷茫和混乱

随着全球网络的发展，网络文化中的信息污染越来越严重，部分不良的网

① 鲍宗豪：《网络与当代社会文化》，三联书店 2001 年版，第 317 页。

络文化严重危害人们身心健康。如果说近现代工业文明带来了全球范围内的环境污染，那么当代网络的发展则在某种程度上带来了全球范围内的信息污染。因特网可以在全球范围内传递声像、图文并茂的多媒体信息，且具有传播速度快、使用方便和难以控制的特点，加上网民的素质差别很大，这就使文献信息质量存在参差不齐现象。在“信息自由”的口号下，一些冗长信息、污秽信息、盗版信息、虚假信息、失真信息、过时信息和错误信息等都可以通过因特网而广为流传，严重危害人们身心健康。同时，网络文化构成的“虚拟世界”造成人们社会责任感的缺失。面对互联网中海量信息的“轰炸”，很多人缺乏驾驭能力，往往不辨真伪，甚至在人云亦云中失去理性思考和判断，并形成多种多样的不正常的“网络综合征”，如由于过分依赖网络，造成人际关系疏离，人文精神缺失，产生紧张、孤僻、情感缺乏等症状，表现出不同程度的人格障碍和人际交往障碍，一旦离开网络就无所适从，无法面对真实的社会，造成个人精神生活的迷茫和混乱。

网络所提供的虚拟化环境，既造成了存在与虚无、真实与虚假的混乱，也对人们的文化心理、心态造成了新的震荡和冲击。在多元价值观、中西文化差异的冲突下，有一部分人片面否定传统文化、主流文化；也有一部分人对西方文化、西方价值观念不加分析地全盘接受，改变了原有的价值观和人生观；更有一部分人丧失了辨别能力，对西方价值观念、西方文化中的糟粕趋之若鹜。值得注意的是，目前西方网络文化产品在全球网络文化市场占据了非常大的份额，这些网络文化产品所推行的生活方式、价值观念、意识形态，对我国主流文化、主流意识形态的发展带来了巨大的冲击。

同时，网络时代让每一个网络个体都能够在网络虚拟的空间中自由的表达，由于个人素质的不同，个人阅历、知识结构、认知模式的差异，在网络中因为价值观念的相同组成大小不同的文化社群和文化圈层，从而容易形成没有重心、没有主流文化的格局，其结果反而会阻碍文化的发展。青年人本身就是极易接收新鲜事物的群体和年纪，具有一定的反叛意识，对自由与平等的过度追求会掩盖网络文化中的主从关系，主动疏离主流文化，或者在行为表达、价值观念的选择上与主流文化采取不合作的态度，甚至把主流文化看做对人性的压抑，迫使他们走向事物的极端面，并愈演愈烈。

因此，我国网络文化建设和监管要加强网络文化多样化的监管，加强主流文化、优秀文化的宣传和推广，对于不利于网民身心健康的不良网络文化要重拳出击，营造良好的网络环境，为网民提供积极健康的网络文化产品。同时，我国网络文化监管和建设，要注意网民的网络文化心理，多树立正能量的网络人物典型，从线上走向线下，倡导良好的网络文明行为。

**（二）探索具有中国特色的网络文化建设之路**

1. 构建多元的网络文化建设的主体

中国互联网协会成员黄澄清说过："互联网的管理者和缔造者一样需要有创新精神，互联网需要治理，但不是传统意义上的政府管理。"①传统的政府管理是层级式的自上而下、遵循条块的管理模式，传统的媒体适合于传统的政府管理，但是在网络时代，普通民众被给予了极大的话语权，网络公共事件往往发生在网民身边，打破了传统的自上而下的政府管理模式，政府对于网络时代的互联网管理已经显得力不从心。因此，在网络时代，我国网络文化建设和管理要打破单一政府的管理模式，构建以政府为主导，非政府组织、企业、公民（广大网民群体）多方参与的网络化治理模式。

政府是中国特色网络文化建设和监管的主体，起主导性作用。它的主导作用体现在，其是网络化治理模式的整合者。信息时代，网络主体呈现多元化、大众化的趋势，在网络这样一个公共空间里，网络主体有各自不同的利益诉求，但是网络文化的建设和管理需要他们的共同参与、相互合作。政府是法律、法规等规范的制定者。互联网作为现实社会在虚拟空间的延伸，对网络主体的管理、运营、工作、学习产生了莫大的影响，并不能因为其虚拟性就让其成为自由无度、肆意任为的空间，互联网也应该纳入法律法规所管辖的范围，使之成为"法内之地"。政府是公共利益的维护者。政府应本着全心全意为人民服务的宗旨，面对网络公共事件做到"三不"：不拖延——及时解决事件，不遮掩——及时发布权威信息，不偏袒——不偏袒某些利益群体，尽全力维护社会和公民的利益。

企业是我国网络文化建设和监管的重要主体，在网络文化建设和管理中扮演着重要的角色，既是被政府管理的对象又是自主管理的主体。企业要遵纪守法，在谋求利益的同时不能逾越法律的底线，并遵守相关的行业公约。企业要维护社会公益，承担社会责任。现代企业要想实现自身良好、持续、健康运营

① 苏振芳：《网络文化研究——互联网与青年社会化》，社会科学文献出版社 2007 年版，第 327 页。

有必要为社会公益做出贡献，在盈利的同时做一个有着社会责任感的企业，提升企业的公信力和美誉度。企业要维护公民权益，要充分尊重广大网民的话语权与知情权。本着诚信经营、互惠互利的原则构建营销体系，维护互联网上消费者的合法权益。

网民是我国网络文化建设和监管的重要参与者，他们在参政议政、推动公共事件进程、社会监督等方面都发挥了重要的作用。网民是公共意见的参与者，互联网已成为新的舆论场。“孙志刚事件”导致了一部法律的废除、两会期间议案提案的互动与交流，让网民成为新的“意见阶层”，他们通过微博、论坛、贴吧在表达民意、参政议政、进行社会监督等方面起到积极作用。

2. 建立健全网络文化建设和监管的法制基础

网络文化的建设和管理离不开法制的保障，法律、法规等各种规范是网络文化的底线，不仅可以指导网络行为，还可以纠正、惩罚网络犯罪行为，最大限度的限制网络给社会带来的负面效应，而且有利于网络秩序的建立，利于网络文化高尚道德观念的培养。

首先要加快立法工作进程，相关立法或者是政策的制定和实施可以弥补当前法制的空白，及时指导和控制互联网主体的行为。法律规范的制定要做到有的放矢，针对当前网络出现的严重的、突出的问题进行相关的分析研究，探究网络公共事件发展规律，在此基础上制定相关法律规范，用来指导、警戒网络主体的行为。

其次加大法律执行力度。互联网上违法犯罪现象惩处的前提是有法可依，所以要加快互联网方面的立法工作，尽快弥补现有法律的空白和灰色地带。一方面，组建网络执法队伍：网络执法队伍是网络执法的人员物质保证，面对网络中层出不穷的问题，传统的亲临现场执法方式已经落后于时代的发展了，无论是舆情办公室，还是政府网站的管理人员都应该是网络专业人士，既可以是内部公务员的学习、培训，也可以是高校、社会上外聘请的专业人士，加强网络执法的队伍建设是加大法律执行力度的重要基础；另一方面，对执法人员进行相关的培训：培训学习有助于更新执法人员的现有知识储备，紧跟互联网发展的趋势，在互联网执法的过程中执法人员要加强互联网相关知识、技能的学习，充分了解国内外互联网违法犯罪活动的新情况新进展，学会运用新的方式、采用新的技术搜集互联违法事实和证据，对违法犯罪人员给予相应的惩处。

最后加强法制教育工作。网络文化建设和监管不能仅仅依靠犯罪行为事后的惩处，事前的法制教育工作是十分重要的，只有知法才能守法，而法制教育工作就是起到让网络相关主体知法的作用。首先，法制教育的对象尤其要重视学校的力量，青少年群体正处在价值观念形成阶段容易受到网络不良内容的诱惑，直至误入歧途，学校教育是法制宣传教育的关键组成部分，学校可以开设相关的课程或者活动了解互联网有关法律，从而塑造良好的网络行为规范；其次，法制宣传教育的方式可以说是多种多样，我们可以借助网络平台为我所用，宣传我国网络相关法律规范、网络文明行为规范，各级机构可以综合利用论坛、微博等网络平台宣传我国关于互联网相关的法律规范，引导网民文明健康上网习惯；最后，法制宣传教育工作不仅仅是为了广大的互联网主体知法守法，更多的是以此为契机提升各个主体在利用互联网过程中的道德素养，形成良好的道德观念，塑造和谐互助的网络虚拟空间。

3. 完善网络文化建设和管理的配套机制

我国网络文化的建设和管理在构建相关主体、建立完善相关法律规范的基础上，还要根据互联网的特性，完善配套运行机制，主要包括网络信息公开机制、网络舆论检测机制、网络危机处理机制。

首先，要加大网络信息公开的力度。我国当前正处在社会转型期，各种社会矛盾层出不穷，由于网络的开放性、网民发言的匿名性，大量社会事件通过各种网络媒体原发、扩散和炒作，为了满足公民的知情权(包括消费者的知情权)，政府部门和私营企业必须做到信息公开。政府和企业要利用网络文化阵地促进信息公开。网络文化阵地包括政府网站、政务微博、重点新闻网站、商业网站、专业性网站。这些网站或者是互动平台是网民获取信息、参与讨论、发表观点、表达诉求的主战场。网络文化阵地需要政府、私人企业、非政府组织的合作共同促进信息公开，把各类网站和社会化媒体的应用建设成为政务公开、公民表达诉求、参与讨论的渠道和平台。

政府和企业要建立完善的网络发言人机制，加大信息公开的力度。网络发言人是传统新闻发言人在互联网空间的延伸和拓展。网络发言人的设立对于政府或企业而言主要基于两个方面的原因：第一，政府或企业对于自身的某些政策、事件、动态进行公开，利于网络发言人在网络上发布，掌握话语权，进而引导舆论走向；第二，政府或企业在面对问题和质疑时要第一时间进行及时的答复和反馈，网络无疑是最快也是最方便的途径，网络发言人应运而生，网络发言人摆脱了传统反馈方式、时间、地域的限制，顺应了民意和时代发展的潮流。互联网平台的各种应用为政府及企业的信息公开提供了崭新的渠道和平台，但对信息公开的时间和程度提出了更高的要求，无论是政府和企业都要善于利用网络媒体的各种工具，保证信息公开的“真实性、及时性、准确性、权威性”，在了解民意的基础上疏通民意、与民互动。

其次，要加强网络舆情的监管机制。网络时代的来临，舆情工作是意识形态工作的新热点，而网络舆情是当前舆情监管的重点。互联网是舆情的重要载体，我国网民人数已经达到数亿之巨，社会化媒体的应用如论坛、博客、内容社区、维基成为网络舆情载体，这种核裂变式的网状传播已经打破了一对一或者是一对多传播的原始状态，任何信息的网状传播都有可能造成“蝴蝶效应”，加强舆情监管，尤其是网络舆情检测对于维护国家和社会的稳定与和谐有其重要性和紧迫性，网络舆情工作逐渐进入视线并成为党和国家关注的重点领域。

在舆情未发生之前，要有网络舆情觉察机制，要健全社会舆情汇集和分析机制，完善矛盾纠纷排查调处工作制度。舆情发生之后，要有网络舆情的善后引导机制。无论是互联网引起的网络公共事件还是现实社会中的事件在网络上持续发酵，党和政府都要做好舆情引导工作。及时披露真实、权威信息，第一时间掌握舆论的话语权与主导权，把事件引向有利的形势。然后，利用社会化媒体技术，加大正面宣传力度，为我所用。不断加强舆论阵地建设，宣传社会主义先进文化，让优秀民族文化、传统文化、社会主义文化抢占舆论的制高点，营造积极向上的网络文化氛围。

最后，灵活处理网络危机。网络危机事件发生是一个过程，在危机察觉后处理的过程中及时调动和整合各方力量，制定危机处理方案，有计划按步骤解决危机，在危机的处理过程中要充分利用网络文化阵地，包括政府网站、重大新闻网站、政务微博、专业技术论坛等，发布真实、权威信息，保持信息的畅通，最大限度地缩小危机的影响范围和影响力。事后对网络危机进行深入分析和总结，危机的发生有它的特殊性，但是它们都遵循一定的规律，解决方案也有一定的借鉴性和比较性。对事前舆情检测和事中危机处理工作的总结，有利于制定不同的危机解决方案，防患于未然。

## 第二节　网络文化给思想政治教育带来的机遇和挑战

### 一、网络文化给思想政治教育带来的机遇

#### （一）网络文化是新时代思想政治教育的重要组成资源

1. 网络文化为思想政治教育提供新内容

思想政治教育的内容是构成思想政治教育过程的重要因素，是思想政治教育主体与思想政治教育客体相互影响、相互作用的中介因素，是思想政治教育目标实现的核心，并在一定程度上对思想政治教育的功能产生决定性影响。思想政治教育内容包括以理想信念教育和党的方针政策教育为主的政治教育，以世界观、人生观和价值观为主的思想教育，以公民道德、职业道德和传统美德为主的道德教育，以民主法制教育和社会主义纪律教育为主的法纪教育以及心理健康教育。而思想政治教育的内容不是固定不变的，内容制定的基本原则是教育内容与社会实际和受教育者的特点相关联，也就是必须根据社会形势的发展和受教育者的现实需要而产生相应的变化，或是补充或是调整、更新教育内容。因此，思想政治教育内容要主动与时代保持一致，紧跟时代主题，把握时代精神，顺应时代潮流，才能真正发挥思想政治教育的引领功能，才能持久保持思想政治教育的生命力。思想政治教育只有积极关注、认真研究思想发展过程中出现的新问题、新情况，丰富新内容，创新新理论，才能推动思想政治教育学科的科学化发展。

在互联网时代，思想政治教育需与网络文化的信息资源相衔接，网络文化以具有博大资源库的网络为媒介，内容较为丰富，其中涉及各种信息资源包括文献资料、历史事实、政策导向、政治、文化、社会、经济等。网络文化即时性的传播速度和海量性的传播内容极大地充实了思想政治教育的内容。

首先，就思想政治教育的常规性内容来说，网络文化丰富了传统的思想政治教育的内容形态。依托互联网技术的网络文化，使得传统信息内容由平面走向立体，由静态转为动态。传统的思想政治教育内容具有坚定的政治性和较强的理论性，内容呈现方式一般为平面的文字。政治教育、思想教育、法纪教育等理论内容通过书面文字表现出来，给受教育者枯燥乏味、晦涩难懂、脱离实际的感觉，这严重影响了受教育者对理论的理解、认同和接受，更难以将其外

化为行为表现和习惯。网络文化融文字、声音、图像、视频等介质为一体，能使原本比较呆板的文字内容变得“活”起来，让文化内容的展示更加形象化，这有利于提高对理论内容的关注度和吸收度。

其次，就思想政治教育内容的来源来看，网络文化承载和传播的信息流特别庞大，这丰富和补充了思想政治教育的教学素材和教学资源，使教育者的视野愈加开阔，能帮助教育者多角度、全方位地向受教育者讲述并以此证明思想政治理论的合理性。同时，由于网络文化依托互联网新媒体的应用使信息的检索和查阅变得更加便捷，传统单一的信息获取途径变得多样化，受教育者可以自行收集相关内容从而加深对教育者灌输的理论内容的理解，并将各种知识融会贯通起来，得到更全面、更系统的认知。

再次，就思想政治教育的内容延伸来说，教育内容在网络时代得到了相当程度的补充和更新。目前新媒体领域出现的价值观模糊、理想信念动摇、爱国主义情结淡化、网络伦理意识缺失和媒介素养教育不足等问题，这正是我国思想政治教育的切入点，我们完全可以利用网络文化灵活机动的特性，着力加强习近平新时代中国特色社会主义思想教育、新媒体时代的价值观教育、中国梦教育、爱国主义教育，这些教育内容在互联网时代会有全新的表现形式，结合新媒体时代的特点，采用新媒体技术，形成具有中国特色的可以作为思想政治教育重要补充的网络文化。同时，还应该重点将网络伦理道德规范教育、网络责任意识教育和媒介素养教育充实到新时代的思想政治教育中来，以此来规范新媒体用户的网络行为，创设良好的舆论生态环境，构建清朗的网络空间，为思想政治教育工作营造一个干净的教育环境。

2. 网络文化为思想政治教育提供新平台

平台搭建的最大优势是能够集中群体的智慧，保证思想政治教育信息资源和内容供给的多元化和丰富性，进行有效的资源累积，实现知识、数据、研究成果和方法等的资源共享，最大限度地让公共教育资源惠及最大多数的教育者和受教育者，促进资源的合理化配置。网络文化的开放性、虚拟性、超文本性等特征拓宽了思想政治教育学科的研究平台、教学与管理平台和学习平台，有助于思想政治教育的学科化和科学化发展。

对于从事思想政治教育工作的教育者和研究者而言，网络文化的开放性特征使知识的获取异常便捷，使知识的覆盖更加全面，因此研究者和教育者能够查阅和收集尽可能多的文献资料，能够高瞻远瞩地把握思想政治教育前沿的理论问题和现实问题，及时了解思想政治教育的发展动态，从而提高自身的专业化水平。与此同时，利用网络平台，特别是大数据平台能够量化被研究者的思想状况和发展轨迹，在对这些数据进行分析的基础上，为思想政治教育学的研究提供科学化的参考和依据，使研究更加精准、客观和长效，将助推思想政治教育学术研究进入“精准科学”层次。

对于从事思想政治教育工作的教育者和管理者而言，网络文化的超时空性特点将思想政治教育传统的、以面对面的、实体性的物理空间为环境依托的教育管理平台延伸至以数字化符号为中介的、非面对面的、虚拟性的网络空间中。教育者可利用新媒体终端开展思想政治教育活动，也可建立交流讨论学习区，通过在线答疑、自由辩论、在线辅导的远程教育模式来实施思想政治教育活动。教育与受教育都是动态而持续的过程，教育者首先是受教育者，网络为教育者继续接受教育提供了更多的平台和机会。通过在线培训平台、示范课程展示平台、专业技术人员继续教育平台等专业化的网络教育平台对教育者进行形式多样、丰富多彩的思想政治教育，提高其知识储备和职业技能。

对于接受思想政治教育工作的受教育者和学习者而言，网络文化依托互联网平台，具备丰富的电子学习资源，营造了全员参与学习的良好氛围，有助于构建“人人皆学、处处能学、时时可学”的学习型社会。网络文化降低了获取知识和信息的门槛，部分网站链接了多种知识资源，如马克思主义经典作家的经典著作、最新最前沿的文献资源、系统的中国共产党发展历程等。慕课网链接了网易公开课、央视网中国公开课、学堂在线等多种免费的网络视频公开课资源，这些都为受教育者提供了极好的学习资源，开阔了知识的眼界，同时培养了受教育者自主学习的能力。

### （二）网络文化是思想政治教育社会化的新载体

1. 网络文化为思想政治教育提供新的形式载体

思想政治教育的传统载体主要包括通过教育理论课程、讲座、会议等形式和报纸、杂志、电视等传统大众传播媒介，通过传播媒介集中进行党和国家重要政治思想理论、重大方针政策的宣传教育；通过座谈会、讨论会、个别谈话等相对分散的形式了解受教育者的思想状况，以此解决某种或某类思想问题或认识问题；通过精神文化活动、社会公益服务等将思想政治教育内容融入其中，使教育与自我教育相统一，化思想政治教育客体为教育主体。思想政治教育传统载体在思想政治教育发展历程中曾经起到过巨大作用，并且在现代思想政治教育中继续发挥重要功能。

进入互联网时代，由于网络的高度化普及，新媒体作为一种现代化的载体必须纳入思想政治教育载体中，这是时代对思想政治工作者的要求，也是思想政治教育创新的需要。以新媒体为思想政治教育的现代载体是对已有的思想政治教育载体的补充，新媒体载体与传统载体共同服务于思想政治教育工作。将新媒体作为思想政治教育崭新的载体，能够实现思想政治教育过程的“随时在线”，特别有利于随时随地、不受时空限制地对受教育者进行思想上的引导、释疑、劝告和提供心理健康上的意见、建议。新媒体不仅丰富了思想政治教育的显性教育载体，也充实了思想政治教育的隐性教育载体。

显性教育的媒介形态主要是指利用新媒体手段直接地、公开地、旗帜鲜明地向受教育者表明教育目的以期达到教育效果，例如思想政治教育“红色网站”、共产党员手机报、思想政治教育视频公开课等。隐性教育的媒介形态是指将教育元素间接地、内隐地、无意识地融入到教育者与受教育者的网络交流、网络活动、思想解惑中以提高受教育者的思想政治水平，比如利用QQ、微信、MSN等即时通讯软件，网络BBS、论坛、贴吧、社区等网上交流场所，知乎、豆瓣等社交网站，微博、博客等社会媒体网络，手机短信、飞信等通讯平台为教育主客体构建一个情感沟通和信息交流的平台，让教育者在无形中做好思想政治教育工作。新媒体传播形态融合性的特征使思想政治教育显性载体更具趣味性和吸引力，使思想政治教育隐性载体作用发挥更持久、更深入，能够使思想政治教育真正成为融知识性、思想性和创造性为一体，让受教育者真心喜爱、终身受益的教育活动。

2. 网络文化为思想政治教育提供新的实践载体

以网络技术为核心的信息技术快速普及，使得社会各个方面不断快速向前推进，同时在教育领域，也发挥着重要的作用，极大地提升了受教育者思想政治教育融入社会的速度即社会化。社会化，是指在接受教育的过程中，培养出符合社会各方面要求的合格社会公民，使当代青年在成长道路上承担多重责任。网络的出现使思想政治教育课堂发生变化，过程更趋于趣味性和生动性，为当代青年学生的思想政治教育提供一个更广阔的社会实践环境。其次网络文化的出现，使得高校进行德育的方式和内容发生了极大的改变。德育方式上，培养学生形成正确的自我认知的方式多样化。德育内容上，网络文化所倡导的主流内容是与当前社会所倡导的主流价值观相一致的。将网络文化中的主流价值观以隐形教育的方式灌输于当前青年学生的德育过程中，有利于将大学生培养为社会所需要的具有担当精神和高度社会责任感的人才。总之，网络文化从高校思想政治教育过程和高校德育内容加深了思想政治教育的社会化。

### （三）网络文化增强思想政治教育的育人功能

1. 网络文化促进教育主客体之间的良性互动

在传统的思想政治教育过程中，由于教育者在知识、经验等方面占有的显著优势和教育者这一本身存在的身份、地位，话语权基本掌握在教育者手里，且教育方式以面对面的、单向的、居高临下的思想政治理论灌输为主，教育者往往处于一种权威地位。这种权威性无形中在教育者与受教育者之间筑起了一道隐形的防线，受教育者因此产生一种内发的反向力量，不愿接受教育，表现出“不敢说”“不愿说”“不必说”的消极、反感、不满的排斥心理。这种心理距离给思想政治工作带来了巨大的挑战，大大增加了思想政治教育的难度。

而在网络时代，网络新媒体平台成为教育者与受教育者联系的重要渠道。由于网络的虚拟性、交往方式的间接性（非面对面）特征缓解了受教育者面对教育者时的尴尬情绪，传受双方居于平等地位，权威意识、等级观念得以弱化，主观偏见得以减少。教育者的身份由“理论说服者”转变为“心灵引导者”，由“教育指导者”转变为“成长促进者”，思想政治教育的亲和力得以展现。沟通是育人的首要前提，网络新媒体平台改变了人际沟通的模式，提升了人际互动的广度和深度，缩小了人际交往的心理距离，有助于建立相互尊重、共同探讨的教育伙伴关系，创造和谐共生的育人环境，为受教育者接受教育奠定坚实的基础。

2. 网络文化增强思想政治教育活动的有效性

网络文化丰富了当代大学生的思想政治教育的各种内容，同时也使得教育的有效性大大提升。在如今复杂的教学形势之下，网络文化的普及推动了学生快速融入社会的进程，强化了思想政治教育教书育人的功能，使得大学生的教育效果得以较快呈现。首先，网络文化所承载的丰富的各种社会文化知识以及社会经验可以使得大学生能够快速积累科学文化知识，从知识层面获得较快提升，进而达到知识育人的目的。其次，网络文化具有极强的虚拟性，虚拟的环境使得当代青年学生体验众多的社会角色，这同样有利于青年学生快速承担自身多种角色所赋予的责任，从德育层面达到教育人的目的。总之，网络文化的出现，使得思想政治教育工作中的知识结构进一步深化以及进行社会的多角色社会教育方式得以实现，大大增强了思想政治教育工作的有效性和育人功能。

## 二、网络文化给思想政治教育带来的挑战

### (一)网络文化冲击思想政治教育话语主导权

网络空间具有虚拟性，这导致网络空间中的文化主体都具有一定的隐性特征。传统的高校思想政治教育主要是通过课堂讲授、书本自学、师生互动等方式进行意识形态的宣传和教育，教育者与被教育者之间共同处于现实的物理空间，教育者具有深厚的学养基础和理论知识，是一种精英话语的表达和教育。传统的思想政治教育的话语主导权就来自于思想政治教育工作者在教育活动中凭借国家、社会赋予的教育权利，职业赋予的身份、地位，自身所具备的专业知识、专业技能和综合能力而产生的，能够影响受教育者并被受教育者自觉接受的影响力和支配力。这种在教育活动过程中产生的“知识权威”是导引、约束、启发、感染受教育者的一种隐形的教育力量，教育工作者一旦树立积极而稳定的知识权威，受教育者对教育内容的信服感和认可度将在无形中增强，教育效果就会更加有序而高效。

但是在网络空间中，每一个网络主体同处于一个虚拟空间，网络主体的表达可以突破现实身份认知的约束和限制，自由的表达，自由的说话。网络主体的构成人员来自不同派别和地域，可能是中国共产党，可能是各民主党派人士，可能是出国留学人员，可能是少数民族人士，也可能是港澳台同胞。网络主体的构成人员来自不同阶层，可能是外卖小哥，可能是大学教师，可能是蓝领工人，可能是外企白领，可能是政府工作人员。这些来自不同地域，不同职业，不同党派的人员因为个人在经济收入、教育程度、心理素质、人生阅历等方面的差异对社会事件、社会问题都会呈现不同的认知，这些人在虚拟的网络空间都可以平等自由的发表言论，传播多种多样的文化价值。这必然会导致青年学生接受到的“知识权威”、话语主导权从过去单一的教师主体转变为多元化的权威主导，教育信息非集中化特点异常明显，受教育者与教育者处于同一信息平台，部分受教育者获取知识的能力甚至高于教育者。且现代教育强调自我教育，突出受教育者的主体性，受教育者将花费大量时间在网络媒体媒体平台上收集和整理资料，就相关问题与教育者交流探讨，这样就使教育者与网络分享知识权威。新型的知识生产和传播渠道、多样化的知识形态存在方式、更加开放和公共的教育平台弱化了教育者作为知识上位者的身份，分化了教育者

的知识权威。

而文化价值的多元化必然会对主流的文化价值的引导和宣传产生一定的冲击和削弱，挤压主流文化价值的空间。尤其是随着网络技术的发展，青年网民数量的快速增长，网络空间不断的被分割成以价值观为身份识别的不同群体，群体间相互独立又相互竞争。近几年网络亚文化的发展借助互联网的传播特性快速的侵噬青年网民，在“娱乐至死”思潮的推动下，恶搞文化、土味文化等低级趣味的网络亚文化频繁出现在网民的视野中，通过模范戏说历史、讽刺经典、调侃政治的恶搞行为，侮辱恶搞红色经典、历史人物、革命先烈博得关注、打赏，获得一大批粉丝和流量，满足大众的猎奇和审丑心理，很容易吸引价值观正在成型的青年网名的注意力，刺激他们平淡的生活。

从某种程度来说，网络亚文化呈现出的是一种自我宣泄式的反抗话语表达，宣泄表达对社会生活的不良情绪。网络亚文化受社会中一部分群体的追捧，这种文化具有明显的独立性和抵抗性。一方面网络亚文化受制于主流意识形态的规制，另一方面网络亚文化又对主流意识形态产生强大的冲击力，网络的虚拟空间又在一定程度上为亚文化的流行提供保护的空间。这些网络亚文化传播着享乐主义、自由主义、极端个人主义、功利主义等不良思想观念，而青年学生容易被这种“异质非主流意识形态”所误导，不利于主流文化、主流意识形态以及优秀传统文化的接受、理解和认同，对思想政治教育产生极大的冲击力。

### （二）网络文化倒逼思想政治教育内容的更新

网络空间就像一个海量的信息库，网络文化丰富多彩，时刻影响着青年学生的日常生活、学习和工作。“网络自身具有的超时空性、超便捷互动性，无不在悄然改变大学生的生活、学习与问题思考方式”①。青年学生可以通过网络学习获得海量的知识和信息，可以极大地拓展青年学生生活和学习活动的视野和范围，给青年学生自由自主学习的空间和碎片化的时间。但是，海量的信息和知识，也容易让青年学生陷入迷沼之中。目前，网络空间提供的文化产品良莠不齐，甚至一些西方国家打着文化交流的旗帜，大肆进行资本主义意识形态的渗透，互联网平台某种程度上变成了各种利益诉求、思想争锋、意识形态

① 朱慧敏、王丽：《泛手机时代“90后”大学生思想政治教育新格局理论探讨》，载《赤子》（上中旬）2017年第2期，第122-126页。

斗争的前沿阵地，意图进行分裂破坏活动，削弱主流意识形态的影响力。同时，一些网络大V、公知领袖也会依据个人认知生产知识和文化产品，这些文化产品裹挟着某种焦虑、愤怒、不满的情绪在网络上广泛传播，有些社会事件或者热点问题，在网络上情绪发酵，网络对文化信息的"复制"、剪裁可以打破物理时空的限制，进而在网络上形成一种非理性的态度和观点。而青年学生正值价值观的形成塑造关键期，很容易随波逐流，受到网络文化中不良思潮的影响，潜移默化中接受那些与主流意识形态完全背离的价值观念。

另一方面，传统的思想政治教育主要是以课堂教学为主，枯燥的课堂说教、灌输式的教学手段、枯燥的政治话语很难引起大学生的共鸣和兴趣。相反在互联网技术快速发展过程中，网络语言和网络表达的方式却深受大学生的喜欢，他们贴近大学生的生活和情感需要，网络语言和表达也更丰富，灵活多变，比传统的思想政治教育更具有生动性和趣味性。法国哲学家福柯认为，话语与权利具有同一性，话语本身具有权利。思想政治教育的内容话语就代表着国家的话语权利，当这种内容话语不再被学生喜欢和接受的时候，网络文化就在逐渐蚕食思想政治教育的内容阵地，倒逼我国思想政治教育内容进行创新，创造一些符合青年学生情感需要的思想政治教育内容。习近平总书记在《在中央政治局常委会会议上关于当前经济形势和经济工作的讲话》中说，"我们要深刻认识舆论引导的重要性，主动加强引导。现在，互联网等新媒体快速发展，如果我们不主动宣传，正确引导，别人就可能先声夺人，抢占话语权"①。因此，面对网络文化的兴起，思想政治教育工作要转变工作方式方法，吸收网络文化传播方式的长处，让传统的思想政治教育内容符合青年学子的学习生活实际，贴近他们的生活话语，创新思想政治教育的内容表达和内容更新。

**(三)网络文化促使思想政治教育方法的转化**

网络文化具有即时性、直观性的特点，它借助超文本或多媒体的形式，集音乐、色彩、影像、声音和文字介绍为一体，网络文化的载体形式以声情并茂的方式，润物细无声，影响人的感官和知觉，只需要轻点鼠标、或者手指轻轻滑动就能简单操作，获得参与感。随着互联网媒体的更新迭代，发展出自媒体、融媒体、智能手机等新型高效的网络文化传播媒介，这些媒介通过"在

① 中共中央党史和文献研究院：《关于网络强国论述摘编》，中央文献出版社2021年版，第49页。

场”或者是信息刺激，感染受众的情绪，提高受众的参与度，使受众从被动参与到积极体验。以全媒体、融媒体为例，再加上大数据的技术辅助，推动着网络文化内容和信息从粗放递送到精准送达，大数据记录了受众的阅读喜好、阅读内容、阅读时间等信息，在无形中对你进行信息推送。以自媒体为例，参与者使用智能手机，录制Vlog或者短视频，使参与者的表达方式从单纯的内容叙事向景观式的视觉呈现转向，符合青年学生视觉化生存的情感需要，非虚构和人格化的真实性内容也符合青年学生生活的需要。总的来说，网络文化的传播媒介，教育方法无形胜有形，构造出一个沉浸式的传播时代。

而传统的思想政治教育的传播媒介和方法主要依赖书本、课堂空间，对受教育者的要求很高，受教育者必须拥有大量的专注时刻，还必须拥有较高的理解能力，能够与教师、书本中所传达的知识和观念产生共鸣，网络文化传播媒介的短平快效应极大地威胁着传统思想政治教育的方式方法。其一，网络文化的传播媒介冲击了教育教学的主阵地。课堂教学是传统教育活动中，教育者发挥主导作用和受教育者接受教育的主要场所，它具有封闭性、确定性、稳定性的特点。在课堂环境下，教育者按照计划掌控课堂进度，引导受教育者遵循教育者的思路认知理论、思考问题、启发探索，受教育者由于同样的目的集聚在一起共同就思想道德问题展开讨论，互相切磋交流，这是教学相长的极佳方式。教育者在互动的过程中能够第一时间感受受教育者情绪的变化、思想的走向、心理的波动，对受教育者言传身教，进行及时有效的反馈教学，针对性强，作用明显。而网络文化的传播媒介弱化了这种“在场有效性”，将教育者与受教育者面对面的“在场”教育转变为以网络媒体终端为中介的间接性的“离场”教育，教育者无法深刻洞察受教育者的各种变化。在网络时代，受教育者更倾向于通过新媒体载体获取信息，即使是在思想政治理论课堂上，也选择用智能手机媒体搜索、查阅相关资料，这给思想政治教育的效果带来了众多不可确定性。

其二，网络文化的传播削弱了传统思想政治教育正面灌输的教育模式。思想政治理论须经由思想政治教育者灌输至受教育者头脑中才能提高广大受教育者的思想觉悟和道德水平这一原理确是思想政治教育必须采取的基本模式，只不过表现的内容与形式随时代的发展发生了一定的变化。理论灌输是中国共产党思想政治教育的重要法宝，也是新时代思想政治教育必须继续沿用的原则和方法。思想政治教育离不开灌输。正面灌输教育理论能使受教育者全面、正确地领会和理解中国特色社会主义体系的理论内涵和精神实质，对统一共识、形成合力有重要的意义。网络文化传播媒介的交互性特点极大地唤醒了受教育者对自我在教育中的独立意识和主体地位的觉知，受教育者不再一味地接受教育者正面灌输的理论，不再接纳正面灌输这种直接而简单的教育方法，这对新时期灌输教育模式的有效开展产生一定的消极影响。由此可见，在网络时代，传统思想政治教育模式中不合时宜的成分需改革与创新，思想政治教育转变教育方式方法已是势在必行。

## 第三节　网络时代思想政治教育发展的对策及展望

### 一、网络时代思想政治教育发展的基本对策

#### (一) 构建具有中国特色、中国智慧的思想政治教育内容体系

1. 深化思想政治教育内容的创新

网络时代，各种思潮、利益、价值观汇聚一堂，一较高下，我们既要看到网络文化的开放性和民主性，也要高度重视非主流意识文化形态对青年网络大学生的影响，因此要想抓住网络青年学生的思想政治教育工作，就必须深化思想政治教育内容的创新。

(1) 习近平新时代中国特色社会主义思想是思想政治教育的指导纲领

习近平新时代中国特色社会主义思想主动回应坚持和发展中国特色社会主义，主动应对新时代社会发展新变化，是科学的理论，是闪耀着马克思主义真理光芒的纲领性文献。这一伟大的思想从不同的维度提出了一系列新观点、新思想、新论断、新要求，为思想政治教育的创新提供了新内容、新理念、新目标和新方向。

深化思想政治教育内容的创新，要紧跟时代话语内容。当前，中国时代话语的引领旗帜是习近平新时代中国特色社会主义思想，这是马克思主义中国化的最新理论成果。深化高校思想政治教育内容的创新，要紧紧围绕当前中国时代话语的理论旗帜进行话语内容、理论内容的创新，才能实事求是、与时俱进的创造出具有时代特色、时代生命的话语内容、理论内容。不断深化主流意识形态的话语理论根基的创新，不断加强中国特色哲学社会科学的建构，深化马克思主义基本原理和立场观点、方法论的研究，敢于进行理论创新，大力建设

马克思主义理论一级学科，让大批的专家学者通过理论创新的方式，将中国共产党为什么能，社会主义为什么好，马克思主义为什么行讲清楚，讲明白，在学理上、逻辑上、历史上能够吸引青年大学生向主流意识形态靠拢。

习近平新时代中国特色社会主义思想是指导民众识别思想、观念、信息、行为是非真伪的有力武器。用习近平的党建思想反对一切削弱党的领导地位、歪曲党的历史进程、否定党的纲领决定的错误言行；用习近平“以人民为中心”的发展思想反对一切损害人民利益、诋毁党的形象、丧失服务本领、脱离人民群众的错误言行；用习近平筹划的新时代中国特色社会主义事业的总体布局和战略布局思想批判一切反对和轻视中国特色社会主义道路、理论、制度和文化的错误言行。这些重要的思想为我们处理问题、作出决策提供了理论上的依据，是网络时代思想政治教育强大的思想支撑和理论指引。思想政治教育者要自觉地将习近平新时代中国特色社会主义思想贯穿网络时代思想政治教育的全过程，成为网络时代思想政治教育的思想向导、理论向导和价值向导，将其作为推动网络时代思想政治教育内容创新的重要行动纲领。

深化思想政治教育内容创新，要敢于创新思想政治教育的方式方法，一方面要合理吸收网络文化中优秀的网络文化内容，吸收网络文化中具有积极、正面、正能量的话语内容，这样才能使思想政治教育内容接地气，在面对复杂的网络环境时，接地气的思想政治教育内容能为青年大学生所喜爱。另一方面，思想政治教育内容的创新也包括高校思想政治教育理论方式方法的创新，要突出学生主体，加强对学生的人文关怀。通过网络，多多研究青年大学生的网络语言，及时捕捉学生的情感变化，改变传统高校思想政治教育说教式的教育发放，真正的走进青年大学生的日常生活中。利用网络语言，与青年大学生平等交流，平等对话，在帮助学生实现人的全面发展的同时，也加强思想政治教育工作引导的有效性。

思想政治教育者应积极推进习近平新时代中国特色社会主义思想的大众化教育，使其被尽可能多的受教育者知晓、认同与接受。在中国特色社会主义发展的新时代，思想政治教育者要指导受教育者树立问题意识，引导受教育者科学地看待中国特色社会主义事业发展过程中出现的问题、矛盾和不足，将其看成是改革发展中必须经历的阶段，在解决问题的过程中推动中国特色社会主义事业前进。思想政治教育者要将习近平新时代中国特色社会主义思想的宣传教育列入常态化制度化工作范围，发挥思想政治教育的主渠道、主阵地作用，采用正面与侧面、直接与间接、隐性与显性相结合等多种教育方式来提升习近平新时代中国特色社会主义思想教育的效果。网络时代思想政治教育者应借助网络文化传播媒介这一思想政治教育的新载体，大力应用微博、微信、手机APP等形式对受教育者进行习近平新时代中国特色社会主义思想形成过程、精神实质、中心要旨和行动方略的宣传教育，引导受教育者全面了解党的十九大以来我国在改革与建设中获得的举世瞩目的成就，牢记个人的使命与责任，充分认识建设现代化的社会主义强国的长期性、复杂性和艰巨性；引导受教育者自觉地将个人的梦想和目标与中华民族伟大复兴中国梦的实现结合起来，将个人的人生追求和自我价值的体现融入到中国特色社会主义的大发展中去，鼓足干劲，勇于担当，积极成为中国特色社会主义伟大事业的践行者和推广者。

(2)社会主义核心价值观是思想政治教育的内容核心

中国现正处于社会转型的关键时期，社会结构正经历剧烈而深刻的分化，这必然引起人们思想观念的巨大变化。传统价值观念被新的时代所解构，传统整体主义的价值模式开始崩塌，传统意识形态的权威性和影响力受到挑战。而新的、占主导地位的价值观念体系还未完全扎根于人们的头脑中，尚未提升为人们思想中的最高价值理念和必然的信仰。改革开放的深入发展，社会主义市场经济的逐步深化，网络时代的全面覆盖使人们的价值取向由保守转为开放、由被动转为主动、由简单转为复杂、由单一转为多元，重个人轻整体、重差异轻统一、重眼前轻长远、重物质轻精神、重现实轻理想，最终导致价值选择混乱、价值困惑增多、价值观念错位、价值信仰迷失，如不重建价值秩序、破解价值困惑、纠正价值偏向、坚定价值信仰，建立全体社会成员共同认可、自觉践行的价值观取向，意识形态安全无法保证，国家的长治久安无从谈起。而只有社会主义核心价值观才是消灭黑色地带、转化灰色地带的思想武器，是清除思想障碍、扫清不正风气、净化社会空气、抵制错误思想影响的灵丹妙药。

网络时代的到来，使网络新媒体成为当代社会各种思潮交融交锋、各种矛盾激烈碰撞的聚集地，错误思想经由网络传播而持续放大，人们的价值选择和价值观认同越来越困难。如不通过社会主义核心价值观教育引导受教育者对形形色色的国内外思想进行有效甄别和理性分析，透过外在的思想表象洞察价值观本质，加强受教育者舆论辨识的能力和水平，将分散的价值观进行有力的整合，帮助受教育者树立社会主义核心价值观自信，那么“四个全面”战略布局的精神纽带将会折断，中华民族伟大复兴的精神基石将会崩裂，社会主义国家制度的文化软实力无法体现。

网络时代思想政治教育要提升对核心价值观的认同，包括理论认同、情感认同和实践认同，而网络文化的传播媒介的运用有利于核心价值观的认同与接受。利用网络媒体平台开展社会主义核心价值观教育可使教育形式更加丰富，教育范围更加广阔，教育平台更加新颖，更能激发受教育者学习社会主义核心价值观的积极性、主动性和能动性，从而提高社会成员的核心价值观理论化水平。网络媒体平台为教育者和受教育者构建了一个良好的交流沟通的平台，这有利于教育者将社会主义核心价值观灌输至受教育者的脑和心，是核心价值观情感认同的催化剂。网络时代要加强社会主义核心价值观教育，用社会主义核心价值观占领互联网宣传思想的主阵地，正确引领网络舆论。

(3)爱国主义是思想政治教育的重点内容

爱国，是人世间最深层、最持久、最朴素的情感，是一个人立德之源、立功之本。爱国主义是我们民族精神的核心，是中华民族团结奋斗、自强不息的精神纽带。习近平总书记曾说，伟大的事业需要伟大的精神，想要实现中华民族伟大复兴的中国梦，离不开伟大的爱国主义精神，伟大的爱国主义精神为实现中华民族伟大复兴的中国梦提供共同的精神支柱和强大的精神动力。

习近平总书记在纪念五四运动100周年大会上告诫中国青年，新时代中国青年要听党话、跟党走，胸怀忧国忧民之心、爱国爱民之情，不断奉献祖国、奉献人民，以一生的真情投入、一辈子的顽强奋斗来体现爱国主义情怀，让爱国主义的伟大旗帜始终在心中高高飘扬！而进入网络时代以后，特殊的时代背景和社会环境要求思想政治教育工作者必须以爱国主义教育为重点内容。

加强以爱国主义教育为重点内容的思想政治教育有助于维护国际、国内安全稳定的大好形势。虽然和平与发展是世界发展的主要趋势，但是局部破坏整体和谐局面的因素也仍然存在。特别是网络时代的来临，网络媒体平台也为民族分裂分子的破坏活动提供了便利的渠道和载体，并衍生出新的民族问题和民族矛盾。民族分裂分子将网络空间作为重要的思想宣传阵地，通过夸大、歪曲、捏造等手段改变民众对事件真相的认识；煽动网民参与民族分裂活动，在线上传播反动言论，用暴力性的语言攻击中国共产党的执政地位和中国特色社会主义道路，诋毁新时期的爱国统一战线，在线下唆使网民参加游行、示威和各种抵制行动，制造暴力恐怖事件，扩大民族纠纷，将正常的民族间差异有意夸大为无法调和的民族仇恨，拉大各民族间的矛盾，严重冲击了国家的安全和稳定。

在国际上，西方资本主义国家利用新媒体抢占我国思想文化的阵地，对我国实行全方位监控，挤压我国主流意识形态文化的生存空间，妄图实现他们“和平演变”和“西化”“分化”的政治图谋。西方意识形态和西方文化价值观的侵蚀使一部分人的思想迷失了方向、出现了偏差、脱离了轨道，有些人的政治立场开始动摇，理想信念开始模糊，不能正确辨别真善美和假丑恶，在涉及国家和民族利益的重大事件面前无法端正自己的态度，摆正自己的立场，甚至被西方文化产品所迷惑，将西方发达资本主义国家置于本国国家和人民的利益之上，模糊了他国与本国的界限，国家、民族意识严重淡化。

因此，加强以爱国主义教育为重点内容的思想政治教育非常有必要，有助于增强我国人民的国家主权观念，自觉维护国家统一、独立和完整，主动与干涉我国内政的侵略行为和威胁作斗争；能提升我国人民的国家认同感、国家荣誉感和国家自豪感，培育对国家发展复兴的自信心，增强国家忧患意识、危机意识和责任意识，提高人民共同前进的向心力和凝聚力。

2. 推动优秀文化与思想政治教育的融合创新

(1)加快推进中华优秀传统文化与思想政治教育的融合创新

加快推进中华优秀传统文化与思想政治教育的融合创新，首先要对中华优秀传统文化进行梳理和提炼，找出其中有助于思想政治教育的内容和价值理念。通过准确了解中华优秀传统文化的历史起源、发展历程、和趋势走向，加深对中华优秀传统文化的认知，进一步理解中华优秀传统文化所蕴含的价值理念，弘扬其时代价值和思想内涵。广泛开展中华优秀传统文化教育普及活动，进行中华优秀传统文化传承研究，以中华优秀传统文化传承实践为基本着力点，将优秀传统文化价值观念的弘扬与整个社会文化素质的提升、社会力量的整合、理想道德的培育和价值共识的凝聚密切联系起来，充分发挥中华优秀传统文化在思想政治教育方面的育人功能。

其次，推进中华优秀传统文化与思想政治教育的融合创新，重点在于中华传统美德的彰显，这一点对于我国道德建设有着非常重要的作用，将弘扬中华优秀传统文化融入社会主义核心价值体系建设实践，有利于积极培育良好社会风尚。同时，要加强中华优秀传统文化遗产保护，建立健全文化遗产管理体系，开展文物保护基础性工作。完善民间文学、音乐、舞蹈、戏曲、曲艺、杂技、美术，民间手工技艺等非物质文化遗产的保护体系，整合物质文化遗产和非物质文化遗产，推进中华优秀传统文化传播基地建设，扩展中华优秀传统文化交流和传播平台，增强中华优秀传统文化的国际影响力。

再次，推进中华优秀传统文化与思想政治教育的融合创新，要与时俱进，充分利用现代信息技术，使中华优秀传统文化与思想政治教育的融合创新事半功倍。党的十七大报告提出："加强中华优秀文化传统教育，运用现代科技手段开发利用民族文化丰厚资源。"网络不仅传播文字、图像，还能传播声音、数字，为中华优秀传统文化的传播与推广提供了诸多技术手段。发挥网络的教育功能和信息优势，充分利用网络阵地，传播和推广中华优秀传统文化。建立相应网络平台，创建中华优秀传统文化专题网页，将趣味性与教育性更好地融合到一起，让中华优秀传统文化具有更强的可读性和观赏性。在建设有特色、有吸引力和影响力的中华优秀传统文化网络平台的同时，提高社会民众，尤其是青少年群体，选择、分辨、处理和综合利用网络文化资源的能力，提升中华优秀传统文化鉴赏力，积极应对网络传播多元文化带来的负面影响，在某种程度上有助于思想政治教育话语权的主导。

思想政治教育所弘扬的社会主义核心价值观，"集中体现了社会主义意识形态的本质属性，凝聚了中国力量，承载了中华民族的精神追求，培育和弘扬社会主义核心价值观，有效整合社会意识，是社会系统得以正常运转、社会秩序得以有效维护的重要途径"①。中华优秀传统文化也是社会主义核心价值观内容的重要组成部分，社会主义核心价值观吸收了中华优秀传统文化中的经典内核，充分体现了中国特色和中国智慧。每一个中国人、每一个青年学生生于斯，长于斯，深受中华优秀传统文化的浸润和熏陶，在骨子里对中华优秀传统文化有一定的情感亲向。思想政治教育工作者应该把握中华优秀传统文化的内核，以及对于青年学生的这种内在情感亲向，加快优秀传统文化的数字化转化，将优秀中华传统文化中的价值观念和道德精髓传递给当代青年，善于用中国智慧、中国特色、中国话语阐述当代中国的价值选择和意义，引导学生树立积极健康的价值观和人生观。

同时，中华优秀传统文化的创造性转化和创新性发展，也不能闭门造车，应该积极吸收网络优秀文化中有益于自身发展的部分。网络优秀文化深受青年大学生的喜爱，是因为网络优秀文化契合了青年学生的情感诉求和日常表达，

① 习近平：《习近平谈治国理政》，外文出版社 2014 年版，第 165 页。

中华优秀传统文化一方面要逐渐实现数字化转化，转化成学生易于网络学习的各种网络载体形式，另一方面要学习网络话语的长处，从语言表达上也要契合网络时代青年大学生的情感需求和日常表达，做到中国优秀传统文化可信又可爱，提升思想政治教育的有效性。

(2)加快推进网络文化与思想政治教育的融合创新

现代信息技术的迅猛发展促使网络文化成为思想政治教育的重要阵地，网络文化建设既拓展了思想政治教育空间，丰富了思想政治教育的教学内容，又创新了教学方法，提高了学生的获得感；与此同时，思想政治教育内容也为网络文化建设提供了坚实的科学理论支撑和价值引领功能，二者有融合创新的共通性和互补性，加强两者的结合是当前思想政治教育的发展趋势。

推进网络文化与思想政治教育的融合创新，要坚持正确的政治方向，坚持马克思主义理论教育、社会主义思想体系及社会主义行为准则。要把思想政治教育放在首位，既要发挥传统思想政治教育的主渠道作用，又要注意运用网络思想政治教育的新方法，做好思想政治教育工作。只有坚持正确的政治方向，网络文化与思想政治教育才会形成合力，共同营造良好的社会风气。

推进网络文化与思想政治教育的融合创新，在坚持正确的政治方向的前提下，也要灵活变通。网络文化具有瞬间性、易变性、实效性等特点，思想政治教育工作与之结合也会遭遇不确定性的困难。要理解网络文化与思想政治教育的结合是一个时时刻刻都在变化发展的过程，在两者结合的实践过程中，应根据不同情况采取不同的对策。

推进网络文化与思想政治教育的融合创新，要认真研究两者创新结合的方式方法。网络文化的育人功能主要是采取隐形的方式，润物无声，在潜移默化中使学生接受思想政治教育的各种信息。这种隐性教育方法将教育意图融入网络文化的信息和媒介载体中，通过学生喜欢看到的形式，将教育信息的内容传达给学生，使学生能够愉悦和含蓄地接受信息。因此，在教育的过程中，尽量将活动内容与理念、信仰、思想道德教育相结合。同时也要加强在网络媒介上，与学生的交流和互动，网络媒体的传播与互动过程是教育者与受教育者思想交流的过程，也是思想道德与价值观逐步融合的过程。必须努力充分发挥传统思想政治教育的优势，充分利用网络思想政治教育资源，实现线上与线下、显性与隐形教育相结合，共同发挥育人作用的合力。

## （二）优化网络时代思想政治教育的体制机制

习近平总书记在《努力把我国建设成网络强国》一文中指出，“做好网上舆论工作是一项长期任务，要创新改进网上宣传，运用网络传播规律，弘扬主旋律，激发正能量，大力培育和践行社会主义核心价值观，把握好网上舆论引导的时、度、效，使网络空间清朗起来”①。网络时代思想政治教育离不开网络空间的清朗，良好的网络空间能够提升思想政治教育的有效性，能够陶冶人的性情，潜移默化地实现宣传教育的功能。习近平总书记《在十八届中央政治局第三十六次集体学习时的讲话》中提出，“各级领导干部特别是高级干部，如果不懂互联网、不善于运用互联网，就无法有效开展工作。各级领导干部要学网、懂网、用网，积极谋划、推动、引导互联网发展。要正确处理安全和发展、开放和自主、管理和服务的关系，不断提高对互联网规律的把握能力、对网络舆论的引导能力、对信息化发展的驾驭能力、对网络安全的保障能力，把网络强国建设不断推向前进”②。思想政治教育工作者同样也应该不断提高对互联网规律的把握能力，对网络舆论的引导能力，对信息化发展的驾驭能力，对网络安全的保障能力。面对网络空间中出现的非主流意识形态和负面消极的言论，不能任由在网上发酵，应该及时搜集相关舆论信息，作出合理预判，提出紧急预案，平息网络舆论热点，为思想政治教育营造一个风清气正的网络环境。

1. 构建更加合理的网络时代思想政治教育的管理机制

构建更加合理的网络文化与思想政治教育的管理机制，是指在思想政治教育管理过程中，教育者利用网络文化平台进行信息监管、应急处理和舆情疏导的机理与方式。

建立完善的网络文化信息监管机制是构建更加合理的网络文化与思想政治教育的管理机制的第一步。思想政治教育的过程实际上就是思想政治教育信息的传递和接收过程，对信息进行监管实际上就是主流意识形态引导的过程。网络空间的信息不计其数，在众多信息中鉴别真伪信息，快速而准确地识别有害信息，并找出有害信息滋生的源头是遏制有害信息传播、进行信息监管的关键

① 《努力把我国建设成为网络强国》（2014 年 2 月 27 日），载《习近平谈治国理政》第 1 卷，外文出版社 2018 年版，第 197 页。

② 《加快推进网络信息技术自主创新，朝着建设网络强国目标不懈奋斗——习近平在中共中央政治局第三十六次集体学习时强调》，载《人民日报》2016 年 10 月 10 日，第 1 版。

前提。在技术上，网络运营与监管部门利用网络技术的开发，完善网络媒体信息自动监测系统，开启对网络媒体信息的全天候监控。一是可以通过信息识别系统，通过设置关键词、关键句、信息等级、信息出处等指标，自动识别、检疫有害信息。二是可以通过信息分析系统，利用大数据技术对识别的有害信息加以分析，科学把握舆情发展态势，有效比对舆情信息属性，强化对重点话题、热点话题和敏感话题的信息监测分析。三是可以通过信息过滤系统，构筑信息防火墙，建立网络信息防御系统，安装绿色上网过滤软件，按照既定的信息过滤标准对接收和发送的网络数据进行筛选和剔除，同时对有害信息发送频率较多的数据发送方进行数据跟踪或物理断开。

当遇到网络突发事件或者公共事件时，要建立完善的网络文化应急处理机制。网络的特点决定了网络虚拟空间极易遭遇突发事件，突发事件的爆发往往伴随着网络谣言的大量滋生和迅速蔓延，如不及时加以遏制，极有可能造成社会恐慌，引起人心惶惶。2016 年 11 月 15 日，国务院办公厅发布的《关于全面推进政务公开工作的意见》实施细则中明确要求：对涉及群众切身利益、影响市场预期和突发公共事件等重点事项，要及时发布信息。对涉及特别重大、重大突发事件的政务舆情，要快速反应，最迟要在 5 小时内发布权威信息，在 24 小时内举行新闻发布会，并根据工作进展情况，持续发布权威信息，有关地方和部门主要负责人要带头主动发声。人民网舆情监测室基于多年对网络舆情的分析和当下媒体环境的判断提出了突发事件中的“黄金 4 小时媒体”概念。按照“黄金 4 小时”法则，政府和主流新闻媒体应在 4 小时之内以最快的速度主动回应广大网民的舆论关切，全面公开网络突发事件处理进程，利用官方微博、微信公众号、QQ 群、BBS 等新媒体平台及时推送最新舆论进展，推送专家论证和权威观点，抢占舆论传播制高点，有效传播主流声音，形成优势舆论语境。以坚定的态度、确定的话语击败谣言，主动消除网民的疑虑，将网络谣言扼杀于萌芽状态。

在舆情将发未发时，要建立完善的网络文化舆情疏导机制。网络平台的开放性、虚拟性和隐蔽性等特点导致网络舆情错综复杂，加之目前我国正处于关键的社会转型期，使得正面舆情与负面舆情纷然杂陈，主流意识形态与非主流意识形态相互激荡，各种西方社会思潮蛊惑人心，网络舆情呈现多元化特点。正面舆情有利于提高政府的公信力，巩固党的执政根基，凝聚群众力量；负面舆情具有的情绪化、非理性、无序性、传播迅捷等内在属性使网络传播的舆情环境更为复杂，从而增加了社会不安定因素，使人心涣散，影响社会和谐与稳定。而负面舆论不可避免，对待负面舆论绝不能一味地删、堵、封，这种粗暴的处理方式不仅不能解决问题，反而会引起网民的反感和抗议，使问题变得愈加严重。应坚持网络舆情疏导方针，建立健全网络文化和思想政治教育舆情疏导机制，是推进网络时代思想政治教育管理机制创新的关键一步。建立健全网络文化和思想政治教育舆情疏导机制应该坚持正面舆论引导为主的基本原则，加强正面舆论引导。必须坚持巩固壮大主流思想舆论，弘扬主旋律，传播正能量。必须充分发挥主流媒体“定音鼓”“风向标”的作用，不断加强主流新媒体建设，积极争夺新媒体话语权，强化网络舆论的阵地建设。加大对榜样人物和先进事迹的报道力度，引导社会民众在学习榜样、模仿榜样中形成正确的世界观、人生观和价值观。

2. 构建更加合理的网络时代思想政治教育的保障机制

网络时代思想政治教育持续的发展不是一个孤立的系统，它需要法律、队伍、人才等方面共同作用的大系统。网络时代思想政治教育的有序发展离不开健全的法制基础。从表面上看网络空间是自由而没有限制的虚拟场所，任何网民都可以在网络上随心所欲地表达观点和看法，不受拘束地进行网络虚拟生活。而实际上网络空间的自由并不是完全的自由，是有限制的，是在遵守网络法制基础上的自由。根据中国社会科学院“互联网对新时期青年与青年工作的影响”课题组的调查研究发现，目前计算机犯罪大约只有1%被发现，而且这1%中又只有4%会被指控。可以说，目前网络时代思想政治教育的法制基础需要加强和完善。尽管这几年我国在互联网领域相继颁行了很多重要的法律，但是网络环境的复杂性导致我国网络立法仍有诸多领域的漏洞，我国网络管理的法律还只占中国总的立法的1.5%左右。

通过制定全面、完备的法律规范、章程、制度和标准，以强制的方式引导网民自觉遵守网络生活法规和准则，构建和谐的网络秩序。引导网民在法律既定的范围内活动，使网民明确可以自行抉择做或者不做的行为有哪些，禁止网民作出的行为有哪些，规定网民必须作出的积极行为有哪些。要在保障网民基本权利的基础上，有效规范网络领域的既定行为，明确网络行为的合法性，引导网民文明上网、依法用网。同时做到执法必严、违法必究。对于发布或传播法律法规禁止的信息、从事危害网络安全的行为采取强有力的措施予以处置。对任何不落实或敷衍了事、违反互联网法律法规的行为坚决给予及时的通报批评直至追究相关责任人的法律责任，对涉网违规人员坚决依法办事，不留任何漏网之鱼。

其次，要制定网络时代思想政治教育工作的总体规划，对网络思想政治教育作出全面部署和安排。建立横向到边、纵向到底的互联网信息监管领导组织，建立相应的领导机制、工作机制和监督机制，完善网络媒平台的管理体系，优化网络媒体管理能力，加强组织实施，在党中央和国务院的统一部署下，制定实施方案，落实工作责任制，完善工作措施，形成主要领导亲自抓、主管领导重点抓、有关部门分工负责领导体制，确保网络信息安全任务落到实处，共治共享，构建清朗的网络空间。对于一些互联网的重大变革和重点工作，要统筹协调涉及经济、政治、文化、社会及军事等各个领域的网络安全和信息化重大问题的领导小组，形成网络监察处、网络运营商、网络应急中心、国家安全局、保密、机要等覆盖全网络的网络信息监管部门的联动协调机制。

最后，网络时代思想政治教育的任务重、难度大，面临的形势更复杂，只有通过职业化、专业化、专家化的专职队伍和综合素养高、政治立场坚定、三观端正的兼职队伍相互配合才能得以贯彻和落实。需要建设一支高水平、高素质、高技术，既懂网络文化的特性又懂思想政治教育的思想政治教育工作队伍，为思想政治教育提供重要的人力资源，是新时代思想政治教育的重中之重。其一要完善人才选拔机制。按照德才兼备、任人唯贤的原则，重点招录一批具有过硬的政治素质、娴熟的网络媒体技术水平、精通网络信息传播的复合型人才，将其充实到思想政治教育队伍中来。其二是健全培养机制。通过联合培养、订单式培养、合作办学等多种渠道培养新形势下所需的思想政治教育专业人才。根据网络新媒体发展的新态势，积极组织专题研讨班、短期实训、学习考察、经验交流等多种形式的培训，有针对性地对网络新媒体思想政治教育者开展理论学习、实战训练和业务能力的培养。

建立健全网络新媒体时代思想政治教育人才保障机制应努力优化队伍结构，着力提升队伍的工作能力和整体素质，保持队伍的稳定性。建设一支思想政治教育红色网站的管理队伍，利用红色网站传播先进文化，弘扬时代主旋律；建设一支利用网络新媒体技术、在网络新媒体平台上宣传社会主流意识形态的专业化、职业化宣传教育队伍，维护网络意识形态安全；要建设一支兼职评论员队伍，积极开展网上评论，发挥把关功能，主动引导网络舆论。这些人才队伍不仅具有扎实的网络新媒体的专业技能水平，而且具备深厚的思想政治教育的理论素养，以及丰富的文化知识储备，只有同时具备网络新媒体的专业技能水平、深厚的思想政治教育的理论素养和丰富的文化知识储备的思想政治教育者才能使整个队伍始终保持创新力、生命力和活力。他们是网络新媒体时代思想政治教育的内驱力和引动力，是思想政治教育整体机制运行的重点保障。

3. 构建更加合理的网络时代思想政治教育的评价机制

网络时代构建客观、公正的思想政治教育评价机制，有利于克服经验主义、主观主义和形式主义，提升思想政治教育学科的科学化水平，对改进和完善思想政治教育工作具有重要意义。根据评价结果对思想政治教育进行及时的调整，有助于优化思想政治教育的过程。

思想政治教育的过程要素包括四个方面的内容：教育者、受教育者、思想政治教育内容和方法、社会环境及其所提供的教育支撑条件。要素与要素之间存在本质的、必然的联系。在思想政治教育系统中，任何一个要素都无法单独存在，而是与其他要素相互依存。思想政治教育过程就是这四个要素之间相互作用和变化发展的过程。而在网络时代要对思想政治教育进行过程评价必须从这四个要素出发，其一是从事思想教育工作的教育者人才队伍建设情况，包括人才的数量、组成、结构、知识构成、综合素质、媒介素养等；其二是从事思想政治教育受工作的教育者思想观念、政治观点、道德规范的提升情况，包括将网络新媒体作为现代思想政治教育的载体是否有助于帮助受教育者确立马克思主义信仰和共产主义信念，是否有助于帮助受教育者在重大的政治问题面前坚定社会主义立场，是否有助于帮助受教育者树立崇高的道德品质等；其三是网络时代思想政治教育内容和方法情况，包括思想政治教育是否将新媒体纳入其中，思想政治教育内容是否跟上网络时代的节奏，思想政治教育内容设置是否合理，思想政治教育方法是否具有创新性等；其四是网络时代思想政治教育的支撑条件情况，包括思想政治教育红色网站的建设情况、思想政治教育大数据的建设情况，网络时代为思想政治教育提供支撑的技术情况、网络生态环境情况等。

除此之外，网络时代思想政治教育过程评价的主体也是多元的，以思想政治教育专家为主要主体，涵盖网络技术人员、教育主管部门相关人员、一线的思想政治教育工作者、广大的受教育者等。思想政治教育专家可从宏观上评价思想政治教育工作的方向是否正确、评价指标是否合理、工作程序是否得当等；网络技术人员可从网络媒体技术层面评价思想政治教育工作者运用新媒体技术的水平如何；教育主管部门相关人员可从纵向对比、评价某一单位的思想政治教育工作与其他单位的新媒体思想政治教育工作的差距所在；一线的思想政治教育工作者和广大的受教育者可进行自我评价和相互评价。

网络时代构建合理的思想政治教育效果评价机制，既是思想政治教育理论创新的需要，更是思想政治教育实践创新的必然。通过效果评价可以全面了解思想政治教育开展的整体情况，发掘思想政治教育工作的特色和优势，发现思想政治教育工作中存在的问题和不足，为进一步的思想政治教育工作提供客观依据。目前，思想政治教育效果评价机制是一项难度很大的工作，也是思想政治教育的薄弱环节。但我们还是可以从几个方面去考察检验思想政治教育的效果。一是看受教育者在进行网络虚拟生活时是否能主动学习党的路线、方针和政策，在大是大非面前是否保持清醒的头脑，是否拥护中国共产党的领导，是否拥护社会主义制度等。二是看受教育者在进行网络虚拟生活时是否能遵守网络法制法规、网络文明规范、网络伦理道德规范，是否主动参与社会主义核心价值观的传播、中华民族伟大复兴中国梦的宣传等。三是看受教育者在社会公共事件引起广泛关注之时，是否做到不信谣、不传谣、不造谣，是否自觉维护网络空间的意识形态安全，在发现暴力、淫秽、低俗、迷信、诈骗等有害信息时是否能主动举报等。四是看受教育者对新媒体思想政治教育活动是否满意，比如思想政治教育门户网站、红色网站的点击率、更新率和搜索率，思想政治教育主题教育管理平台的运行情况、思想政治教育公开课的参与情况等。

构建更加合理的网络时代思想政治教育的评价机制要将过程评价和效果评价放在同等重要的位置上，重视过程而忽视效果，或者只重效果而不顾过程的评价机制都是不完善、不健全的。特别强调的是，在一定时期的过程和效果评价完成之后，对得出的结果务必要创建畅通的反馈通道，及时总结与整改。评价不是一次完成的过程，而是一个不断评价不断修改完善的动态过程，要将定期评价与随机评价相结合，将短期评价与长期评价相结合。

## 二、网络时代思想政治教育的发展趋势

### (一)坚持以人为本的根本原则

思想政治教育根本上是人的教育，马克思主义的人本思想也是以人的发展为核心和根本。思想政治教育工作承载着青年学生所需要汲取的世界观、人生

观、价值观以及社会经济政治文化等各方面内容的综合知识，教育者与受教育者之间通过知识的交流和互动完成自我超越、实现自我价值，最终使青年大学生获得对客观世界一般规律的认识。“网络文化本身也是强调人的主体性的一种文化，最大的正价值就在于促进人的全面而自由的发展。”①网络文化具有开放性，人人都可以自由地表达意见，可以自由自主地选择感兴趣的价值取向，有利于人的自由生长，青年学生可以通过网络平台自主地学习、创新、实践，有利于满足青年学生个性化生长的需要。对于网络文化中优秀的部分，能够更好地实现人的全面发展的内容、方法，应当积极的吸收，纳入到思想政治教育的人才培养体系、工作机制中去。因此，未来思想政治教育工作的核心还是人本身的教育，尊重人、尊重人的价值，把人的生存、安全、自尊、发展、享受等需要作为人类一切活动的出发点和归宿。理解人，理解思想政治教育受教育者的言行及真实的思想状况，了解他们怎样想，怎样做，出于什么原因，并给予充分的理解，积极与受教育者进行思想沟通，换位思想，将心比心，让思想政治教育真正地能够解决受教育者在学习、工作、生活、思想上的困惑和实际问题。

未来思想政治教育工作应该不断创新“以人为本”的教育方法、工作方法，坚持贴近生活、贴近实际、贴近群众的原则。贴近实际，指的是我国处于社会主义现代化新时期这样一个广阔的时代背景之下，思想政治工作也就要服务于这样一个实际，在实际工作中，服务好这个实际，使我们的思想政治工作形成一定的时代感召力，起到正向的激励作用和导向作用。贴近生活，指的是受教育者的生活。思想政治教育工作贴近生活，才能把工作做活。吸收现实生活的新鲜营养，使思想政治工作充满生活气息，合情合理，激励受教育者同心协力、奋力图强，创造新时代。贴近群众指的是思想政治教育工作要深入群众，用群众喜闻乐见的方式来做好思想政治教育工作。这样我们的思想政治教育工作才能发乎人情、合乎人性。打动人心，为群众所理解和信服，并乐于接受，从而收到实效。

### (二)坚持为党育人、为国育人的根本宗旨

思想政治教育的根本宗旨即是为党育人、为国育人，为社会主义事业的发

① 赵惜群、翟中杰：《双刃之利剑：网络文化价值初探》，载《首都师范大学学报(社会科学版)》2011 年第 2 期，第 125-131 页。

展培育优秀人才。因而，思想政治教育工作应该以马克思列宁主义、毛泽东思想、邓小平理论、“三个代表”重要思想、科学发展观和习近平新时代中国特色社会主义思想为指导，把社会主义核心价值观的培育融入到青年学生的培养体系中去，把思想政治理论主题教育学习融入到育人工作的各个环节，牢牢把握思想政治教育的主导权和话语权，为社会主义建设培养新时代的接班人。今年习近平总书记在中国人民大学调研时指出，“为谁培养人、培养什么人、怎样培养人”始终是教育的根本问题。要坚持党的领导，坚持马克思主义指导地位，坚持为党和人民事业服务，落实立德树人根本任务，传承红色基因，扎根中国大地办大学，走出一条建设中国特色、世界一流大学的新路。广大青年要做社会主义核心价值观的坚定信仰者、积极传播者、模范践行者，向英雄学习、向前辈学习、向榜样学习，争做堪当民族复兴重任的时代新人，在实现中华民族伟大复兴的时代洪流中踔厉奋发、勇毅前进。

体现在思想政治教育中，就要求各个学校能够立足自身的优势特长，不断推进思政课教学改革创新，打造高精尖水平思政课。思政课的本质是讲道理，要注重方式方法，把道理讲深、讲透、讲活，老师要用心教，学生要用心悟，达到沟通心灵、启智润心、激扬斗志。青少年思想政治教育是一个接续的过程，要针对青少年成长的不同阶段，有针对性地开展思想政治教育，让青年学生坚定中国特色社会主义道路自信、理论自信、制度自信、文化自信，在全面建设社会主义现代化国家新征程中勇当开路先锋、争当事业闯将。

在网络时代尤其要注意把握思想政治教育的主导权和话语权，思政课教师要有坚定的立场，利用好网络文化平台，用马克思主义的理论武器批判和辨析网络亚文化，弘扬正向价值和正能量的价值导向。习近平总书记在《全国网络安全和信息化工作会议》上发表重要讲话，他强调，“要加强网上正面宣传，旗帜鲜明坚持正确政治方向、舆论导向、价值取向，用新时代中国特色社会主义思想和党的十九大精神团结、凝聚亿万网民，深入开展理想信念教育，深化新时代中国特色社会主义和中国梦宣传教育，积极培育和践行社会主义核心价值观，推进网上宣传理念、内容、形式、方法、手段等创新，把握好时度效，构建网上网下同心圆，更好凝聚社会共识，巩固全党全国人民团结奋斗的共同思想基础”①。现在网络文化环境相当复杂，主流是好的，但是杂音噪音也有

① 《敏锐抓住信息化发展历史机遇，自主创新推进网络强国建设——习近平在全国网络安全和信息化工作会议上强调》，载《人民日报》2018年4月22日第1版。

很多，甚至有很多负面言论。对于那些负面的声音，批评社会主义制度的声音，批评中国共产党领导的社会主义国家的声音，高校思想政治教育工作者应该敢于发声，敢于亮剑，敢于开展网络斗争，加强网络管理，弘扬网上主旋律。越是有人要压制正面舆论的声音，就越是要发声。邪不压正，网上正面声音强大了，就可以减少负面舆论的影响。

**（三）顺应网络时代的发展规律**

网络时代的来临，已经改变了传统的思想政治教育工作的工作内容、工作方法、工作样态，思想政治教育工作者应该积极顺应信息化时代的发展潮流，将思想政治教育的育人宗旨、教育目标、网络信息传播规律深入融合，创造符合当代青年学生精神需要的思想政治教育的文化内容，打造优秀的文化网络产品，将思想政治工作网络化与网络文化精品相统一，将优秀的传统文化纳入到思想政治教育工作网络化中。中国优秀传统文化是中国特色社会主义文化建设的重要组成部分，推动中国优秀传统文化的创造性转化和创新性发展，也应该遵循网络文化发展的规律，推动优秀传统文化的网络化。中华优秀传统文化是中国民族文化的内核精神，应该要充分挖掘中华优秀传统文化的时代价值，将思想政治教育的宗旨目标结合起来，利用网络视频载体，赋予中华优秀传统文化、思想政治教育新的表达方式，更加贴近青年学生的生活方式，也符合当代学生精神生活的需要。

网络时代思想政治教育工作要把握好网络文化的发展规律、了解清楚网络的特性。网络文化的信息资源具有共享性和不对称性，共享性指的是教师和学生都能平等的获得和使用信息资源，不对称性指的是教师和学生从网络空间中获得的信息资源是不对称的、不确定的，有些学生的信息技术水平很高，他们通过信息技术可能会获得比教师更多的信息资源，这就使的教师在思想政治教育过程中由主导地位转变为双方的相互抗衡。这就要求教师在具备丰富的网络技术手段之外，还具备扎实的学理基础，通过深入浅出的理论讲授，打破教师与学生相互抗衡的局面。

网络时代思想政治教育工作要把握网络文化的发展规律，了解网络文化传播的社会性和系统性。社会性指的是网络时代的思想政治教育工作不仅仅是学校的主要工作，也需要家庭、社会共同协调；系统性指的是网络时代思想政治教育是一个系统工程，需要政府网络主管部门、社会舆论环境、学校、个人等共同参与和维护。政府做好网络思想政治教育的建设、监管，引导网络时代思想政治教育工作法制化的网络规范，倡导良好的网络文明行为，营造良好的网络文明环境。学校做好思想政治教育的主导和教育工作，个人遵守网络文明的法律法规，做理性网民，共同巩固思想政治教育的有效性成果。

**(四)形成网络文化与思想政治教育的良性互动**

网络文化是一把双刃剑，既给我国思想政治教育带来许多挑战，也带来了诸多便利，未来网络文化随着网络技术的发展会变得越来越开放、包容，网络文化的育人功能会越来越凸显，因此形成网络文化与思想政治教育的良性互动，合力发挥二者的育人功能，是增强思想政治教育的有效性的重要途径。

网络文化与思想政治教育的良性互动是将网络文化的内容建设与思想政治教育的内容创新协同起来，形成线上线下的联动。网络文化的内容建设与思想政治教育的内容创新都必须坚持以习近平总书记新时代中国特色社会主义理论体系为指导原则，以社会主义核心价值观的宣教为中心内容，以爱国主义教育为重点内容，才能将网络文化的内容建设、思想政治教育的内容创新的合力发挥到最大。这样可以将网络文化的即时特性，内容短小精悍易于宣教与思想政治教育的理论内容深奥，不易为受众接受的特点结合起来，创造一批说理深刻、为群众所乐于观看、内容短小精悍的网络思想政治教育的文化产品，助力思想政治教育工作。

网络文化与思想政治教育的良性互动是将网络文化的新媒体技术和网络载体等体制机制与思想政治教育的育人方法协同起来，互相取长补短。网络文化的新媒体技术和网络载体包括网站、微博、BBS论坛、微信、QQ、视频等传播媒介，这些媒介深度介入人们的日常生活，成为生活中必不可少的一部分，思想政治教育除了学校课堂教学、实践教学外，日常思想政治教育也成为思想政治教育的重要组成部分，在日常思想政治教育中，网络文化的新媒体技术和传播媒介发挥着重要的思想政治教育的育人功能，同样思想政治教育乘着网络新媒体技术和传播媒介的东风，潜移默化的持久的发挥育人功能。在未来，随着网络媒体技术的创新发展和传播媒介的更新优化，思想政治教育与网络文化将会更深度地融合，形成更加亲密的良性互动关系。

# 参考文献

1. 景星维：《网络认同与思想政治教育创新研究》，中国社会科学出版社2022年版。

2. 邹慧：《新媒体时代思想政治教育创新研究》，武汉理工大学，博士论文，2018年6月。

3. 李文明、季爱娟主编：《网络文化教程》，北京大学出版社2016年版。

4. 曾静平等编著：《网络文化概论》，陕西师范大学出版社2013年版。

5. 赵惜群主编：《网络思想政治教育理论与实践研究》，湖南大学出版社2012年版。

6.《关于加强网络文明建设的意见》（2021年9月发布），中华人民共和国中央人民政府网站 http://www.gov.cn/xinwen/2021-09/14/content_5637195.htm。

7.《共筑网上美好精神家园——我国加强网络文明建设成就综述》，载《人民日报》2021年11月19日第4版。

# 后　记

网络时代早已悄然而来。网络时代萌生的网络文化越来越深刻地影响着人们的学习、工作和生活。众所周知，网络文化是一把“双刃剑”，就其对思想政治教育的影响而言，既带来诸多机遇，又带来很大的挑战。怎样抓住机遇和应对挑战，关键在于思想政治教育主体如何扬长避短。基于这样的现实和考量，马克思主义学院给教育硕士——学科教学(思政)专业方向设置了专业选修课程《网络文化与思想政治教育》。

学科教学(思政)专业方向的教育硕士于2017年申报。当时我还在院长任上，略有“老来得子”之感，所以全力以赴。次年，学科教学(思政)专业方向的教育硕士开始招生。因为一直很关注网络文化的走向，我便承担起《网络文化与思想政治教育》教学任务。迄今我已讲授四轮，深感该课程是一门重要、时尚的课程，并很受学生欢迎。据了解，全国还没有适合该课程的教材，于是我开始琢磨着自编一本教材。适逢学校研究生处进行研究生教材建设立项，我便牵头组织年轻博士团队申报，才终于有了这本教材的编撰和出版。

本教材由我先草拟初步提纲，经团队讨论确定提纲后，分头撰写。各章撰写分工为：第一章，李腊生；第二章，陈菲；第三章，刘源泉；第四章，肖薇薇；第五章，许慧；第六章，陈熙；第七章，张浩。初稿完成后，我和陈菲、刘源泉分工审稿，最后由我统稿和定稿。由于本人水平有限，教材肯定存在一些不足之处，期待专家、同仁和读者批评指正！

编撰过程中，我们参考、吸收了学界同仁许多研究成果，在此表示由衷的感谢！

感谢团队成员的通力合作！感谢研究生处的大力支持！感谢武汉大学出版社的鼎力相助！

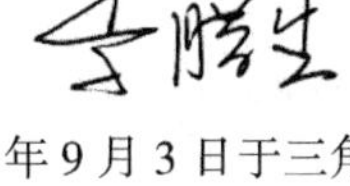

2022年9月3日于三角湖畔